via reise verlag
NACHHALTIG REISEN

Michael Moll

AB INS GRÜNE

RUND UM DÜSSELDORF

Inhalt

WESTLICH DES RHEINS

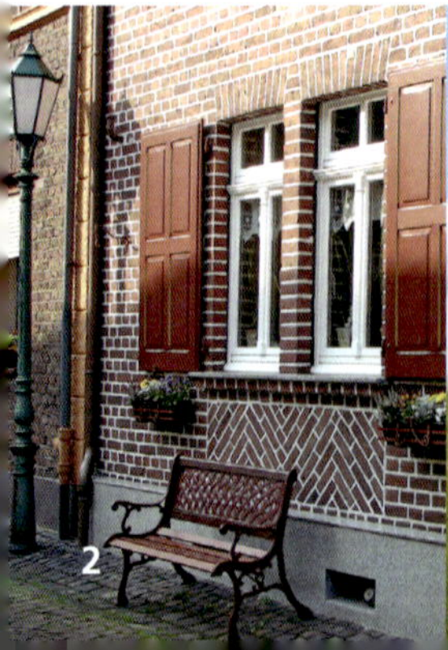
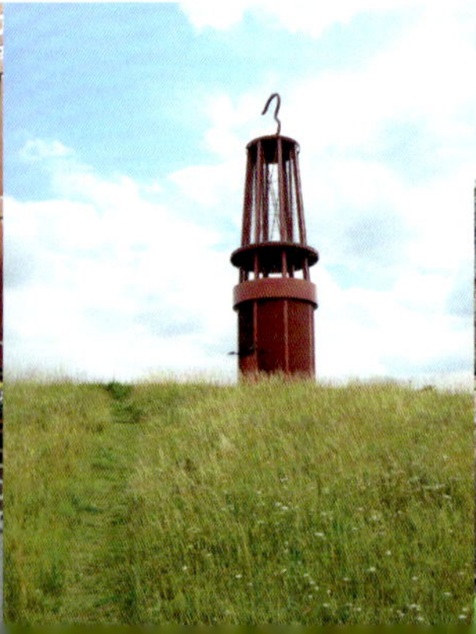
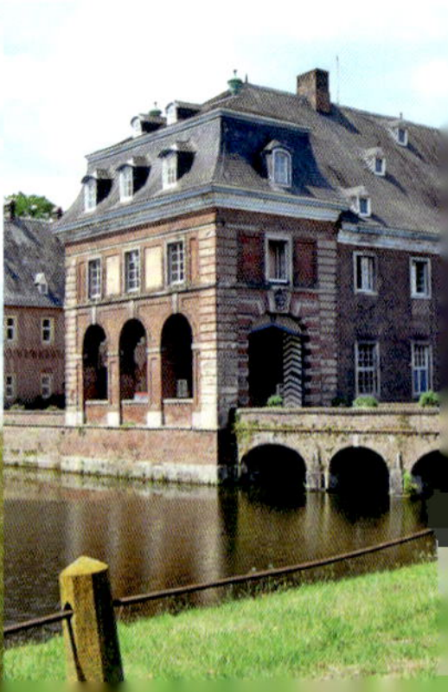

ÖSTLICH DES RHEINS

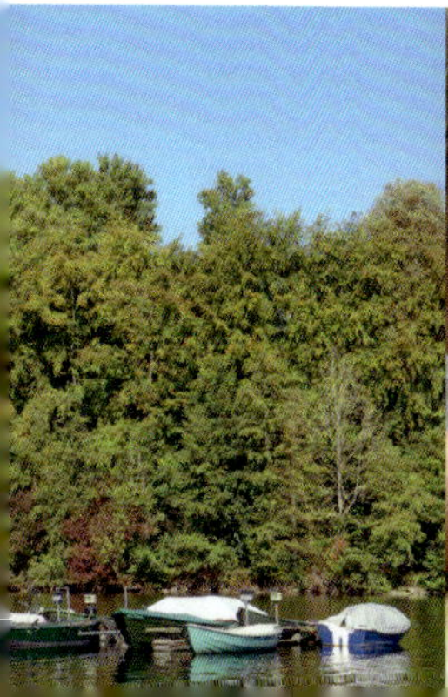
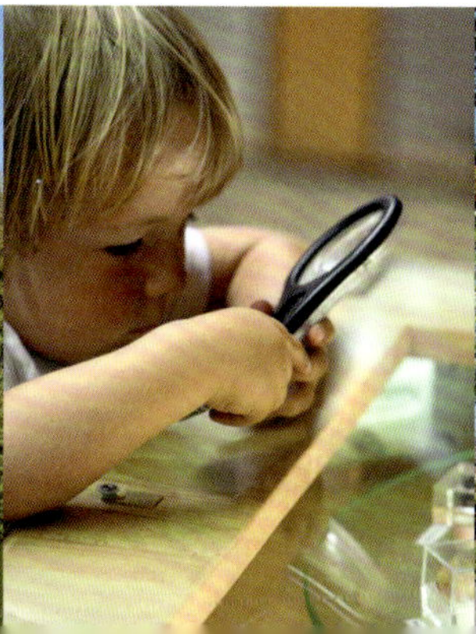
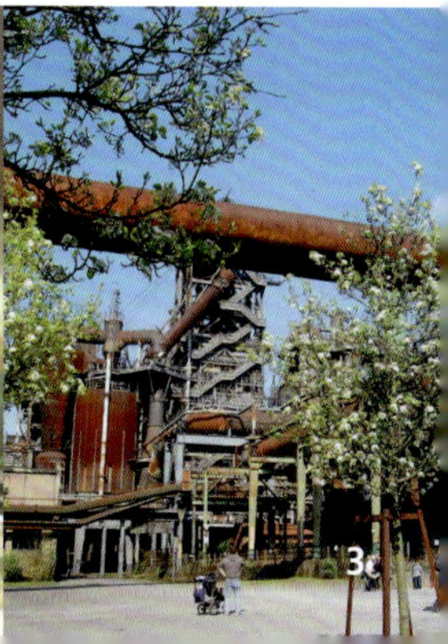

Highlights

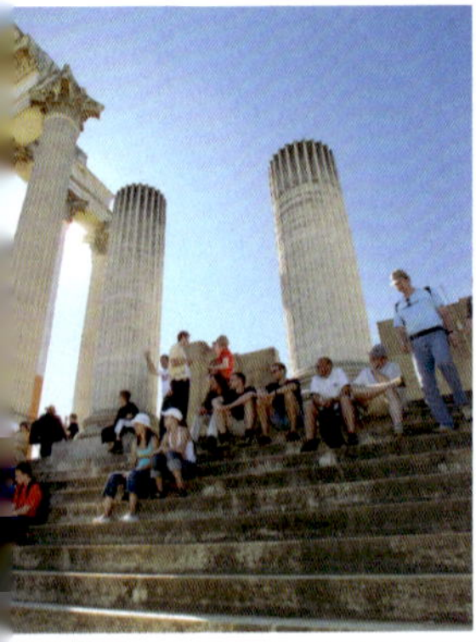

Xanten Archäologischer Park ▸ Seite 10

Die einstige römische Stadt Colonia Ulpia Traiana konnte teilweise rekonstruiert werden und besticht heute durch eine weitläufige Parklandschaft, in der der Hafentempel mit seinen Säulen einen der Höhepunkte darstellt.

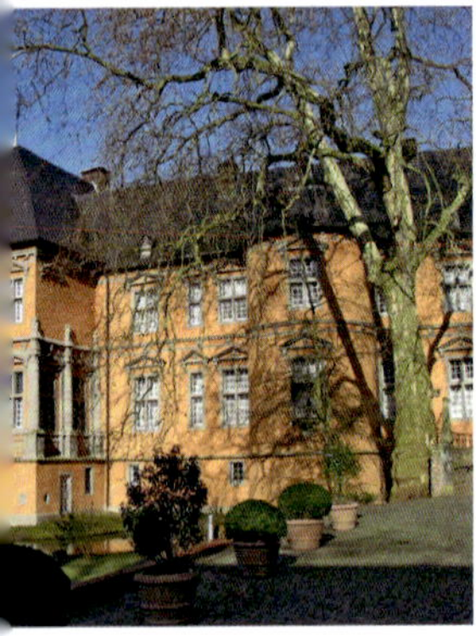

Mönchengladbach Schloss Rheydt ▸ Seite 24

Der Innenhof von Schloss Rheydt in Mönchengladbach präsentiert sich mit einem Herrenhaus und einer Loggia. Einmal im Jahr finden in dieser wunderschönen Kulisse mittelalterliche Ritterspiele statt. An den übrigen Tagen teilt man sich den Platz mit den dort lebenden Pfauen.

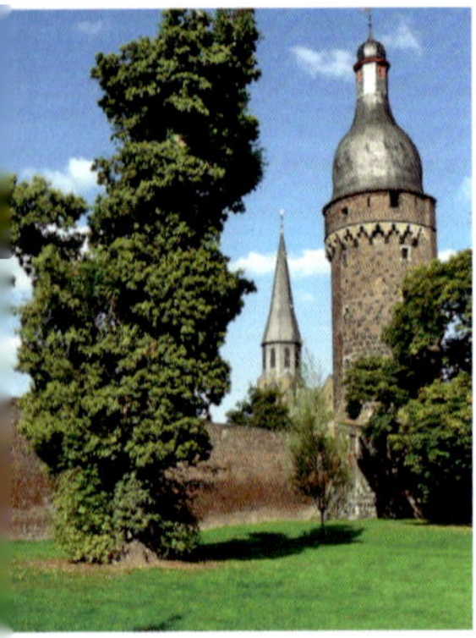

Dormagen Zollfeste Zons ▸ Seite 38

Vom Schweinedenkmal über den Juddeturm bis hin zur Pfefferbüchse an der Stadtmauer ist es jeweils nur ein Katzensprung in Zons. Unterwegs bleibt man immer wieder stehen und bewundert dieses mittelalterliche Städtchen am Rheinufer mit seinen historischen Bauten.

um Düsseldorf

Duisburg Seenplatte ▸ Seite 54

Im Süden von Duisburg erstreckt sich mit der Sechs-Seen-Platte ein Naherholungsgebiet für Jung und Alt sowie für Sportliche und für Gemütliche. So kann man die Seen joggend, wandernd und mit dem Rad umrunden oder sich im Freibad dem kühlen Nass hingeben.

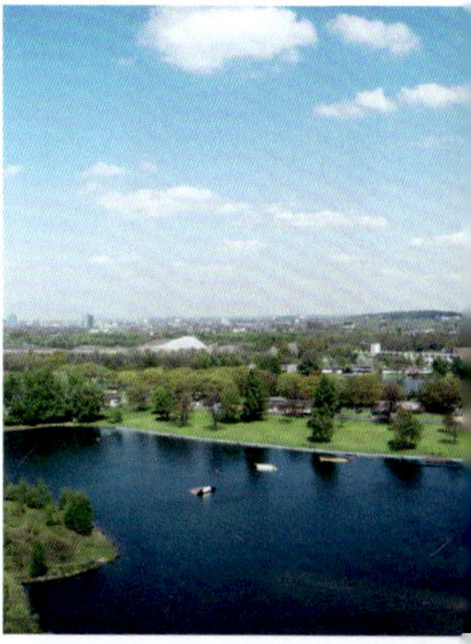

Oberhausen Gasometer ▸ Seite 58

Ein alter Gasbehälter ist heute eine Ausstellungshalle, in der schon der Verpackungskünstler Christo seine Werke zeigte. Spannend wird es zudem, wenn man mit dem gläsernen Fahrstuhl durch die fast einhundert Meter hohe Halle bis auf das Dach fährt und die Aussicht über die Region genießt.

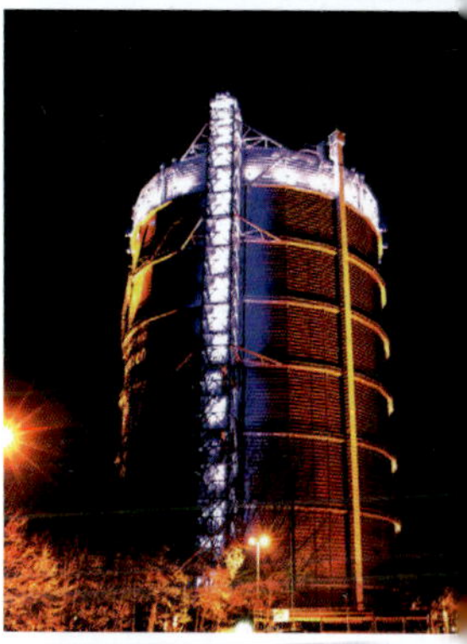

Wuppertal Schwebebahntour ▸ Seite 88

Für die Wuppertaler ist sie nichts Besonderes, sondern einfach nur ein Transportmittel auf dem Weg zur Arbeitsstätte oder zu Freunden. Für Ortsunkundige ist die Fahrt mit der Schwebebahn aber ein echtes Erlebnis, man sollte sie von Endhaltestelle zu Endhaltestelle erleben.

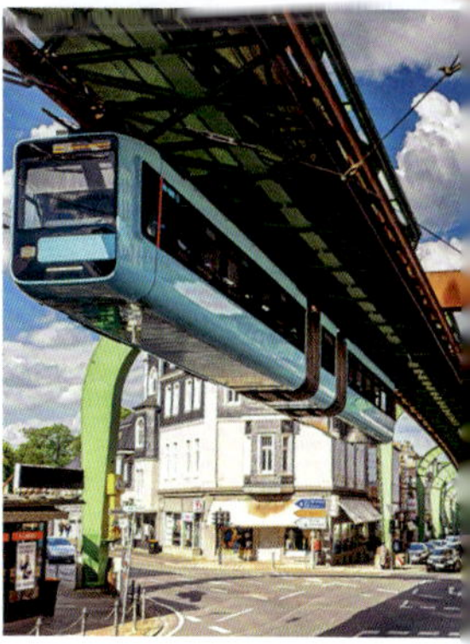

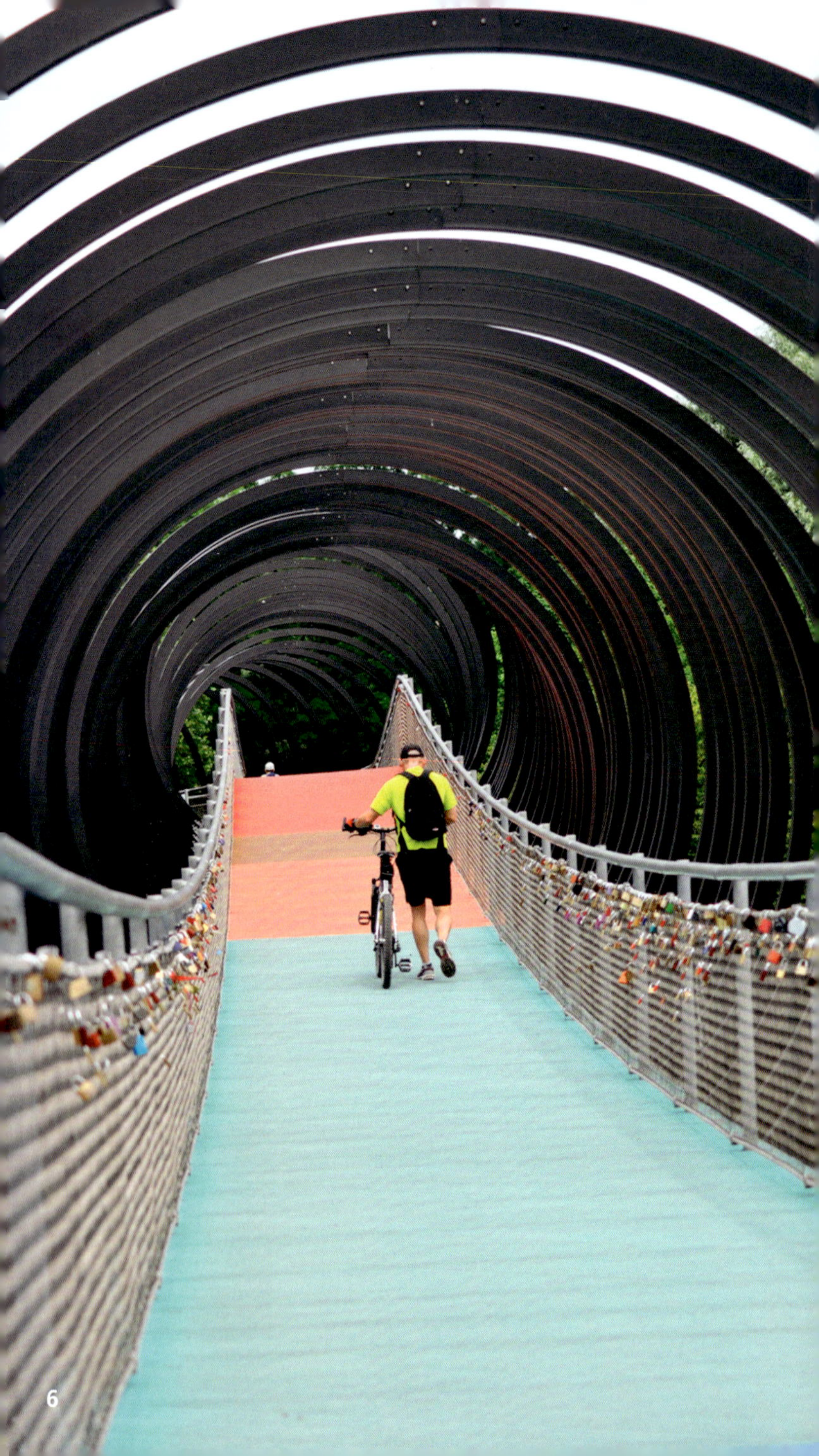

Vorwort

Liebe Leserinnen und Leser,

rund um die Hauptstadt des bevölkerungsreichsten Bundeslandes gibt es eine Vielzahl an Ausflugsmöglichkeiten zu entdecken und zu besuchen: Noch auf Düsseldorfer Stadtgebiet locken zum Beispiel das barocke Schloss Benrath und die Kaiserpfalz im rechtsrheinischen Kaiserswerth. Ganz mittelalterlich geht es auch auf der anderen Flussseite weiter, an der sich weiter südlich die einstige Zollfeste Zons erstreckt und Besucher von nah und fern zu Tagesausflügen anlockt.

Östlich von Düsseldorf erstreckt sich die Landschaft in das Bergische Land. Auch dort laden gemütliche Altstädte mit ihrer Fachwerkarchitektur zu Besuchen ein. In Remscheid-Lennep zum Beispiel wandelt man auf den Spuren von Conrad Röntgen, während sich der Velberter Ortsteil als wahres Paradies für Leseratten entpuppt. Kein Wunder, ist Velbert-Langenberg doch als Bücherstadt bekannt.

Vom Mittelalter zum Industriezeitalter ist es in der Region jedoch nicht weit. Nach einer Fahrt mit der Wuppertaler Schwebebahn sollte man gleich in das Ruhrgebiet weiterreisen, wo in Oberhausen die Siedlung Eisenheim anschaulich zeigt, wie das Leben während der Industrialisierung aussah.

Dass die Region einen tollen Wandel vollzogen hat, erkennt man nicht zuletzt bei einem Blick vom benachbarten Gasometer. Die Aussicht von dort reicht nicht nur wieder zurück nach Düsseldorf, sondern auch zu vielen weiteren Ausflugszielen, die in diesem Buch vorgestellt werden.

Haben Sie viel Freude beim Entdecken der Touren rund um Düsseldorf!

Der Autor
Michael Moll, geboren 1974, ist Verfasser vieler Reisebücher. Neben der weiten Welt hat ihn auch immer seine Heimatregion zwischen Rhein und Ruhr begeistert. Kontakt und mehr über ihn unter www.dieweltenbummler.de

GPS-Tracks
Für alle Touren können Sie die GPS-Tracks auf der Homepage des via reise verlags herunterladen. Damit lässt sich die Wegstrecke auf einem Smartphone oder einem anderen GPS-Gerät darstellen. Den Link und eine Kurzanleitung zur Verwendung der Dateien finden Sie bei den Informationen zum Buch unter www.viareise.de.

Westlich des Rheins

Mitten im Grünen: Die mittelalterliche Burg Linn in Krefeld ▸ Seite 22

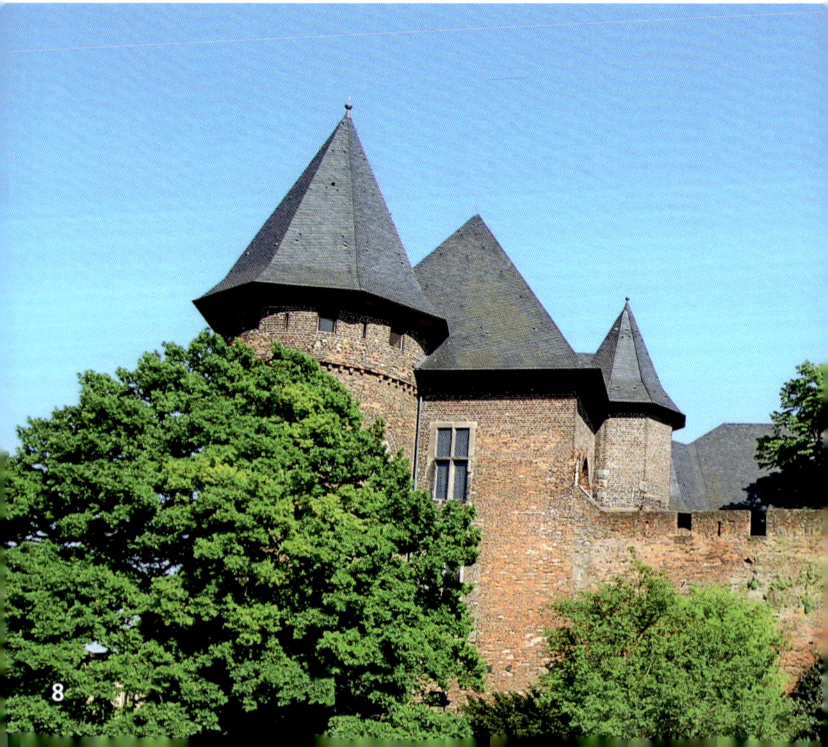

Westlich des Rheins gibt es viel zu entdecken: So kann man in Xanten im größten archäologischen Freilichtmuseum Europas in die Welt der Römer eintauchen oder an den Krickenbecker Seen den Panoramablick übers Naturschutzgebiet genießen.

Der charmante Krefelder Stadtteil Linn lockt mit seinem historischen Ortskern und einer mittelalterlichen Wasserburg, das Museum Insel Hombroich vereint Kunsterlebnis mit Naturgenuss. Und bei einer gemütlichen Radtour am Nordkanal entlang kann man sich auf Napoleons Spuren begeben.

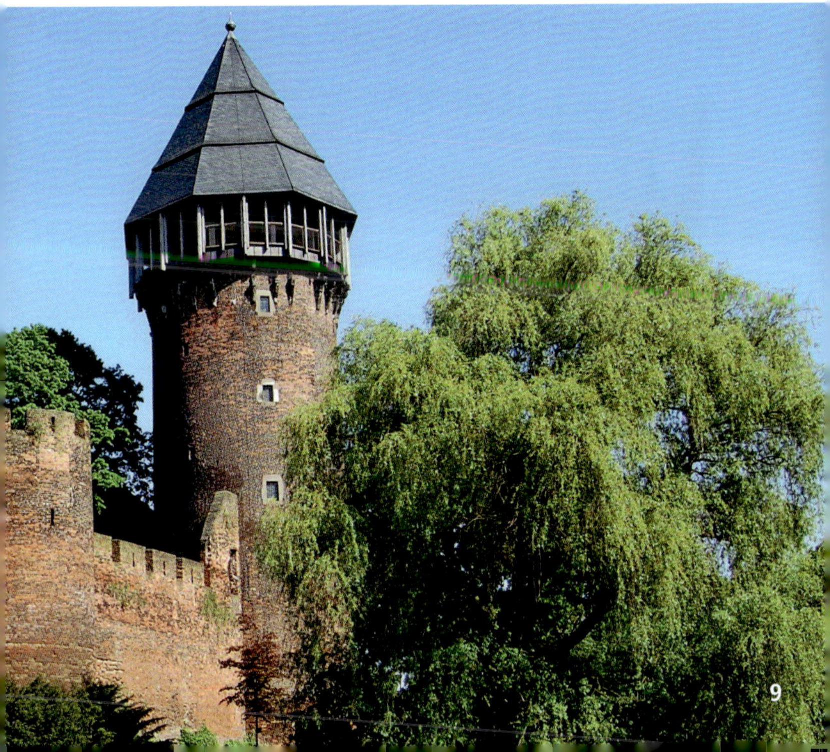

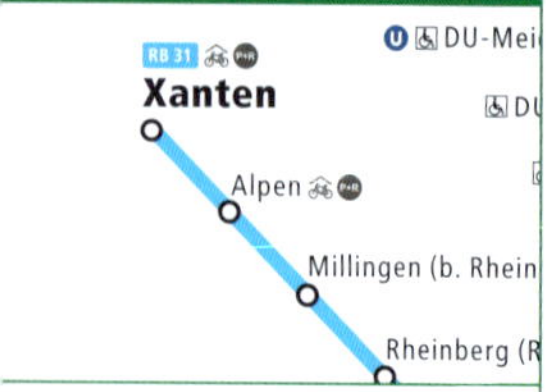

An- und Rückfahrt
Bhf. Xanten (Regionalexpress ab Düsseldorf Hbf. bis Duisburg Hbf., dann RB31) und 10 Min. Fußweg

Spaziergang

Dauer
3–4 Stunden

Karte ▸ Seite 136

Civis Romanus sum bedeutet übrigens „Ich bin ein römischer Bürger".

Archäologischer Park Xanten (APX)
In der einstigen Colonia Ulpia Traiana lebten teilweise bis zu 10 000 Einwohner.
Wardter Str./Varusring
46509 Xanten
Tel. (0 28 01) 9 88 92 13
www.apx.lvr.de
März–Okt. 9–18,
Nov. 10–17, Dez.–Feb.
10–16 Uhr
Archäologischer Park und Römermuseum: 9 €,
Kinder unter 18 Jahren haben freien Eintritt

Xanten Archäologischer Park

Civis Romanus sum

Wir schreiben das 21. Jahrhundert. Ganz Deutschland steht unter der Führung Berlins. Ganz Deutschland? Nein, ein kleines unbeugsames Dorf am Niederrhein hört nicht auf, dem Eindringling Widerstand zu leisten. Zugegeben, ganz so schlimm ist es natürlich nicht, aber das Römische Reich scheint in Xanten weiter zu leben.

Das größte archäologische Freilichtmuseum Deutschlands befindet sich auf dem Boden der berühmten Ortschaft Colonia Ulpia Traiana. Berühmt war diese natürlich nur zu Zeiten der Römer, heute kennt man sie unter dem Namen **Xanten.**

Dort befindet sich der Archäologiepark, kurz auch APX genannt. Er ist das größte archäologische Freilichtmuseum Europas und lädt dazu ein, zwischen rekonstruierten Bauwerken der Römer und den Straßen der einstigen Stadt zu wandeln. Umrahmt wird der Park von einer großen Hecke, die die historische Stadtmauer darstellt. Große rechteckige und quadratische Rasenflächen, umgeben von Baum bestandenen Alleen, waren einst die Wohnviertel der Römerstadt. Heute kann man sich auf ihnen erholen, picknicken oder Sport treiben.

Höhepunkte des **Archäologieparks** sind jedoch die Bauten der Römer. So ragen die Säulen des Hafentempels weit sichtbar über den Bäumen hervor und repräsentieren den römischen Baustil. Nicht weniger imposant ist das Amphitheater, das auf echten römischen Fundamenten nachgebaut wurde. Hier finden regelmäßig Aufführungen und ein sehenswertes Römerfest mit dem Motto „Brot und Spiele" statt.

In den Sommermonaten lohnt eine Fahrt nach Xanten besonders an den Wochenenden, wenn in den römischen Werkstätten Schuster und Knochenschnitzer ihr Können und ihre Produkte präsentieren oder die Gewürzvielfalt der Römer aus dem eigens angelegten Kräutergarten gezeigt wird. Die Akteure sind natürlich stilecht gekleidet.

Damit das Thema Archäologie auch nicht zu kurz kommt, werden zudem kostenlose Führungen zu den aktuellen Ausgrabungsstätten durchgeführt. Denn trotz des Parkcharakters handelt es sich beim APX immer noch um eine archäologische Fundstätte.

Eine weitere Attraktion ist das **Römer-Museum** direkt am Archäologiepark. Es wurde als Schutzbau über den Badethermen errichtet und präsentiert eine chronologische Ausstellung über die fast 400 Jahre lange Geschichte der Römerherrschaft in Xanten und am Niederrhein.

Doch Xanten ist nicht nur bekannt für seine Ausgrabungsstätte, sondern hat auch einen weithin sichtbaren **Dom** zu bieten, der auf dem Rückweg zum Bahnhof noch einen Besuch wert ist. Dieser wurde vom 13. bis zum 16. Jahrhundert erbaut und gilt als der größte Dom zwischen Köln und der Nordsee. Ihren Namen verdankt die Kathedrale dem Heiligen Viktor, der im 4. Jahrhundert in einem Amphitheater des südlichen Xantener Stadtteils Birten hingerichtet worden sein soll.

Römische Herberge
Römische Speisen nach Originalrezepten des Apicius.
Archäologischer Park 2
46509 Xanten
Tel. (0 28 01) 34 15
www.apx.lvr.de
Einzelne themenabhängige Termine an verschiedenen Wochenenden.

Grillhütte
Im Park kann nach Reservierung eine Grillhütte für bis zu 40 Personen angemietet werden.

Der Hafentempel wurde teilweise rekonstruiert

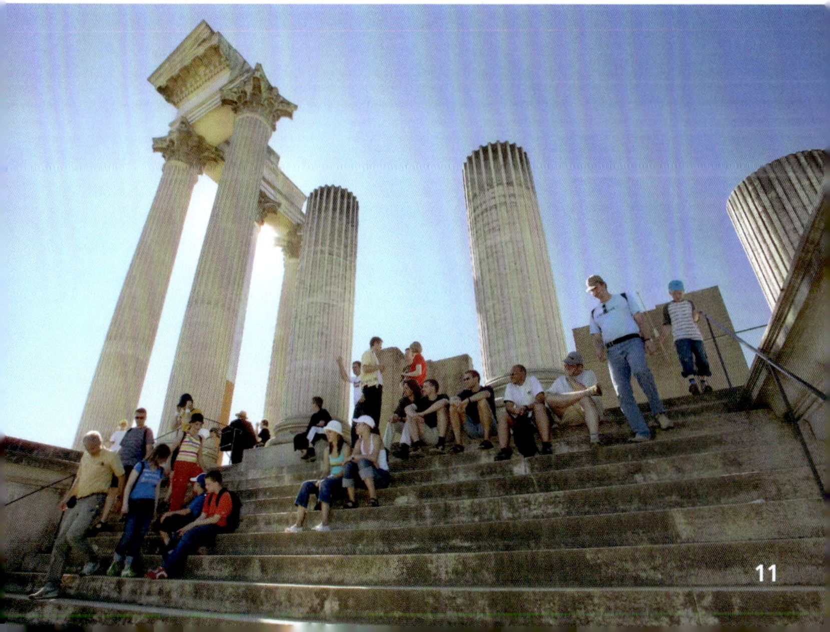

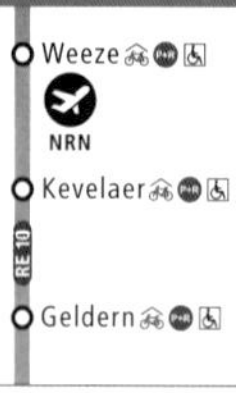

An- und Rückfahrt
Bhf. Kevelaer (RE10 ab/ bis Düsseldorf Hbf.)

Radtour
Kevelaer – Wissen – Kevelaer

Länge
ca. 25 km

Karte ▸ Seite 136

Kevelaer

Von Kevelaer nach Irrland

Auf einer gemütlichen Radtour besichtigen wir die Marienbasilika des Wallfahrtsorts Kevelaer und machen einen Abstecher nach „Irrland", wo besonders die kleinen Besucher auf ihre Kosten kommen.

Über die Bahn- und die Hauptstraße sind wir schon wenige Minuten nach Verlassen des Bahnhofs im Zentrum von **Kevelaer** und stehen an der **Marienbasilika**. Mit ihrem über 90 Meter hohen Turm ist sie weithin sichtbar. Das Kirchengebäude stammt aus der Mitte des 19. Jahrhunderts und ist damit deutlich jünger als die Wallfahrtsgeschichte der Stadt. Diese begann Mitte des 17. Jahrhunderts mit einer Marienerscheinung. Es folgten zahlreiche Pilgerreisen und Prozessionen, die darin gipfelten, dass im 17. Jahrhundert bis zu 15 000 Menschen pro Tag Kevelaer besucht haben sollen. Pilgerziel ist aber, heute wie damals, nicht die Marienkirche, sondern die deutlich kleinere **Gnadenkapelle** vor der Basilika. Die sechseckige Kapelle umfasst einen Bildstock, der anlässlich der Marienerscheinung erschaffen wurde und durch die Kapelle geschützt wird.

Auf der **Herrensitzroute** verlassen wir Kevelaer über die Twistedener Straße, radeln am Klarissenkloster vorbei und erreichen nach einer kurzen Fahrt entlang weiter Felder schließlich **Irrland**.

„Irrland" bezeichnet sich selbst als „Bauernhof-Erlebnisoase" und bietet zahlreiche Attraktionen, an denen Kinder aktiv spielen, lernen und toben können. Die Bandbreite reicht vom Gokartfahren bis zum Toben im Stroh. Vor allen Dingen geht es aber um das Verirren in Labyrinthen. Viele Kinder wird man hier nur schwer motivieren können, weiter zu radeln.

Hat man das doch geschafft, folgt man weiter der **Niederrheinroute** durch die ebene Landschaft, radelt an zahlreichen Windrädern entlang und durchquert den kleinen Ort **Wemb**. Ein dichter Wald und mehrere Wassergräben befinden sich auf dem weiteren Weg und am Moosenhof findet

Irrland Erlebnislabyrinth
Irrland beherbergt über 80 Attraktionen, an denen Kinder sich austoben können.
Am Schweidweg 1
47624 Kevelaer-Twisteden
Tel. (0 28 32) 97 66 56
www.irrland.de
Im Winter geschlossen!
10 €, Einlass nur mit vorab gekauftem Online-Ticket.

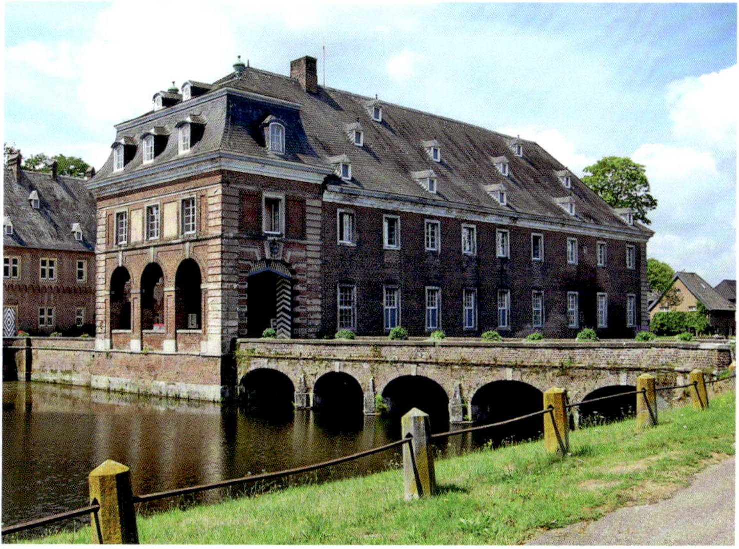

Die Ursprünge des Wasserschlosses Wissen liegen im 14. Jahrhundert

man einen überdachten Rastplatz vor, um eine kleine Pause einzulegen.

Wir bleiben der Niederrheinroute treu und erreichen kurze Zeit später das **Wasserschloss Wissen.** Die Geschichte des Schlosses begann mit einem Wohnturm im 14. Jahrhundert. Seither wurde es immer wieder erweitert und umgebaut, bis es sein heutiges Aussehen als dreiflügelige Schlossanlage erhielt. Seit fünf Jahrhunderten ist Schloss Wissen Stammsitz der Adelsfamilie Loë. Heute kann im Schloss übernachtet werden und Teile des Bauwerks werden zum Wohnen und Arbeiten vermietet.

Schloss Wissen liegt an der Niers, die sich 117 Kilometer durch die niederrheinische Landschaft schlängelt und in den Niederlanden in die Maas mündet. Parallel zum Fluss radeln wir auf dem breiten Niersradweg zurück nach Kevelaer, wo wir abschließend noch die Möglichkeit haben, das **Niederrheinischen Museum für Volkskunde und Kulturgeschichte** zu besuchen. Ein Themenschwerpunkt des Museums ist die Wallfahrt, außerdem lässt sich hier eine Spielzeugsammlung mit über 50 000 Exponaten entdecken.

Schloss Wissen
Das Schloss ist heute Veranstaltungsort und Hotel.
Schlossallee 21
47652 Weeze
Tel. (0 28 37) 9 13 10
www.schloss-wissen.de

Niederrheinisches Museum für Volkskunde und Kulturgeschichte e. V.
Zur Ausstellung gehört auch eine Sammlung verschiedener Backformen.
Hauptstr. 18
47623 Kevelaer
Tel. (0 28 32) 9 54 10
www.niederrheinisches-museum-kevelaer.de
Di–So 10–17 Uhr
Erw. 4 €, Kinder 2,50 €

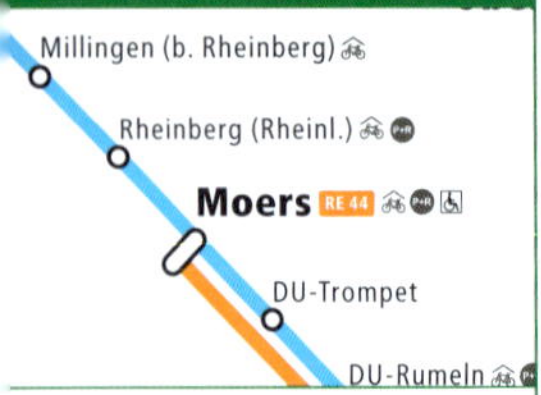

Anfahrt
Bhf. Moers
(RE ab Düsseldorf Hbf. bis Duisburg Hbf., dann RB31 oder RE44)

Radtour
Moers – Halde Rheinpreußen – Kamp-Lintfort – Rheinberg

Länge
ca. 25 km

Rückfahrt
Bhf. Rheinberg
(RB31 alle 30 Min. bis Duisburg Hbf., dann RE bis Düsseldorf Hbf.)

Karte ▸ Seite 123

Moers Kamp-Lintfort & Rheinberg

Berg- und Talfahrt

Ein historischer Marktplatz, eine renaturierte Abraumhalde, ein sehenswertes Kloster und die alte Stadt Rheinberg – das sind die Ziele auf der heutigen Radtour am Niederrhein.

Wir starten unsere Radtour am Bahnhof **Moers.** Bevor wir die Innenstadt verlassen, um zur Halde Rheinpreußen zu radeln, bietet sich ein Abstecher in die Altstadt an. Dafür wenden wir uns am Bahnhof links in die Homberger Straße und fahren immer geradeaus, bis wir die Fußgängerzone mit dem sehenswerten historischen Altmarkt erreichen. Ganz in der Nähe erhebt sich auch das **Moerser Schloss,** Wahrzeichen der Stadt. Der älteste Teil dieser Schlossanlage, ein Turm, von dem heute nur noch das Erdgeschoss existiert, stammt noch aus der Zeit um 1200. Das Schloss ist somit das älteste erhaltene Gebäude der Stadt, die erst ein Jahrhundert später die Stadtrechte verliehen bekam. Heute beherbergt das Moerser Schloss ein Theater und ein Heimatmuseum. Der Schlosspark wurde 1836 im Stil eines englischen Landschaftsgartens angelegt und gehört zur „Straße der Gartenkunst zwischen Rhein und Maas".

Nach diesem Abstecher in die Altstadt von Moers machen wir uns auf den Weg zur **Halde Rheinpreußen.** Dafür radeln wir zum Bahnhof zurück und folgen von dort der Radroute (über Kirschenallee, Moselstraße, Lindenstraße, Glückaufstraße und Forststraße) bis zur Bahnunterführung. Hinter dieser fahren wir scharf links in die Gutenbergstraße. Der Zugang zur Halde befindet sich direkt am Beginn der Gutenbergstraße, die mit der Römerstraße einen Kreisverkehr bildet.

Wir stehen nun am Fuße der Halde Rheinpreußen. Die 70 Meter hohe Halde war eine der ersten der Region, die renaturiert wurde. Daher erwarten uns dichtes Buschwerk sowie kleinere Wälder. Oben angekommen, bietet sich ein wunderbares Panorama: In Richtung Osten blickend können wir gut die Brücken über den Rhein sehen, der an dieser Stelle in einer weiten Schleife fließt.

Grafschafter Museum im Schloss Moers
Museum zur Geschichte der Grafschaft Moers und des Schlosses.
Kastell 9
47441 Moers
Tel. (0 28 41) 88 15 10
www.grafschafter-museum.de
Di–Fr 10–18,
Sa/So 11–18 Uhr
Erw. 3 €, Familien 4,50 €

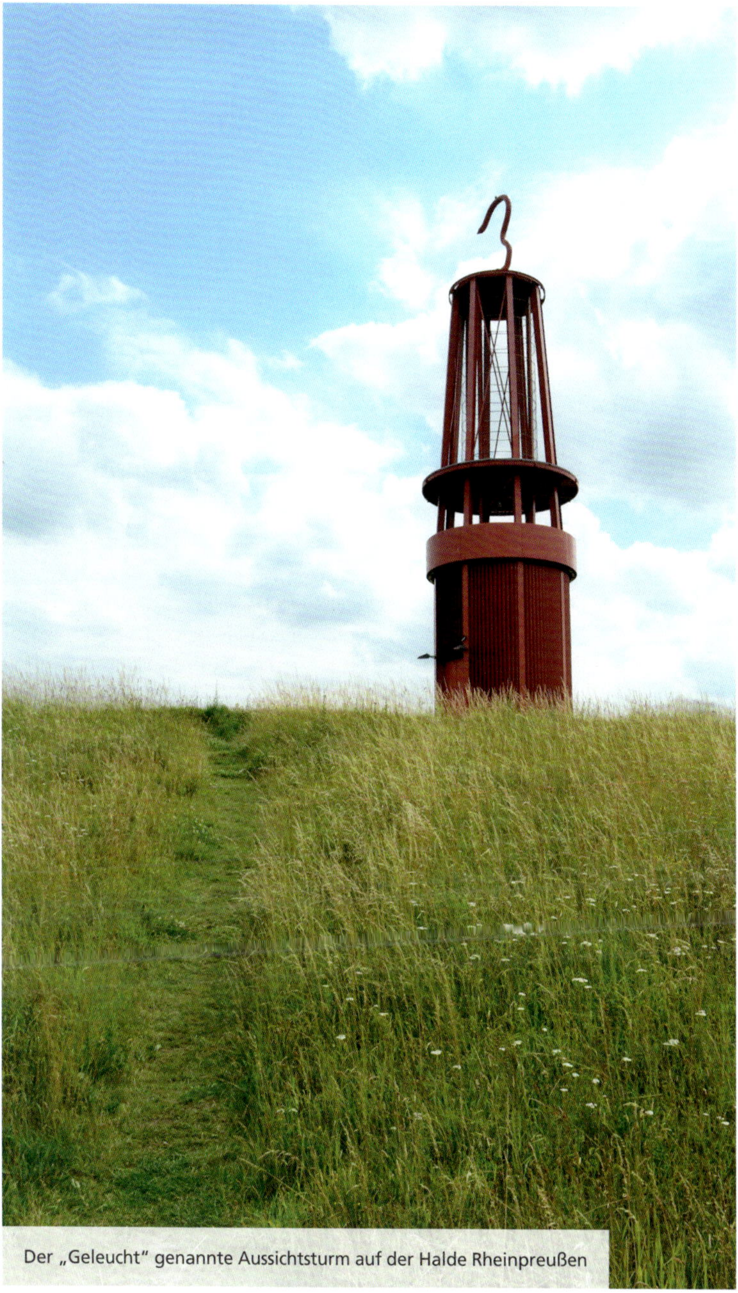

Der „Geleucht“ genannte Aussichtsturm auf der Halde Rheinpreußen

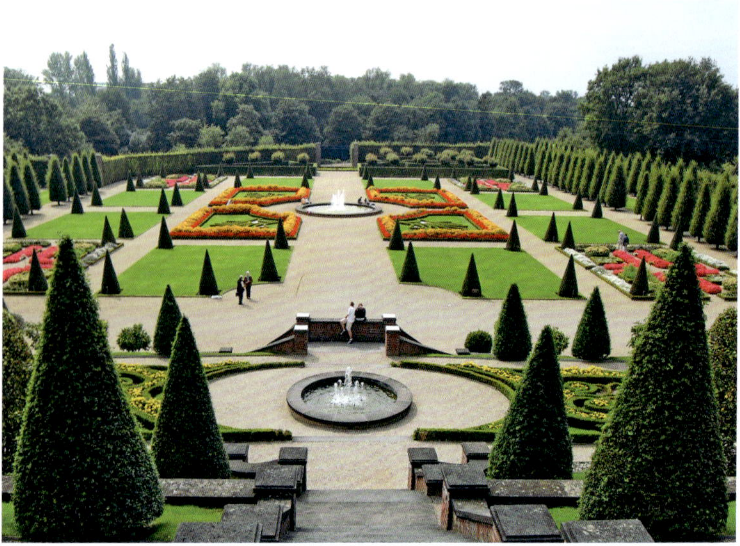

Der prächtige, symmetrisch angelegte Garten des Klosters Kamp

Wie auf vielen Halden im Ruhrgebiet, gibt es auch auf Rheinpreußen eine besondere Sehenswürdigkeit: ein 28 Meter hoher Aussichtsturm, der wie eine überdimensionale Grubenlampe aussieht. Dieser Turm, auch **Geleucht** genannt, soll an die Arbeit der Bergwerker erinnern. Im Inneren des Geleuchts ist die Schutzpatronin der Bergleute, die Heilige Barbara, als schmiedeeiserne Skulptur angebracht.

Von der Halde Rheinpreußen geht es mit dem Rad meist auf Nebenstraßen neun Kilometer weiter in Richtung Kamp-Lintfort. Dafür nehmen wir die geradeaus führende Mollbergstraße und folgen der Streckenführung durch das Wohngebiet. Nachdem wir die Rathausallee und die Willy-Brandt-Allee entlang geradelt sind, geht es links weiter über die Lintforter Straße. An der Kamper Straße rechts und links in die Harbeckstraße – so erreichen wir schließlich die Stadt **Kamp-Lintfort.** Um zum Kloster Kamp zu gelangen, durchqueren wir den Ort zunächst auf der Ebertstraße. Nach einem kurzen Stück entlang der vielbefahrenen Moerser Straße (mit Radweg) fahren wir durch den Stadtteil Geisbruch. Zu guter Letzt kommen wir an der Rheurdter Straße heraus, der wir noch einige Meter nach links folgen.

Bald ist auf der rechten Seite der Garten des **Klosters Kamp** zu sehen, geistliches und kulturelles Zentrum der Region.

Die Klosteranlage liegt auf einem Hügel, der jedoch bei Weitem nicht so hoch ist wie die Halde Rheinpreußen. Sie gilt als das erste Kloster der Zisterzienser im deutschsprachigen Raum und wurde in der ersten Hälfte des 12. Jahrhunderts gegründet. Der ursprüngliche, romanische Bau ist allerdings nicht mehr erhalten, der Neubau stammt aus dem 17. Jahrhundert. Auffällig sind die hübschen Zwiebeltürmchen und der Dachreiter der Abteikirche, die noch den Chor eines Vorgängerbaus aus dem 15. Jahrhundert beherbergt. Unbedingt sehenswert ist, neben der Orgel im Inneren des Gotteshauses, der Klostergarten. Am Klostergebäude entlang gelangt man zu den Terrassen, die in den gepflegten Garten mit seinen zwei Springbrunnen hinabführen. Von unten wiederum hat man einen schönen Blick auf die Abteikirche auf dem Hügel und die davor stehenden Zierbäume. Neben dem Klostergarten existiert zudem noch ein 600 Quadratmeter großer Kräutergarten, der auf Veranlassung einer ansässigen Ärztin im Jahr 1997 geschaffen wurde.

Als Tipp sei noch der benachbarte Blumengarten erwähnt, aus dem man sich auf Vertrauensbasis und mit Bezahlung in einer Blechdose Blumen pflücken darf.

Vom Kloster Kamp ist es nicht mehr weit bis zum acht Kilometer entfernten Städtchen **Rheinberg** mit seinem sehenswerten alten Stadtkern. Um dorthin zu kommen, folgen wir der ausgeschilderten Niederrhein-Radroute, die parallel, aber doch in einiger Entfernung (westlich) zur Rheinberger Straße verläuft.

Die Altstadt Rheinbergs liegt östlich des Bahnhofs. Sie ist von einer weitgehend erhaltenen Wallanlage aus dem Mittelalter umgeben. Innerhalb des Walls finden wir den historischen Markt mit dem Alten Rathaus im gotischen Stil und der Katholischen Kirche St. Peter. Das Gotteshaus mit romanischen und gotischen Elementen feierte 2006 sein 900jähriges Bestehen.

Kloster Kamp
Das Kloster war das erste der Zisterzienser im deutschsprachigen Raum.
Abteiplatz
47475 Kamp-Lintfort
Tel. (0 28 42) 40 41
www.kloster-kamp.de
Di–Sa 14–17, So 11–17 Uhr

Terrassengarten am Kloster Kamp
Der Terrassengarten wurde im 17. Jahrhundert nach italienischem Vorbild angelegt.
8 Uhr bis zum Einbruch der Dunkelheit,
Eintritt frei

Klostercafé
im Refektorium
Es gibt Kaffee, Kuchen und weitere Speisen auf Spendenbasis.
tgl. 13–17, Sa 14–17,
So 11–17 Uhr

Restaurant Haus Bieger
Ruhiger Biergarten direkt vor dem Kloster.
Abteiplatz 11
47475 Kamp-Lintfort
Tel. (0 28 42) 9 21 99 00
www.hausbieger.de
Mi–Fr ab 17,
Sa/So ab 12 Uhr

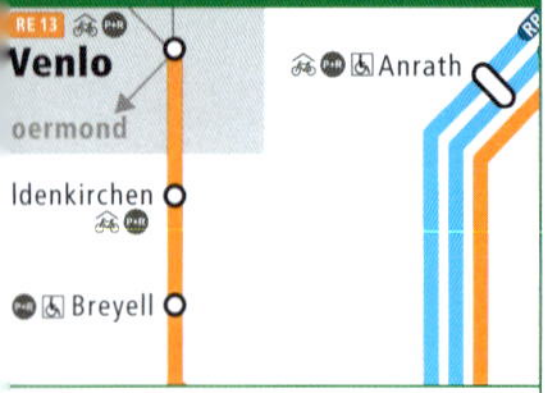

An- und Rückfahrt
Bhf. Kaldenkirchen
(RE13 stündlich ab/bis Düsseldorf Hbf.)

Rad- oder Wandertour

Länge
ca. 10 km hin & zurück

Karte ▸ Seite 137

Geo-Hydrologischer Wassergarten
Hier kann man den Weg des Wassers von der Quelle bis zur Mündung verfolgen.
Buschstr. 98
41334 Nettetal
Tel. (0 21 57) 1 20 50
März–Okt. tgl. 9–19 Uhr
Eintritt frei

via Tipp

Sequoia-Farm
Beeindruckende Riesenmammutbäume.
Buschstr. 98
41334 Nettetal
www.sequoiafarm.de
Apr.–Okt. So/Fei 10–17 Uhr sowie nach Vereinbarung

Kaldenkirchen Grenzwald

Grenzgänger

Heute gehen wir bis an die Grenze. Und darüber hinaus. Denn diese Tour führt in den Grenzwald bei Nettetal-Kaldenkirchen, der sich bis in die Niederlande erstreckt. Hier kann man nicht nur gut wandern, sondern auch Mammutbäume bestaunen und etwas über den Kreislauf des Wassers erfahren.

Der **Naturpark Maas-Schwalm-Nette** ist ein grenzüberschreitendes Projekt und umfasst eine Fläche von circa 870 Quadratkilometern. Auf beiden Seiten der Grenze existieren mehrere Informations- und Naturparkzentren, die über die Geschichte des Parks Aufschluss geben und über die Sehenswürdigkeiten informieren.

Die Stadt **Nettetal** liegt mitten im Naturpark Maas-Schwalm-Nette, der Ortsteil **Kaldenkirchen** ist ein beliebtes Ausflugsziel bei Wanderern und Radfahrern. Kaldenkirchen liegt gleich neben einem Waldgebiet, nur rund 1000 Meter von der Grenze entfernt. Bevor es in den Grenzwald geht, lohnt sich ein Besuch im alten Ortskern von Kaldenkirchen. Am Ostring steht die neugotische **Pfarrkirche St. Clemens**, früher auch Klosterkirche. Die Reste eines Frauenklosters liegen nördlich des Kirchenchores, während das ehemalige Mönchshaus des Brigittiner-Doppelklosters hinter der Fassade des Pfarrhauses von 1844 verschwindet.

Über die Grenzwald- und Knorrstraße gelangen wir in den Wald hinein. Auf dem Weg sehen wir rechts und links mehrere Baumschulen, in denen verschiedene Baumarten gepflanzt und teilweise auf sehenswerte Formen zurecht geschnitten werden. Je tiefer wir auf dem zunächst asphaltierten Weg in den Wald hinein gelangen, umso öfter sehen wir gut ausgeschilderte Wanderwege. Einer davon führt nach rechts zum Geohydrologischen **Wassergarten.** Durch ein Holztor gelangt man direkt in einen kleinen Pavillon, in dem über die Entstehung des Gartens informiert und ein typischer Wasserkreislauf erklärt wird. Auf rund 10 000 Quadratmetern verläuft ein

130 Meter langer Bach durch den Wassergarten. Auf der rechten Seite befindet sich, auf einer kleinen Anhöhe und versteckt unter Bäumen, die Quelle, die zum Beginn des Rundwegs einlädt. Nachgestellte Regenwasserrückhaltebecken und Pflanzenkläranlagen werden auf dem Lehrpfad demonstriert und erklärt, während um sie herum verschiedene Landschaftsformen, insbesondere die des Niederrheins, nachgestellt wurden.

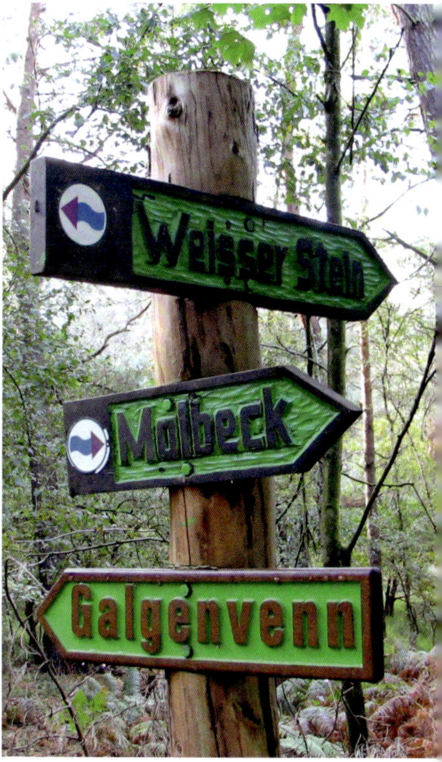

Grenzenlose Möglichkeiten im Kaldenkirchener Grenzwald

Gleich neben dem Wassergarten befindet sich die **Sequoia-Farm,** eine weitere beliebte Natursehenswürdigkeit bei Kaldenkirchen. Dieses Arboretum wurde zu Testzwecken in der Zeit nach dem Zweiten Weltkrieg angepflanzt. Das Biologen-Ehepaar Martin wollte herausfinden, ob die auf dem Nordamerikanischen Kontinent heimischen Riesenmammutbäume (Sequoien) auch in Deutschland gedeihen können. Heute befinden sich mehr als sechshundert Gehölze in der Sequoia-Farm, doch hauptsächlich geht es, wie der Name schon verrät, um Mammutbäume aus Nordamerika. Seit 2013 wird die Sequoia-Farm vom gleichnamigen Verein betreut.

Weiter südlich im Wald sind verschiedene Heidemoorgebiete zu entdecken, darunter das **Galgenvenn,** das auch einem Ausflugsrestaurant seinen Namen gab. In westlicher Richtung können wir die **Grenze zu den Niederlanden** überqueren, auf „holländischer“ Seite erscheinen bald typische Gewächshäuser und später eine Autobahn, bevor man an das Ufer des Flusses Maas gelangt. Am südlichen Waldrand auf holländischer Seite liegt der Bungalowpark Maasduinen mit zahlreichen Freizeit- und Übernachtungsmöglichkeiten.

Waldgasthaus Galgenvenn
Restaurant mit Terrasse mitten im Grenzwald.
Knorrstr. 77
41334 Nettetal
Tel. (0 21 57) 67 57
www.haus-galgenvenn.de
Mi, Do, Sa 12–22.30,
Fr 16–22.30, So/Fei
12–20 Uhr

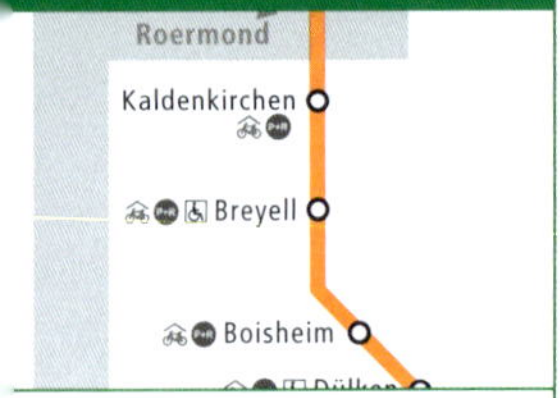

An- und Rückfahrt
Bhf. Breyell (RE13 stündlich ab/bis Düsseldorf Hbf.)

Radtour
Nettetal-Breyell – Hombergen – Hinsbeck – Lohberich – Nettetal-Breyell

Länge
24 km

Karte ▸ Seite 137

Rund um die Krickenbecker Seen

Panoramablick übers Naturschutzgebiet

Auf einer gemütlichen Radtour geht es einmal rund um die Krickenbecker Seen bei Nettetal. In der überwiegend flachen Landschaft passieren wir einige historische Gebäude und ein Aussichtsturm bietet einen wunderbaren Überblick.

Ganz gleich, ob wir den Bahnhof in **Nettetal-Breyell** nach rechts oder links verlassen – über die Biether Straße oder durch die Josefstraße kommen wir in das kleine Zentrum des Ortes. Dort werden wir von der **Lambertikirche** empfangen, die als das älteste Bauwerk von Breyell bis in das 14. Jahrhundert zurückblicken kann. Gegenüber dem Lambertimarkt erhebt sich ein zweigeschossiges Backsteinhaus aus dem Jahr 1810. Es handelt sich um das ehemalige Rathaus, in dem heute die Stadtbücherei untergebracht ist.

Auf der Dohrstraße folgen wir der **Niederrheinroute** bis zum **Weyer-Kastell**. Das Gutsgebäude wurde nach dem Dreißigjährigen Krieg errichtet und ersetzte eine Wasserburg des 13. Jahrhunderts, die dem Adelsgeschlecht von Krickenbeck gehörte.

Hinter dem Ferkensbruch, einem kleinen See auf der rechten Seite, folgen wir nun der sogenannten **2-Länder-Route** auf der Straße Sassenfeld, bis wir zum **Naturschutzhof Nettetal** gelangen. In dem vom Naturschutzbund verwalteten Areal können wir einen Rundgang zwischen Biotopen, Obstwiesen und Blumenbeeten machen. Ein Highlight ist ein acht Meter hoher sogenannter „Lebensturm“, in dem bedrohte Vogelarten und Insekten ihre Heimat gefunden haben.

Naturschutzhof Nettetal
Der Naturschutzhof wird vom Naturschutzbund betrieben.
Sassenfeld 200
41334 Nettetal
Tel. (0 21 53) 8 93 74
Außengelände: immer frei zugänglich, Gebäude: Mo–Do 8–16 Uhr, Fr 8–14.30 Uhr, Mai–Okt. auch 11–17 Uhr
Eintritt frei

Es geht auf der 2-Länder-Route weiter, bis wir das **Haus Bey** erreichen, ein kleines schlossartiges Gebäude eines alten Rittergutes, in dem heute ein Golfclub ansässig ist.

Im folgenden **Hombergen** werfen wir einen kurzen Blick in das **Textilmuseum Die Scheune,** das sich mit der niederrheinischen Textilmanufaktur befasst und die regionale Textilherstellung wieder erlebbar macht. Bevor wir anschließend auf der Schloßallee mit dem **Glabbacher Bruch** und dem **Hinsbecker Bruch** die zwei größten der Krickenbecker Seen passieren, sollten wir links am dazugehörigen Infozentrum anhalten. In einer Dauerausstellung wird unter anderem gezeigt, wie die hiesigen Netteseen entstanden sind.

Das auf der rechten Seite stehende **Schloss Krickenbeck** entstand im 13. Jahrhundert und erhebt sich heute inmitten der Seenplatte, die wir anschließend nach rechts in Richtung Plankenheide durchqueren. Wir achten auf die Beschilderung in Richtung Hinsbeck und wenden uns hinter der Pension „Haus Waldesruh" nach rechts, um wenig später den 28 Meter hohen **Aussichtsturm Taubenberg** zu erklimmen. Er wurde im Jahr 2005 neu errichtet und bietet seither ein prachtvolles Panorama über die Seenplatte, die wir nun auf dem Rad umrundet haben.

Von Hinsbeck aus radeln wir auf dem rot-weiß ausgeschilderten Radverkehrsnetz NRW nach Lobberich, wo abschließend noch die **Burg Ingenhoven** mit ihrem gastronomischen Angebot zu einer Einkehr einlädt. Auf dem Radweg passieren wir den Nettebruch, bis wir wenig später in Breyell sind und das Ortszentrum mit seinem Lambertiturm erkennen.

Textilmuseum Die Scheune
Auch Workshops mit verschiedenen Themenangeboten für Erwachsene und Jugendliche.
Krickenbecker Allee 21
41334 Nettetal
www.textilmuseum-die-scheune.de
Zwei Wochen nach Ostern–Ende Okt.
So 11–18 Uhr
Eintritt frei

Infozentrum Krickenbecker Seen
Auf einem Aussichtssteg hat man einen wunderbaren Blick über das Wasser und auf die hier lebenden Vögel.
Krickenbecker Allee 36
41334 Nettetal
Tel. (0 21 53) 91 29 09
Apr.–Okt. Mi–So 11–18, sonst Mi–So 11–17 Uhr
Eintritt frei

Der Hinsbecker Bruch ist einer der größten Seen

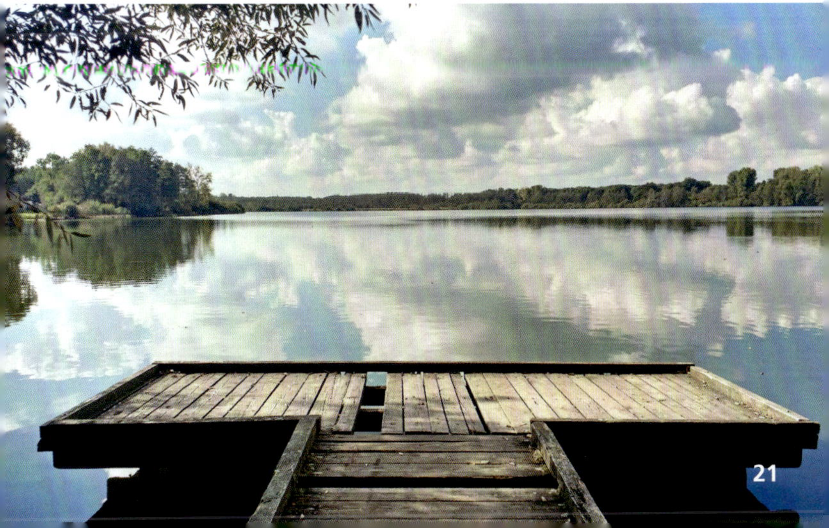

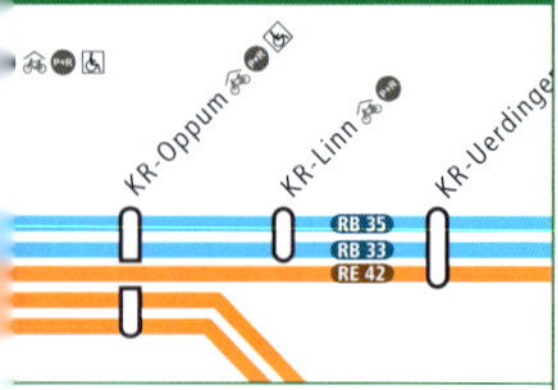

An- und Rückfahrt
Bhf. Krefeld-Linn (RE10 ab Düsseldorf Hbf. bis Krefeld Oppum, dann RB33, RB 35 oder ca. 25 Min. Fußweg)

Spaziergang

Länge
ca. 4 km hin & zurück (ohne Abstecher zum Rhein)

Karte ▸ Seite 138

Krefeld-Linn

Mit dem Rad in die Vergangenheit

Der charmante Krefelder Stadtteil Linn mit seinem historischen Ortskern lohnt einen Besuch. Eine mittelalterliche Wasserburg, zwei Parks und eine Wassermühle sind nur einige der Attraktionen.

Vom Bahnhof Linn nehmen wir die Straße Bruchfeld nach links. Dabei bleiben wir direkt an der Bahnstrecke und erreichen über den schmalen Fuß- und Radweg die Straße Hausbend, in die wir nach links einbiegen und die Gleise unterqueren. Schon an der ersten Kreuzung sehen wir den Park der Burg Linn auf der rechten Seite. Dieser ist Teil der **Straße der Gartenkunst** zwischen Rhein und Maas, an der herausragende Gärten und Parks liegen. Auch die Ausflugsziele Klostergarten Kamp-Lintfort (▸ Seite 14), Schlosspark Benrath (▸ Seite 86), das Neandertal (▸ Seite 84) sowie die Schlossparkanlagen von Mönchengladbach Rheydt und Wickrath (▸ Seite 24) zählen zu dieser Touristikstraße.

Der Landschaftspark aus dem 19. Jahrhundert umrahmt die mittelalterliche **Burg Linn**. Schon im 2. Jahrhundert n. Chr. gab es an dieser Stelle einen Wohn- und Wehrturm, der später von einem hölzernen Wachturm abgelöst wurde. Im Laufe der Jahrhunderte hat man das Bauwerk immer weiter ausgebaut, sodass Burg Linn zu einer der größten Wasserburgen der Region wurde. Nachdem die Burg während des Spanischen Erbfolgekriegs im 18. Jahrhundert durch preußische Truppen komplett zerstört worden war, begann man vor fast 100 Jahren mit ihrem Wiederaufbau. Heute befindet sich das Museumszentrum Burg Linn mit einer Ausstellung über die Geschichte des Niederrheins im Inneren – von den Jägern und Sammlern über die Römer bis hin zur Neuzeit.

In der Vorburg steht das Jagdschlösschen, in dem Bürgerzimmer aus dem 18. und 19. Jahrhun-

Museum Burg Linn
Römische und frühmittelalterliche Funde.
Rheinbabenstr. 85
47809 Krefeld
Tel. (0 21 51) 15 53 90
www.museumburglinn.de
Di–So 10–18 Uhr,
Nov.–März 11–17 Uhr
Erw. 5 €, Kinder 2,50 €

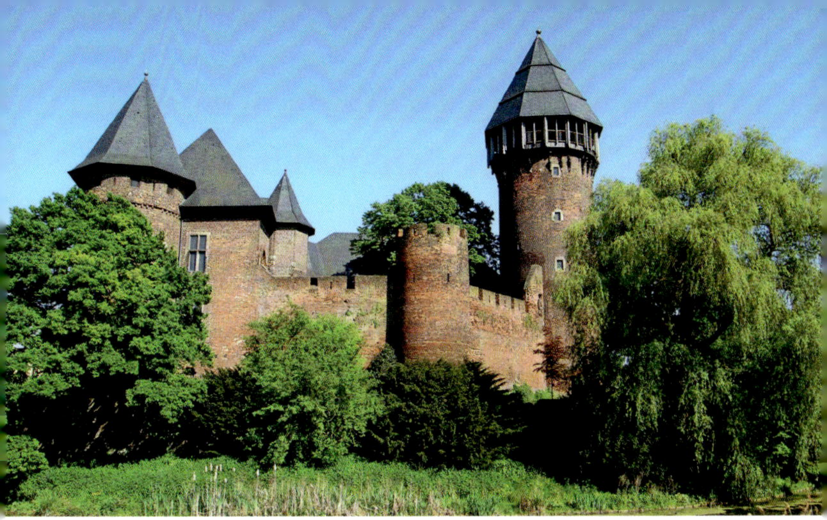

Nach ihrer Zerstörung wurde die Burg Linn vor ca.100 Jahren wieder aufgebaut

dert untergebracht sind. Gleich daneben kann man historische Feuerlöschzüge sowie Kutschen in einem hölzernen Unterstand bewundern.

Von dort geht es weiter in das mittelalterliche **Linn,** das sich mit einigen denkmalgeschützten Bauten präsentiert. Einer davon ist das backsteinerne Zollhaus am Südrand der Altstadt. Am Andreasmarkt befindet sich das **Deutsche Textilmuseum,** das über 30 000 Exponate beherbergt.

Über die Margarethen- und Rheinbabenstraße erreichen wir die Pfarrkirche sowie das geduckt wirkende Torwächterhaus. Gleich dahinter befinden wir uns wieder im Grünen. Hinter dem Bach biegen wir rechts in den Weg Am Mühlenhof ein und erreichen die dortige ehemalige kurfürstliche **Wassermühle.** Um die Ecke steht auch das dazugehörige Wasserrad.

Direkt neben dem Wasserrad gelangen wir durch die grüne Landschaft am Linner Mühlenbach entlang in den benachbarten **Greiffenhorstpark.** Der Park erstreckt sich an den Ufern des Mühlenbaches und ist mit rund 100 Metern nicht sonderlich breit. Zusammen mit dem rosafarbenen Haus Greiffenhorst aus dem 19. Jahrhundert sowie dem in der Nähe gelegenen Hausenhof steht der schmale Park unter Denkmal- und Naturschutz. Am Ende des Parks erreichen wir noch eine Ausgrabungsstätte. Hier wurden Fundamente der ersten Kirche Linns gefunden.

Deutsches Textilmuseum
Hier sind 30 000 textile Objekte zu besichtigen.
Andreasmarkt 8
47809 Krefeld
Tel. (0 21 51) 9 46 94 50
Di–So 10–18 Uhr,
Nov.–März 11–17 Uhr
Erw. 4,50 €, Kinder 2 €,
Verbundkarten für das Museum Burg Linn und für das Deutsche Textilmuseum kosten 7 € für Erw./3 € für Kinder.
Nur Wechselausstellungen, außerhalb einer Ausstellung ist das Museum geschlossen!

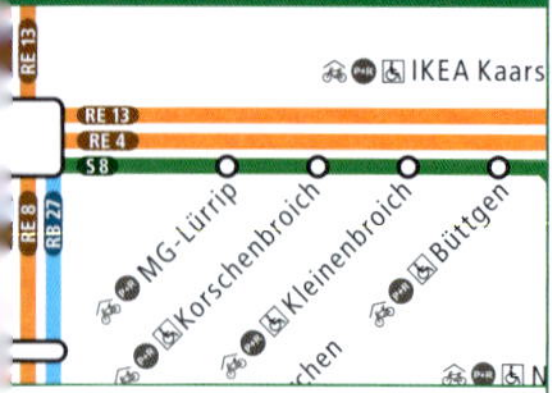

Anfahrt
Bhf. Mönchengladbach-Lürrip (S8 oder RE ab Düsseldorf Hbf.)

Radtour
MG-Lürrip – Schloss Rheydt – Wickrath

Länge
17 km

Rückfahrt
Bhf. Wickrath (RB33 stündlich bis Mönchengladbach Hbf., dann RE13 bis Düsseldorf Hbf.)

Karte ▸ Seite 130

Mönchengladbach Schloss Rheydt

Von Schloss zu Schloss

Bei Mönchengladbach denken viele Menschen zuerst einmal an die Borussia. Dabei hat die Stadt noch ganz andere kulturelle Errungenschaften zu bieten. Zum Beispiel die beiden Schlösser Rheydt und Wickrath, die über einen Radweg miteinander verbunden sind.

Mönchengladbach ist eine verhältnismäßig junge Stadt und spielt mit ihrer geringen Einwohnerzahl eine eher untergeordnete Rolle im bundesdeutschen Vergleich. Auch der Name der Stadt hat sich im Laufe der Zeit immer nach anderen gerichtet. Eine genaue Wortherkunft ist bis heute nicht geklärt, sprach man in den vergangenen Jahrhunderten doch von Gladebach, Glatbach, Gledbich und Gladbecke. Hinzu kommen Namen wie Monnike Gladbeeck und Monichgladebacq.

Fest steht jedoch, dass Mönchen-Gladbach bereits 1683 erstmalig erwähnt wurde, sich aber in der offiziellen Bezeichnung nicht durchsetzen konnte. So kannte man erst einmal nur Gladbach. Erst als man Verwechslungen mit dem nicht weit entfernten Bergisch-Gladbach vermeiden wollte, besann man sich wieder auf die längere Schreibweise. Damals allerdings noch als München-Gladbach, was wiederum zu Verwechslungen mit der bayerischen Hauptstadt führte. Den heutigen Namen erhielt die Stadt erst im Jahr 1960. Doch schon im 10. Jahrhundert wurde eine Klosterkirche errichtet, mit der die Geschichte der Stadt begann. Allerdings gibt es Annahmen, dass bereits ein Jahrhundert zuvor eine kleinere Kirche auf demselben Klosterhügel erbaut wurde.

Mit der Klostergründung siedelten sich zahlreiche Handwerker und Kaufleute um den entstandenen Marktplatz an. Sie sorgten dafür, dass die Gemeinde schon im 14. Jahrhundert die Stadtrechte erhielt. Das Klosterleben endete jedoch zu Beginn des 19. Jahrhunderts, als die Stadt Gladbach an Frankreich fiel. Das **Gladbacher Münster,** das als eines der wichtigsten Bauwerke der Stadt gilt, ist heute jedoch immer noch sehenswert. Sein Äußeres stammt zum großen Teil aus dem 13. Jahrhundert, in dem das Langhaus der Kirche errichtet wurde. Im Inneren kann eine Schatzkammer besichtigt werden, in der sich einige sakrale Kunstgegenstände befinden.

Das heutige Mönchengladbach entstand schließlich durch die Zusammenlegung der Städte Mönchengladbach, Rheydt und Wickrath im Jahr 1975. Vor über dreißig Jahren hätte dieser Tourenvorschlag dann also bedeutet, dass wir von der Stadt Rheydt zur Stadt Wickrath radeln.

Vom S-Bahnhof Lürrip nehmen wir die Volksbadstraße in südliche Richtung. Nach dem Überqueren der Korschenbroicher Straße folgen wir den Wegen entlang des kleinen Naturschutzgebiets. Sobald wir die Schlossstraße und einen kleinen Bach überquert haben, biegen wir links ab und radeln auf direktem Wege zum Portal von **Schloss Rheydt**.

Das in orangefarbenen Tönen leuchtende Renaissanceschloss ist von einem Wassergraben umgeben und besteht aus drei Gebäudeteilen. Erbaut wurde Schloss Rheydt im Wesentlichen in der zweiten Hälfte des 16. Jahrhunderts im Stil

Städtisches Museum
Das Städtische Museum lockt immer wieder mit wechselnden Ausstellungen.
Schlossstr. 508
41238 Mönchengladbach
Tel. (0 21 66) 9 28 90 16
www.schlossrheydt.de
Di–Fr 11–17,
Sa/So 11–18 Uhr
Erw. 6 €, Kinder 4 €

Alljährlicher Schauplatz der Rheydter Mittelalterspiele: Schloss Rheydt

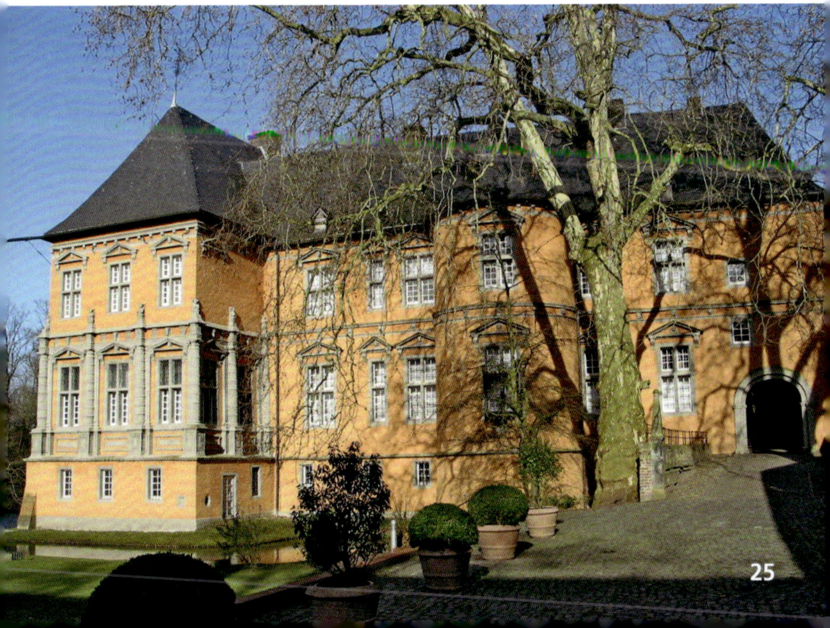

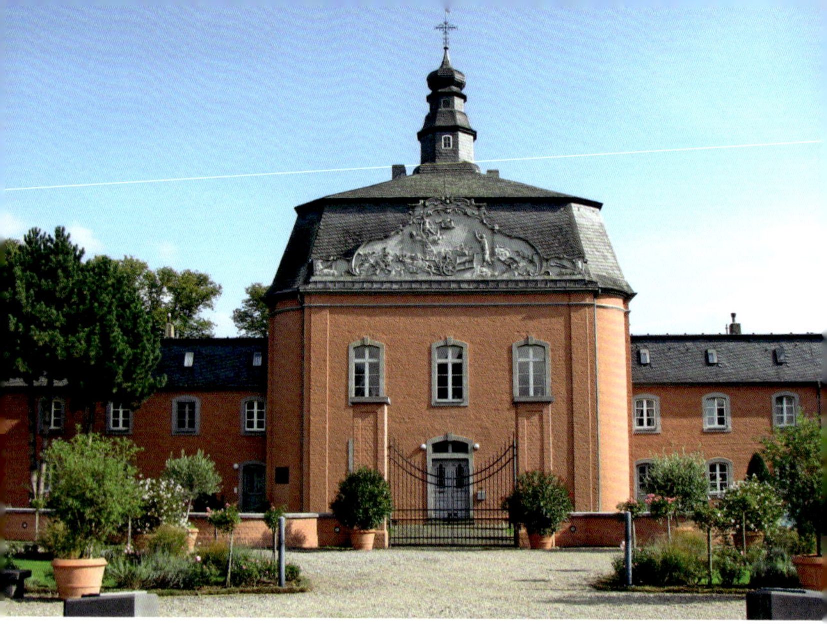

Schloss Wickrath hat mediterranen Charme

einer Zitadelle. Es wurde aber trotz des Walls und der Kasematten nie zu einer geschichtsträchtigen Festung. Im Innenhof befindet sich ein kurzer, aber sehenswerter Arkadengang.

Die Torburg haben wir soeben durchquert und sehen nun links vor uns die Vorburg. Auch diese passieren wir durch ein Tor und stehen anschließend vor der Hauptburg. Das Äußere der Anlage geht zwar auf das Ende des 16. Jahrhunderts zurück, doch erstmals erwähnt wurde Schloss Rheydt bereits dreihundert Jahre zuvor. Durch einen weiteren Tordurchgang gelangen wir in den hinteren Teil der Burg. Hier geht es über eine schmale Holzbrücke zu den Kasematten und den Wallanlagen, die sich, von dichtem Grün umgeben, hinter der Hauptburg befinden. Im Inneren des Schlosses ist heute das Städtische Museum untergebracht, in dem Wechselausstellungen gezeigt werden. Auf dem Außengelände finden jedes Jahr im August die **Rheydter Mittelalterspiele** statt.

Unser weiterer Weg soll nach Süden führen, wo das **Schloss Wickrath** auf uns wartet. Hierfür radeln wir am einfachsten zurück zur Ritterstraße und biegen dort links ab. Schon nach dreihundert Metern treffen wir auf den Fluss **Niers.** Dieser entspringt bei Erkelenz und mündet nach rund 117 Kilometern in den Niederlanden in die Maas. Soweit wollen wir heute aber gar nicht, daher biegen wir am Fluss rechts ab. Auf der linken Seite die Niers, auf der rechten Seite Bauernfelder, so gelangen wir zur Zoppenbroicher Straße, wo wir die Flussseite wechseln. Die Wechsel der Uferseite ergeben sich aus der Radroutenbeschilderung (Niederrhein-Radroute), die uns immer direkt am Ufer entlang führt. Im dicht bewaldeten Bresges-park überqueren wir den Fluss erneut, um an der folgenden Römerstraße abermals auf der linken Flussseite zu radeln. Noch einige Male überqueren wir die Niers und radeln durch Grünanlagen, bis wir schließlich die Autobahn unterqueren und kurz darauf die Brücke zum **Schloss Wickrath** erreichen.

Dieses wurde im 11. Jahrhundert das erste Mal erwähnt und wechselte im Laufe der Zeit mehrfach den Besitzer. Seit der Herrschaft der Franzosen entwickelte sich das Areal zu einem Pferdegestüt. Heute befindet sich hier das Pferdezuchtzentrum Wickrath, im Ostflügel sind Ställe untergebracht.

Vom Schloss gibt es noch die Vorburg im barocken Stil sowie das Landstallmeisterhaus zu sehen, das sich heute an der Stelle des einstigen Haupthauses erhebt. Die beiden rosafarbenen Gebäudeflügel stehen sich auf einer Insel gegenüber, die vom Fluss Niers umspült wird. Hinter dem Landstallmeisterhaus, in dem eine Gaststätte untergebracht ist, befindet sich ein kleiner Park mit Spielplatz und mehreren Rastmöglichkeiten am Ufer der Schlossteiche.

Am Kreisverkehr an der Schlosszufahrt geht es links in die Hochstadenstraße. In einer Rechtskurve beginnt die Quadstraße, die geradewegs auf den nahen Bahnhof Wickrath zuführt.

Café-Restaurant Herrenhaus
Speisen in historischem Ambiente mit Terrasse und Biergarten am See.
Schloss Wickrath 1
41189 Mönchengladbach
Tel. (0 21 66) 84 60 63
www.wickrather-schloss.de
Mi–So ab 11 Uhr

Idyllisch: Im Schlosspark schlagen Pfauen ihr Rad

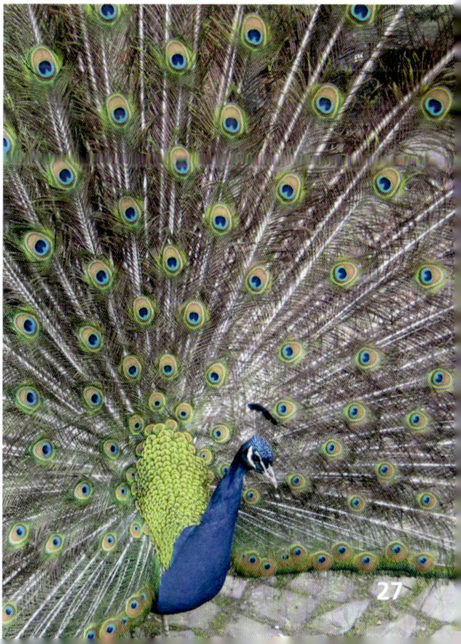

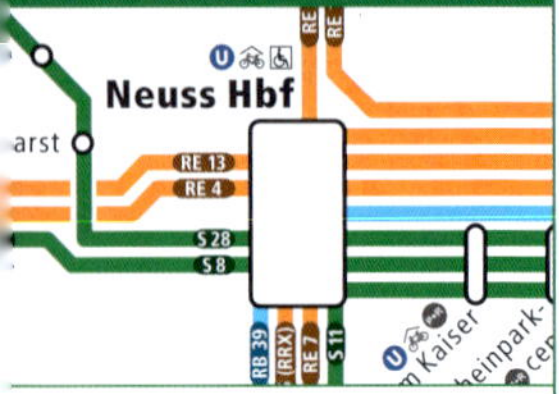

Anfahrt
Neuss Hbf. (diverse S-Bahnen und Regionalexpresszüge bzw. Regionalbahnen ab Düsseldorf Hbf.)

Radtour
Neuss – Kaarst – Viersen

Länge
26 km

Rückfahrt
Bhf. Viersen (RE13 bis Düsseldorf Hbf.)

Karte ▸ Seite 131

Neuss Nordkanal

Radeln auf Napoleons Spuren

Dort, wo Napoleon große Pläne hatte, können wir heute tolle Fahrradtouren machen. Bei einer gemütlichen Tagestour radeln wir am Nordkanal von Neuss nach Viersen.

Wer die schnellere Variante bevorzugt, radelt vom Neusser Hauptbahnhof nach rechts über die Gielenstraße bis zur Viktoriastraße und wendet sich nach rechts, um bereits ab dort der Trasse der **Nordkanalroute** zu folgen. Um die Strecke aber von ihrem Ausgangspunkt aus kennenzulernen, radeln wir zunächst quer durch die Neusser Innenstadt bis zum sehenswerten **Quirinusmünster**. Hinter dem Münster biegen wir links ab und radeln auf der Hammer Landstraße bis zum **Rheinradweg**, der uns in südliche Richtung bis zum Neusser Sporthafen bringt. Auf dem Scheibendamm beginnt die Nordkanalroute, der wir nun folgen werden.

Der Nordkanal wurde zu Beginn des 19. Jahrhunderts von Napoleon initiiert und sollte den Rhein mit der Maas und somit mit dem Seehafen Antwerpen verbinden. Damit wollte sich der französische Feldherr Zugang zu einem niederländischen Hafen schaffen. Doch im Jahr 1810 hatte Napoleon ohnehin Kontrolle über die gesamten Niederlande, sodass der Kanal nicht mehr benötigt wurde. Nur: Er war bereits im Bau und zu einem Drittel fertiggestellt. Dennoch wurden die Arbeiten daran komplett eingestellt und das Projekt begraben. Heute erinnert die Nordkanalroute an den geplanten Wasserweg, der zwischen Neuss und Viersen entlang des Kanals und ab Viersen bis zum Ende der Strecke in Holland an der ursprünglich geplanten Trasse verläuft.

Auf der Nordkanalallee überqueren wir zunächst die Obererft, die weiter im Süden von der Erft abzweigt und radeln fortan neben dem Nordkanal entlang. Einer der schönsten Abschnitte folgt wenig später mit der **Morgensternsheide**

Nordkanal
Der Nordkanal war eine Wasserstraße, die vom französischen Feldherrn Napoleon geplant, aber nie vollendet wurde.

beziehungsweise dem **Neusser Stadtwald**, den wir auf einem breiten Schotterweg zwischen mächtigen Bäumen durchradeln. Nach Überquerung der parallel verlaufenden Bahntrasse erreichen wir die Grünanlage **Jröne Meerke**, auf hochdeutsch „Grünes Meerchen". Der dortige Weiler entstand durch Auskiesung und ist heute ein beliebter Sammelplatz von Gänsen. Neben Schnee-, Grau- und Kanadagänsen sind dort aber auch zahlreiche Enten und Schwäne anzutreffen.

Parallel zum Kanal durchqueren wir **Kaarst** und treffen am westlichen Ende der Kleinstadt auf den **Kaarster See**. Dieser Baggersee mit Sandstrand ist bei Badegästen besonders beliebt. Wir stoßen später auf den wenig genutzten Flugplatz Mönchengladbach, umrunden den Neerser Bruch und erreichen den Fluss Niers, der ebenfalls mit einem herrlichen Radwanderweg lockt und den wir mittels einer erlebenswerten Schwebebrücke aus eigener Kraft überqueren. Auf der Nordkanalroute radeln wir weiter durch grüne Landschaften und erreichen bald die Kleinstadt **Viersen**, in der wir unseren Tagesausflug am Bahnhof enden lassen.

Napoleon plante den Nordkanal ursprünglich als Zugang zum Antwerpener Hafen

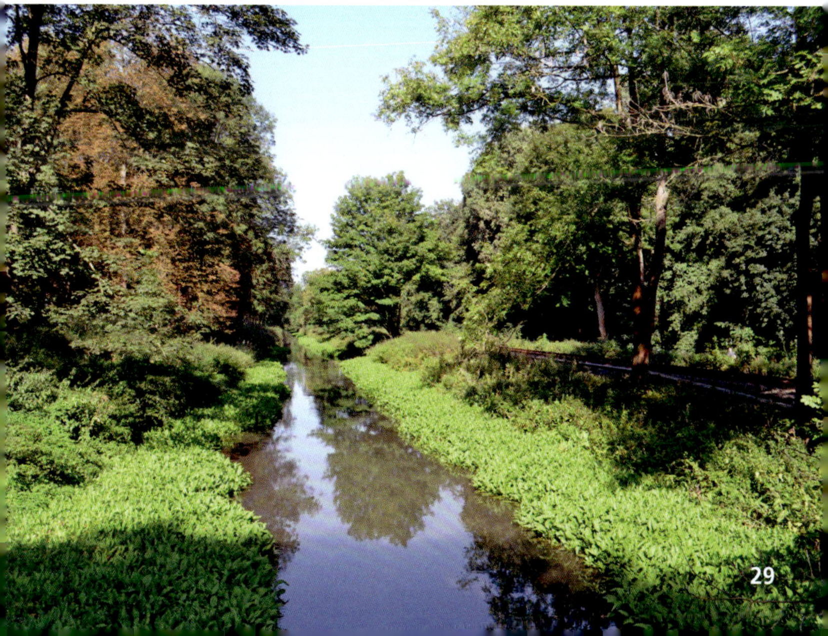

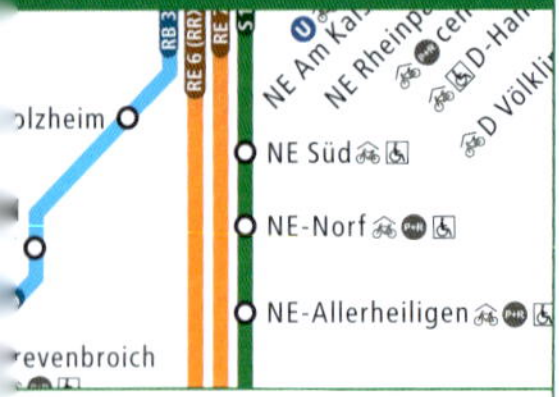

Anfahrt
Haltestelle Lupinenstraße (Straßenbahn 709 ab Düsseldorf Hbf. bis Neuss Stadthalle und Bus 854)

Spaziergang

Dauer
ca. 1 Stunde

Rückfahrt
Haltestelle Sporthafen (Bus 851 bis Neuss Hbf. und RE13 bis Düsseldorf Hbf.)

Karte ▸ Seite 131

Neuss Kinderbauernhof & Erftmündung

Flora und Fauna im Neusser Süden

Auf den letzten Kilometern der Erft begleiten wir den Fluss bis zu seiner Mündung in den Rhein. Dabei treffen wir auf eine Vielzahl an Tieren und erleben Natur zum Anfassen.

An der Haltestelle Lupinenstraße gehen wir in die kleine Grünanlage hinein, überqueren den Linneplatz und erreichen zwischen den Hausnummern 12a und 14 geradeaus den **Selikumer Park**. Halbrechts erwartet uns ein **Arboretum**, das Mitte des letzten Jahrhunderts angepflanzt wurde. Zu sehen sind neben den berühmten Gingko- und Mammutbäumen auch Sumpfzypressen, der Tulpen- und der sogenannte Taschentuchbaum, der heute in China beheimatet ist. Vor vielen Millionen Jahren wuchs er auch in der hiesigen Region.

Hinter dieser Sammlung verschiedener Bäume gelangen wir zu einem Wildgehege mit seinem Damwild. An einer kleinen Schutzhütte vorbei, kommen wir schließlich zur **Erft**, der wir flussabwärts folgen wollen. Wir überqueren den Fluss, biegen nach links ab und sehen wenig später, dass er sich teilt.

Die Erft ist rund 107 Kilometer lang und entspringt bei Euskirchen. Geprägt ist sie von der Warmwassereinleitung durch das Braunkohlerevier, die zur Folge hat, dass ausgesetzte Aquarientiere wie Guppys oder auch Rotwangenschildkröten hier keine Seltenheit sind. An der Staustufe Napoleonswehr, die dazu dienen sollte, die Innenstadt von **Neuss** mit Wasser zu versorgen, zweigt die Obererft ab. Sie mündet nach fast neun Kilometern nördlich des Naturschutzgebietes Ölgangsinsel am Neusser Hafen in den Rhein.

Wir folgen dem Weg entlang der Erft und erreichen schon nach wenigen Minuten eine weitere Brücke und über diese den **Kinderbauernhof Neuss**, der Teil des Selikumer Parks ist. Hier riecht es nach Heu, ein Hahn kräht. Auf mehreren Wei-

Kinderbauernhof Neuss
Im Selikumer Park können Kinder alles über das Leben auf dem Bauernhof lernen.
Nixhütter Weg 141
41466 Neuss
Tel. (0 21 31) 90 85 21
www.kinderbauernhof-neuss.de
tgl. 10–18 Uhr
Eintritt frei

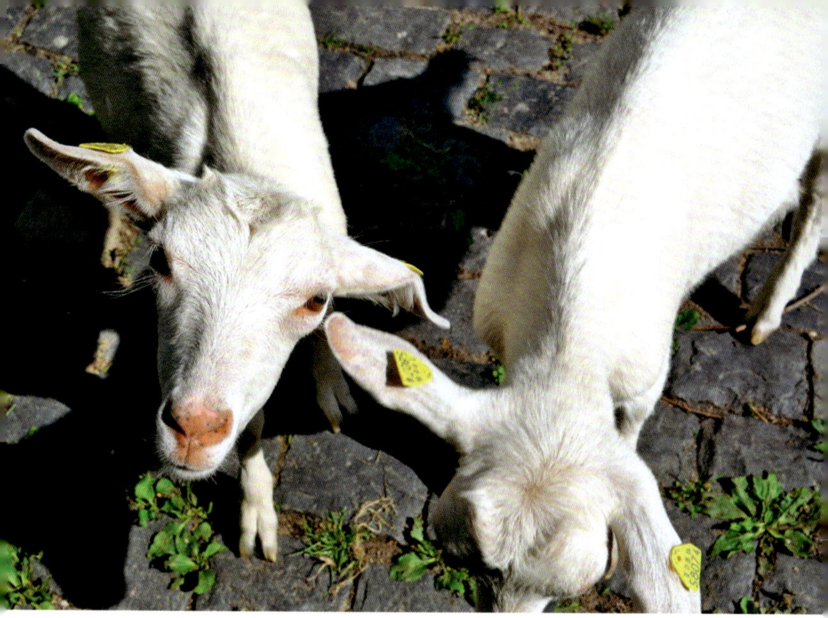

Auf dem Kinderbauernhof Neuss kann man Tiere hautnah erleben

den und in einem kleinen Wald leben Schafe, Pferde, Schweine, Ziegen und Hühner – eben typische Tiere eines Bauernhofs. Damit auch Kinder aus dem städtischen Bereich diese Tiere kennenlernen und ein Gefühl für die Natur bekommen, wurde 1978 der Kinderbauernhof ins Leben gerufen. Die Tiere sind sehr zutraulich und dürfen gestreichelt und gefüttert werden. Es gibt kleine Ställe, Außengehege, ein umfangreiches Kursprogramm, an dem man teilnehmen kann sowie ein kleines Naturschutzzentrum, das auf zwei Etagen Pflanzen und Tiere vorstellt.

An der Schafsweide und dem **Gut Selikum** vorbei, gelangen wir wieder zur Erft zurück, um ihrem Lauf weiter flussabwärts zu folgen. Wir unterqueren die Brücke der Autobahn 57 und gelangen ganz automatisch zu einem **Barfußpfad** und einem **Hochzeitshain**. Brautpaare können hier nach der Eheschließung ganz romantisch einen Baum pflanzen.

Nachdem wir die Schuhe wieder an den Füßen haben, geht es den letzten Kilometer am Fluss entlang bis zur **Mündung**. Hier können wir den vorbeiziehenden Schiffen hinterherblicken, bevor wir uns auf den Weg zur Haltestelle an der Kölner Straße machen.

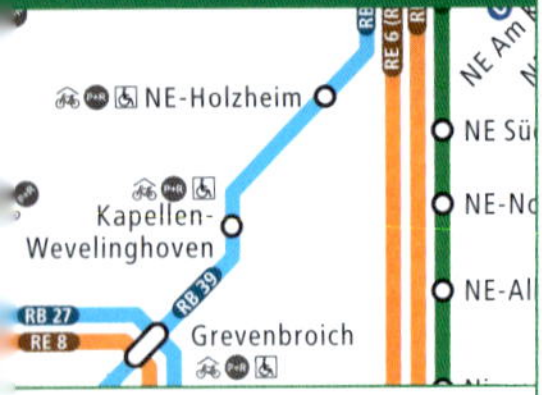

Anfahrt
Haltestelle Neuss Gut Hombroich (RB39 stündlich ab Düsseldorf Hbf. bis Bhf. Kapellen Wevelinghoven und Bus 869 oder 877)

Museumsbesuch

Dauer
2–3 Stunden

Rückfahrt
Neuss Insel Hombroich (Bus 869 bis Neuss Stadthalle, dann Straßenbahn 709 bis Düsseldorf Hbf.)

Rückfahrt alternativ
Radtour über den „Strategischen Bahndamm" bis Bhf. Rommerskirchen, ca. 12 km

Karte ▸ Seite 134

Neuss Museumsinsel Hombroich

Kunst im Freien

Während des Kalten Kriegs war die NATO bei Neuss mit einer Raketenstation präsent. Heute gehört das Gebiet zu einem Freilichtmuseum der anderen Art.

Auf der **Museumsinsel Hombroich** gibt es nicht nur architektonisch interessante Bauwerke zu sehen, es lassen sich auch kreative Skulpturen und japanische Kunst entdecken.

Ursprünglich war das heutige Freilichtmuseum ein verwildertes Areal am Ufer des Flusses Erft, das vom Düsseldorfer Immobilienmakler und Kunstsammler Karl-Heinrich Müller 1982 erworben wurde. Er begann hier das Projekt **Kunst parallel zur Natur** und ließ auf dem von dem Flüsschen und einem seiner Seitenarme umspülten Gelände die ersten Gebäude errichten. Im späteren Verlauf vergrößerte Müller das Gebiet und erwarb nach Abzug des Militärs auch noch die benachbarte Raketenstation. Seitdem sind auf dem 250 Hektar großen Gelände verschiedene Skulpturen namhafter Künstler zu sehen, die zwischen skurrilen Gebäuden und der grünen Auenlandschaft der Erft emporragen. So ist das erste Bauwerk auf dem Rundgang durch die Parklandschaft der sogenannte „Turm", ein fensterloses und eher niedriges Haus, dessen Name ein wenig zu hoch gegriffen scheint. In der Folge erreicht man ein überdachtes Labyrinth, welches von einem Architekten gestaltet wurde. Auf verschlungenen Pfaden gelangt der Besucher zu Bauwerken wie dem 12-Räume-Haus oder dem Tadeusz-Pavillon. Einige dieser Bauten beherbergen die Kunstsammlung Müllers, in anderen Gebäuden sind Künstlerateliers untergebracht, die jedoch nicht alle für die Öffentlichkeit bestimmt sind.

Das Gelände der ehemaligen Raketenstation beherbergt heute das Kunst- und Ausstellungshaus der **Langen Foundation,** das auf der Architektur-Biennale in Venedig vorgestellt wurde. Im Inneren ist eine der größten Sammlungen japanischer Kunst der letzten 800 Jahre zu sehen.

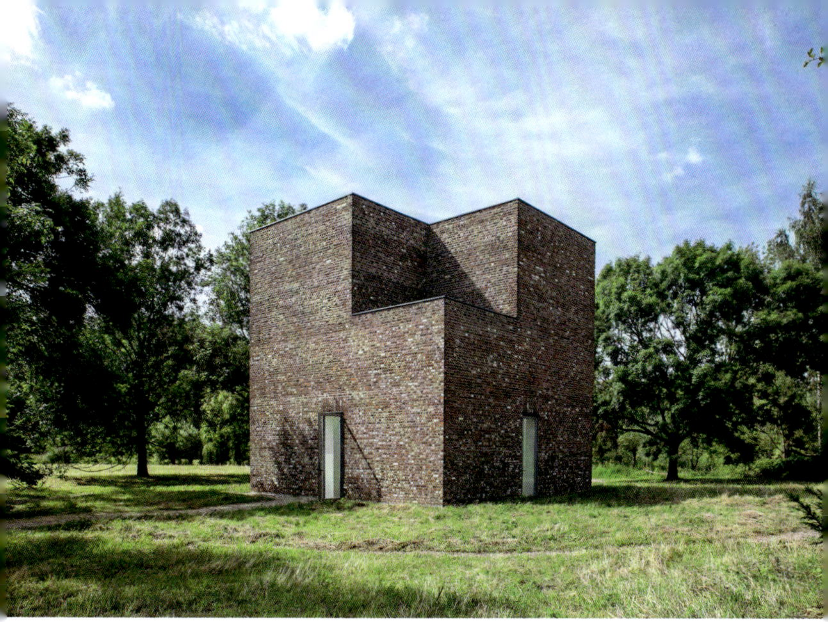

Ausgefallene Architektur: der Heerich-Turm auf der Museumsinsel

Bei der Architektur-Biennale drei Jahre später wurde, ebenfalls in Venedig, ein weiteres Projekt des Museums präsentiert: das „Raumortlabor". Dabei soll die Landschaft aufgeteilt werden in je ein Drittel Wiese und Weide, ein Drittel Kräuter und Obstgärten und ein Drittel Wald. Nur bei einem kleinen Rest ist Bebauung geplant. Das Projekt gilt als Landschaftsexperiment.

Mit einem Besuch dieses Freilichtmuseums stattet man also einem Kunstmuseum einen Besuch ab, hat aber zugleich auch die grüne Auenlandschaft der Erft um sich.

Tipp: Wer nach so viel Kultur noch eine Radtour machen möchte, für den bietet sich der Rückweg über den **Strategischen Bahndamm** bis zum Bahnhof **Rommerskirchen** an. Die nie fertiggestellte Eisenbahnstrecke wurde Anfang des 20. Jahrhunderts als strategische Umgehung der Städte Köln und Düsseldorf vom Militär geplant. Nach dem Ersten Weltkrieg wurde der Bau allerdings gestoppt. Der Teil zwischen der Insel Hombroich und Rommerskirchen ist nun ein schöner Fuß- und Radweg. Er endet in Rommerskirchen-Nettesheim. Von dort ist es nicht mehr weit bis zum Bahnhof (RE 8 nach Grevenbroich, von da Anschluss mit der RB 39 nach Neuss Hbf.).

Stiftung Insel Hombroich
Die Museumsinsel war ursprünglich eine verwilderte Parklandschaft am Nordufer der Erft.
Minkel 2
41472 Neuss-Holzheim
Tel. (0 21 82) 8 87 40 00
www.inselhombroich.de
tgl. geöffnet,
im Winter 10–17,
im Sommer 10–19 Uhr
Erw. 15 €, Kinder 7 €

Langen Foundation
Ausstellung einer der größten Sammlungen japanischer Kunst.
Im Museum Insel Hombroich
www.langenfoundation.de
Di–So 10–18 Uhr
8 €

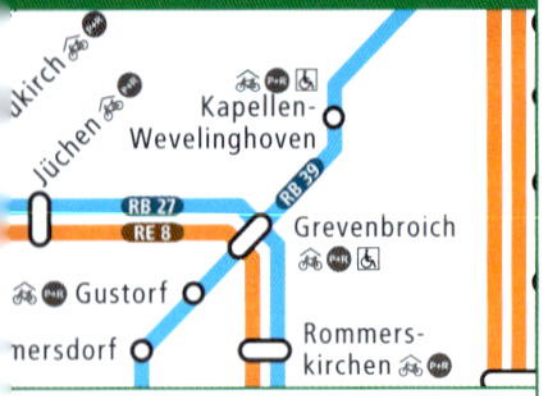

An- und Rückfahrt
Bhf. Grevenbroich
(RB39 stündlich ab/bis Düsseldorf Hbf.)

Wanderung
Grevenbroich – Vollrather Höhe

Länge
ca. 16 km hin & zurück

Karte ▸ Seite 134

Grevenbroich Vollrather Höhe

Hoch hinaus

Dass es auch in flacher Landschaft Berge geben kann, die bestiegen werden wollen, wird in der Kölner Bucht deutlich: Hier lassen wir uns auf der 187 Meter hohen Vollrather Höhe frischen Wind um die Nase wehen.

Die 62 000-Seelen-Stadt Grevenbroich ist unter anderem für ihre Schützenfeste und die klassizistische Villa Erckens bekannt. Um zu der Villa zu gelangen, geht es vom Bahnhofsvorplatz zunächst geradewegs zum Kreisverkehr, an dem wir links in die Erkensstraße einbiegen. Nach Überquerung des **Erft-Flutgrabens** gehen wir halbrechts über die Brücke über dem Fluss. Gleich dahinter sehen wir das klassizistische Kleinod **Villa Erckens**.

Das unter Denkmalschutz stehende Gebäude wurde Ende des 19. Jahrhunderts vom Industriellen Oskar Erckens erbaut und diente als Wohnsitz für seine Familie. Mitte des letzten Jahrhunderts wurde seine Baumwollspinnerei geschlossen und die Stadt **Grevenbroich** übernahm das Gebäude. Es beherbergt nun das **Museum der Niederrheinischen Seele,** das regionalen Bezug hat.

Die Villa Erckens befindet sich im Grevenbroicher Stadtpark, an dem wir noch entlangspazieren. Wir orientieren uns an der Erft und überqueren diese vor der Mühleninsel. Im weiten Bogen gehen wir um diese herum und schlendern durch den Schlosspark, um das **Alte Schloss** zu erreichen. Hier haben wir (allerdings nur abends bzw. am Wochenende) die Möglichkeit zu einer Einkehr im Restaurant Evita. Das Schloss entstand als dreiflügeliges Gebäude im 16. Jahrhundert. Heute ist nur noch der Palas vorhanden, der als Veranstaltungshalle genutzt wird.

Hinter Tennisplätzen überqueren wir wieder den Flutgraben und erreichen einen Teil des Stadtparks, in dem sich das **Umweltzentrum Schneckenhaus** mit einem „Grünen Klassenzimmer" befindet. Es beherbergt unter anderem auch einen Bienengarten und eine Vogelschutzstation.

Museum der Niederrheinischen Seele
In der Villa des ehemaligen Industriellen Oskar Erckens.
Am Stadtpark
41515 Grevenbroich
Tel. (0 21 81) 60 86 56
www.museum-villa-erckens.de
Mi/Do, Sa/So 13–17,
Fr 9–13 Uhr
Erw. 4 €, Kinder 1,50 €

Restaurant Evita im Alten Schloss Grevenbroich
Italienisches Restaurant im gemauerten Gewölbe des Alten Schlosses.
Schlossstr. 13
41515 Grevenbroich
Tel. (0 21 81) 2 12 37 46
www.evita-gv.de
Di–Fr 16–21,
Sa/So 11–21 Uhr

Wir überqueren die Erft erneut, folgen dem Fluss und wandern in einen Wald hinein, in dem wir auf ein Tiergehege inklusive Streichelzoo treffen. Hinter einer Autobahnunterführung wechseln wir wieder die Flussseite und verlassen den Wald nach einiger Zeit an der Straße zur Wassermühle. Links haben wir bald die **Vollrather Höhe** vor uns.

Bei der Vollrather Höhe handelt es sich nicht um einen natürlichen Berg, sondern um eine Abraumhalde, die Mitte des letzten Jahrhunderts aufgeschüttet wurde. Der Abraum stammt aus dem bundesweit bekannten Braunkohletagebau Garzweiler und ist heute nicht nur begrünt, sondern auch mit einem Wegenetz überzogen. Oben befindet sich seit einigen Jahren ein sehenswerter Windpark mit mehr als einem Dutzend Windrädern. Ein Gedenkstein erinnert zudem an das einstige Gut Vollrath, das sich früher an dieser Stelle befand und dem Berg seinen Namen gab.

Nach einem Rundgang auf der Kuppe gehen wir auf demselben Weg wieder zurück in den Stadtkern von Grevenbroich, das sich wegen seiner Verbindung zum Braunkohletagebau auch „Bundeshauptstadt der Energie“ nennt.

Im Palas des Alten Schlosses finden heute Veranstaltungen statt

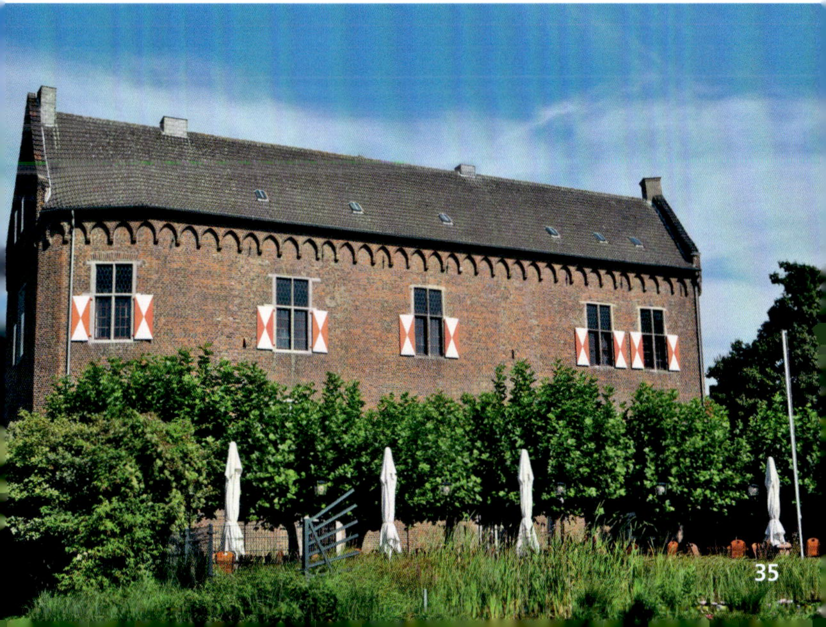

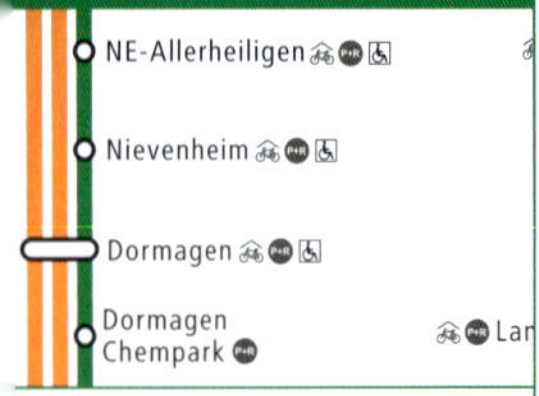

An- und Rückfahrt
Bhf. Dormagen (S11 oder RE6 ab/bis Düsseldorf Hbfw

Radtour
Dormagen – Delhoven – Rommerskirchen – Dormagen

Länge
ca. 35 km

Karte ▸ Seite 135

Dormagen Kloster Knechtsteden

Natur erleben

Durch die grüne Weite der Kölner Bucht radeln wir zum sehenswerten Kloster Knechtsteden, eingebettet in das gleichnamige Waldnaturschutzgebiet. Dann geht es weiter zum Strategischen Bahndamm, einem Bodendenkmal der besonderen Art.

Am **Bahnhof Dormagen** radeln wir über die Bahnhofstraße, die Straße An der Langenfuhr und die Schillerstraße bis zu einer Brücke über die Gleisanlagen, die uns zum Holzweg führt. Auf dem Holzweg durchqueren wir Grünanlagen, unterqueren die Autobahn 57 und befinden uns auf der **Niederrheinroute**, die uns am Wildfreigehege Tannenbusch vorbei nach **Delhoven** bringt. Wir achten auf die Ausschilderung und radeln auf dem Blechhofweg zum Kloster Knechtsteden. Dabei verlassen wir die Stadt Dormagen, in der bereits die Römer ihr Lager aufschlugen und ein Kastell errichteten.

Kloster Knechtsteden entstand im 12. Jahrhundert als Abtei der Prämonstratenser. Im Jahrhundert darauf entbrannte der Limburger Erbfolgestreit zwischen dem Erzbischof von Köln, Siegfried von Westerburg, und dem Herzog Johann I. von Brabant. Dieser Streit mündete in der Schlacht von Worringen, die nicht nur in der Region erhebliche Konsequenzen nach sich zog, sondern das gesamte Machtgefüge innerhalb Europas veränderte. Bei der Schlacht, die nur zehn Kilometer Luftlinie von Kloster Knechtsteden entfernt stattfand, wurde auch das Kloster stark in Mitleidenschaft gezogen. Im 18. Jahrhundert wurden einige Gebäude und Gebäudeteile wieder neu errichtet, jedoch im damals üblichen Stil. So präsentiert sich heute zum Beispiel das Wahrzeichen des Klosters, das Torhaus, als barocker Bau.

Das Gelände ist die älteste mittelalterliche Klosteranlage im Rheinland

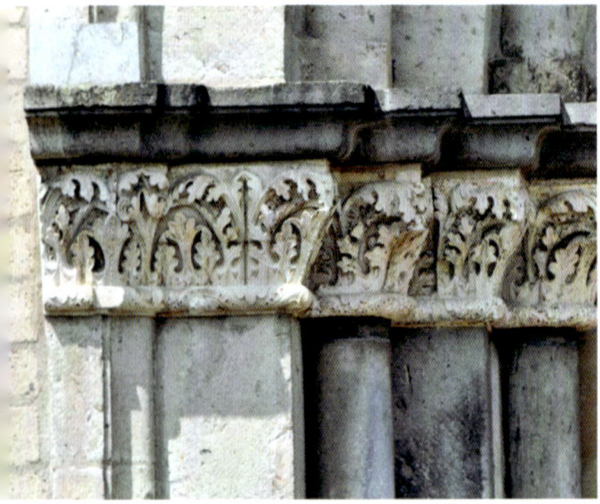

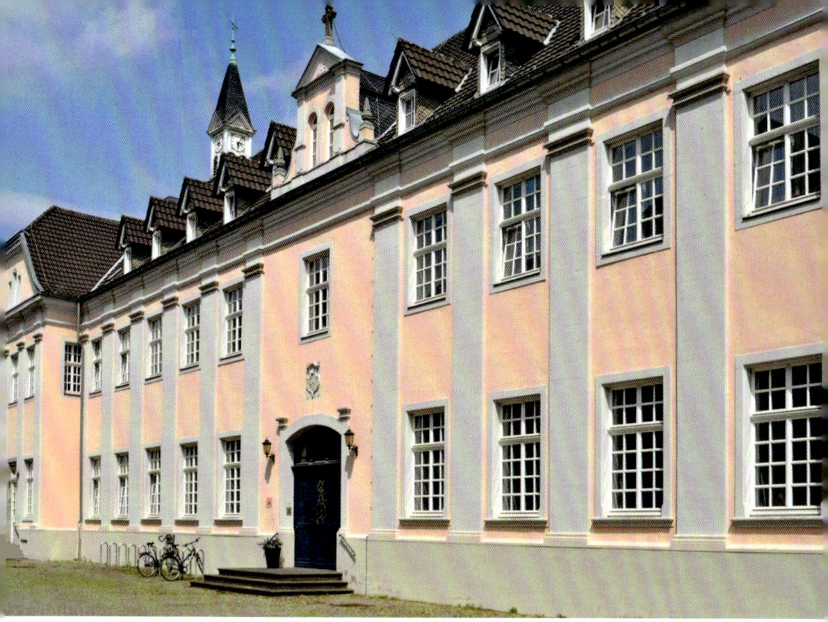

Das Missionshaus des Klosters Knechtsteden

Nach der Säkularisation gab es einige Besitzerwechsel. Erst nach dem Zweiten Weltkrieg wurde das Kloster wieder religiös genutzt. Seither leben 20 Spiritaner im Klostergebäude.

Dem **Radverkehrsnetz NRW** folgend, durchqueren wir Frix- sowie Butzheim und stoßen am Bahnhof **Rommerskirchen** auf den **Strategischen Bahndamm**. Dieser war Teil einer geplanten Eisenbahnstrecke zwischen dem Ruhrgebiet und der Moselregion, die militärischen Zwecken dienen sollte. Mit dem Bau wurde im Jahr 1904 begonnen, doch Frankreich konnte die Fertigstellung nach dem Ersten Weltkrieg verhindern. Daher wird die Trasse heute nur abschnittsweise von der Bahn genutzt. Der Bereich bei Rommerskirchen ist deutlich als Bahndamm erkennbar, ist nun aber ein Wanderweg und gilt als Bodendenkmal. Von Rommerskirchen aus hätten wir die Möglichkeit, mit der Bahn zurückzufahren.

Wer noch weiter radeln möchte, fährt parallel zur Bahnstrecke nach Stommeln und in Richtung Sinnersdorf, um dort gen Norden abzubiegen. Quer durch den Wald Chorbusch gelangen wir wieder nach **Delhoven**, wo wir auf dem bereits bekannten Weg nach Dormagen zurückkehren.

Barockes Torhaus
Das barocke Torhaus steht zwar etwas abseits der Anlage, gilt aber als das Wahrzeichen von Kloster Knechtsteden.

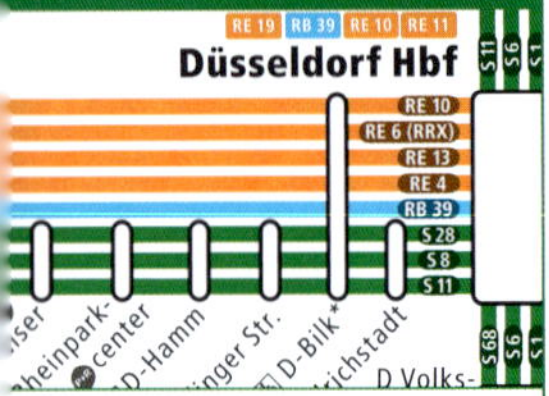

Anfahrt
Haltestelle Landtag/
Kniebrücke
(Straßenbahnen 707
und 709 ab Düsseldorf
Hbf.)

Radtour
Düsseldorf – Zollfeste
Zons

Länge
ca. 30 km

Rückfahrt
Bhf. Nievenheim (S11
bis Düsseldorf Hbf.)

Karte ▸ Seite 132

Dormagen Zollfeste Zons

Vom Medienhafen bis ins Mittelalter

Diese schöne Radtour führt uns von der Landeshauptstadt rechts des Rheins bis in das linksrheinische Städtchen Zons, das sich ein mittelalterliches Stadtbild bewahrt hat.

Ausgangspunkt für die Tour ist der **Rheinturm** in Düsseldorf. Der 180 Meter hohe Fernsehturm steht beim Nordrhein-Westfälischen Landtag am Rhein. Hier verläuft auch der **Rheinradweg.**

Am Rheinturm beginnt der **MedienHafen.** Dieses neue Stadtviertel wurde in den 1990er Jahren auf einem 185 Hektar großen Teilstück des Industriehafens geschaffen. Die architektonisch anspruchsvollen Gebäude geben dem Düsseldorfer Stadtteil Hafen seitdem ein ganz neues Gesicht. Im MedienHafen haben sich die verschiedensten Firmen und Institute der Medien- und Werbebranche angesiedelt, darunter die Filmstiftung NRW, die Landesrundfunkanstalt Nordrhein-Westfalen und das Europäische Medieninstitut. Aber auch andere Branchen, vorwiegend aus der kreativen Szene, haben hier Fuß gefasst. In den letzten Jahren zogen besonders viele Betriebe und Designer aus dem Modebereich her. Mit dem modernen Büroviertel hat sich auch ein pulsierendes Nachtleben entwickelt. Neben verschiedenen Clubs und Bars gibt es eine Großraumdisco, ein Multiplex-Kino und viele Restaurants.

Das berühmteste Gebäude und Wahrzeichen des Medienhafens ist der **Neue Zollhof,** ein zwischen 1996 und 1998 erbauter Bürokomplex des kanadischen Architekten Frank Gehry, der sich an der gleichnamigen Straße befindet. Eigentlich sind es sogar drei Häuser, sechs bis dreizehn Stockwerke hoch, die den Blick des Betrachters auf sich ziehen. Gemeinsam sind ihnen allen die windschiefen Wände und die Rundungen – es gibt praktisch keine Ecken. Allerdings unterscheiden sie sich neben ihrer Höhe auch im gewählten

Rheinturm (Fernsehturm)
Panoramablick von zwei Aussichtsplattformen (geschlossen und offen), Cafeteria und Drehrestaurant in luftiger Höhe.
Stromstr. 20
40221 Düsseldorf
Tel. (02 11) 8 63 20 00
tgl. 10–24 Uhr
Erw. 9 €, Kinder 7 €
Early Bird-Tickets beim Check-In zwischen 10 und 11 Uhr kosten pauschal 5 €

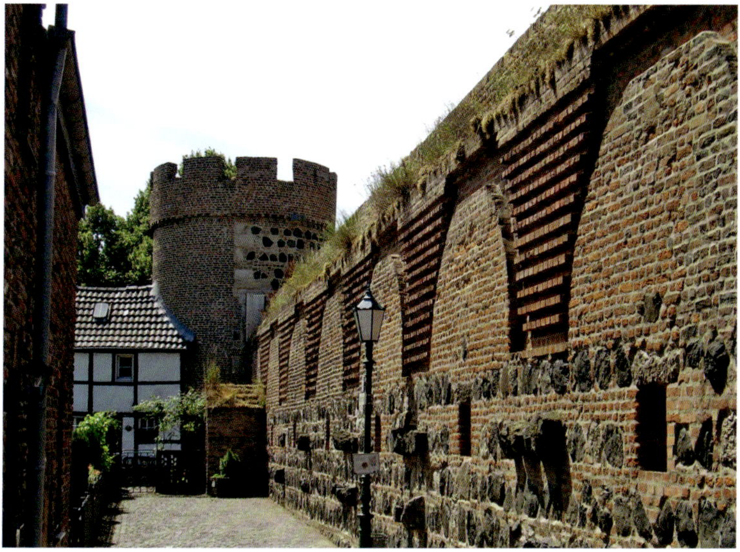

Die Stadtmauer um das mittelalterliche Städtchen Zons

Baumaterial. Ein Gebäude ist mit Edelstahlplatten verkleidet, eines weiß verputzt und das dritte wurde mit roten Klinkern versehen.

Doch nun weiter auf unserer Rheintour: Wir radeln direkt am Ufer entlang und erreichen bald den Industriehafen. Über eine steile Rampe gelangen wir auf eine Rad- und Fußgängerbrücke, die uns zwar noch nicht über den Rhein bringt, aber über die Hafenzufahrt für die Schiffe. Eine weitere, nicht minder steile Rampe führt uns zunächst in das **Hafengebiet** hinein, doch schon nach kurzer Zeit radeln wir auf dem Radweg zwischen Hafen und Rhein an den Auen entlang. Im weiteren Verlauf fahren wir auf dem Hammer Deich und unterqueren zunächst eine Eisenbahnbrücke sowie die viel befahrene Bundesstraße 1. Der Deich, dessen Namen sich mehrmals ändert, führt uns an Klärwerken und Gewächshäusern vorbei, unterquert die Autobahn 46 und bringt uns durch Wälder und Felder in einer weiten Schleife weiter Richtung Süden. Kurzzeitig treffen wir auf das Benrather Schlossufer, wo wir unsere Tour mit einem Besuch des **Benrather Schlosses** kombinieren können (▸ Seite 86). Rund zwei Kilometer südlich des Schlossparks erreichen wir

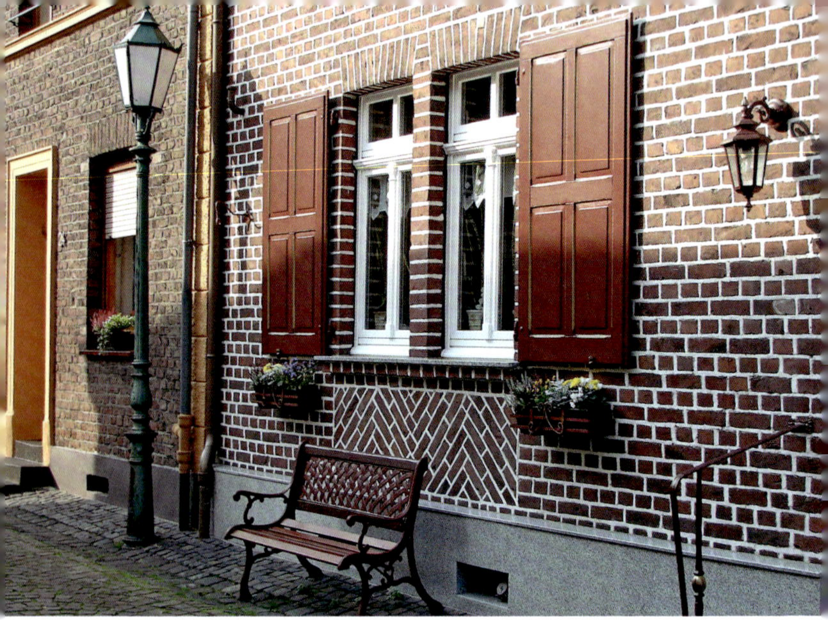

Hübsche Klinkerfassaden in Zons

schließlich den Anleger der **Rheinfähre.** Hier setzen wir auf die andere Rheinseite über.

Am anderen Ufer radeln wir weitere 300 Meter Richtung Süden und sehen schon den von dichten Bäumen und hohen Wällen umgebenen Ort **Zons** vor uns.

Das kleine Örtchen wurde erstmalig im 7. Jahrhundert erwähnt. Es verfügt über einen Altstadtkern, der beinahe rechtwinklig angelegt ist und gerade mal auf eine Länge von 300 Meter kommt. Im Mittelalter wurde Zons auf Geheiß des Kölner Erzbischofs Friedrich III. von Saarwerden stark befestigt und mit einer wehrhaften Wallmauer umgeben, die heute noch gut zu sehen ist. Grund: Das Amt zur Erhebung des Rheinzolls wurde von Neuss nach Zons verlagert. So entstand aus dem Ort im 14. Jahrhundert die stark bewachte **Zollfeste Zons.**

Zunächst treffen wir auf den nördlich gelegenen Zollturm mit dem Rheintor, wo es an Sommertagen nach leckeren Waffeln riecht, die gleich nebenan frisch gebacken werden. Der Turm diente der Zollabfertigung. Die geübten Augen der Zöllner sahen von dieser erhöhten Position jedes näherkommende Schiff.

Rheinfähre
Zwischen Zons und Düsseldorf-Urdenbach.
www.faehre-zons.de
März–Okt.
Mo–Fr 6.15–20,
Sa/So 10–20 Uhr
Nov.–Feb.
Mo–Fr 6.15–19,
Sa/So 10–18 Uhr,
Erw. zu Fuß 1,50 €,
Kinder 0,50 €, Fahrrad inkl. Erw. 2,50 €

Der Zollturm ist einer von vier ehemaligen Wach- bzw. Wehrtürmen. Das Nordtor hingegen ist nur einer von zwei Zugängen in die Altstadt, von dem zumindest noch ein Rundbogen gut zu erkennen ist. Das andere Tor, das Feldtor, ist nicht mehr erhalten. Der Rest des Bauwerkes musste einer Kapelle weichen, die von Franziskanermönchen erbaut wurde. Am Ende der nach rechts führenden Stadtmauer können wir den Krötschenturm ausmachen. Er diente nicht nur als Wach- oder Wehrturm, sondern auch als Lager bzw. als Quarantäneort, um gesunde Bürger von Zons nicht mit einer Krankheit anzustecken. Mit dem Begriff „Krötsch" wird im Rheinischen nämlich eine kränkelnde Person bezeichnet.

An der Stadtmauer entlang gelangen wir zur sogenannten **Pfefferbüchse.** Dieser achteckige gotische Wehrturm und sein nicht weit entfernter Zwillingsbruder sind die einzigen Türme ihrer Art im Rheinland. An dem einen sind silberne Plaketten angebracht, die die Hochwasserstände der vergangenen Jahrzehnte zeigen – umso erschreckender, da der Rhein von hier aus noch nicht einmal zu sehen ist. An der Pfefferbüchse vorbei gehen wir in das kleine mittelalterliche Städtchen und spazieren auf der überschaubaren Hauptstraße (Schlossstraße) entlang. Links steht der **Juddeturm** mit seinen Schießscharten, der leider nicht bestiegen werden kann, und rechts die St. Martinuskirche. Der heute sichtbare Bau stammt von 1878. Am Ende der Straße wundern wir uns zunächst über eine Brunnenskulptur mit mehreren Schweinen, doch eine Infotafel erläutert den „Schweinekrieg" in der Stadt, an den sie erinnern soll.

Auf dem Rückweg verlassen wir die Zollfeste Zons über die Nievenheimer Straße auf der ausgeschilderten Kaiser-Radroute, der wir bis zum Bahnhof Nievenheim folgen.

Restaurant Torschenke
Europäische Küche in rustikaler Atmosphäre im ältesten Haus von Zons (aus dem Jahr 1388).
Rheinstraße 3
41541 Dormagen-Zons
Tel. (0 21 33) 25 99 55
www.torschenke.de
Di–Do und Sa und So
12–15 Uhr und 17–20 Uhr

Der Juddeturm in Zons wurde früher angeblich als Verlies genutzt

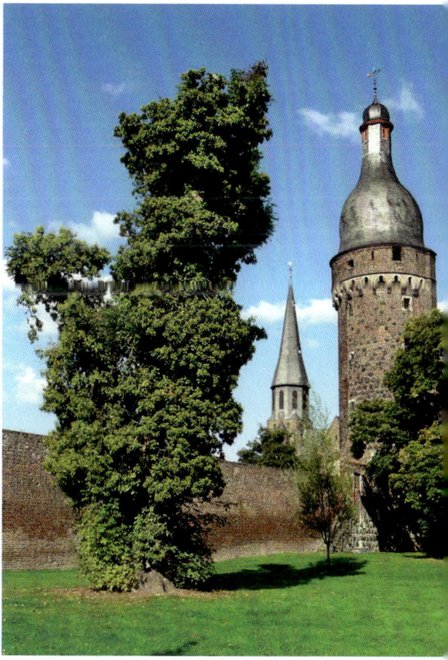

Östlich des Rheins

Idyllischer Industriecharme im Landschaftspark Duisburg-Nord ▸ Seite 50

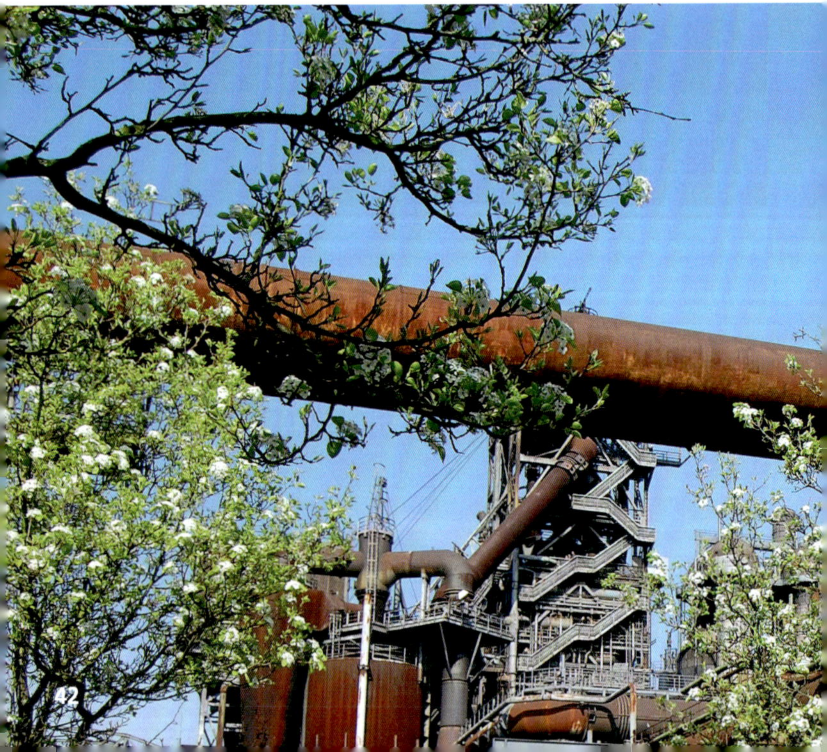

Östlich des Rheins locken Landschaftsparks, renaturierte Industrielandschaften, alte Städte und das Bergische Land.

Im Süden von Duisburg lädt die Sechs-Seen-Platte zur Erholung ein, während die begehbare Skulptur „Tiger & Turtle" ein Achterbahnerlebnis für Fußgänger bietet.

Am Baldeneysee in Essen lässt sich herrlich die Idylle genießen und eine Wanderung durch das wild-romantische Bachtal der Wupper nach Schloss Burg belebt die Sinne.

Und wie wäre es mit einer Reise in die Steinzeit im Neandertal bei Mettmann oder einer Radtour auf dem Ruhrtalradweg?

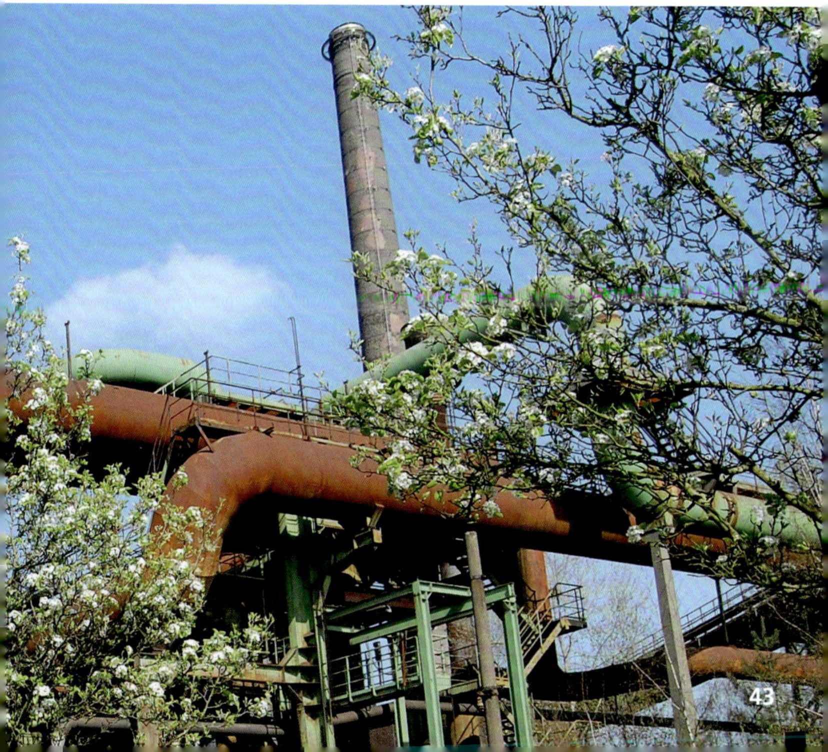

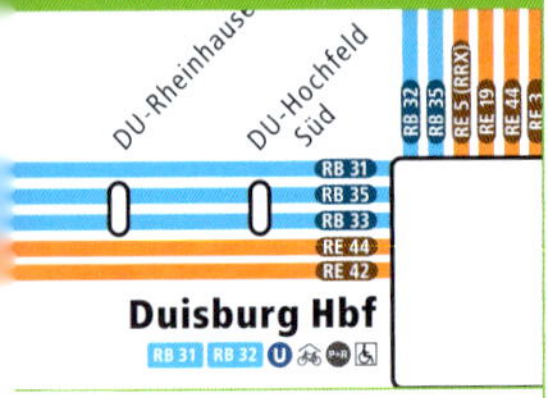

An- und Rückfahrt
Haltestelle Duisburg/Rathaus (RE1, 3, 5, 6 ab Düsseldorf Hbf. bis Duisburg Hbf., dann mit der Straßenbahn 901), von dort rund 3 Minuten bis zum Innenhafen

Spaziergang

Dauer
ca. 2 Std. ohne Besichtigungen

Karte ▸ Seite 124

Stadtmuseum Duisburg
Stadtgeschichte kompakt.
Johannes-Corputius-Platz 1
47051 Duisburg
Tel. (02 03) 2 83 26 40
www.stadtmuseum-duisburg.de
Di–Sa 10–17, So 10–18 Uhr
Erw. 4,50 €, Familien 10 €, jeden Donnerstag: „Pay what you want"

Zentrum für moderne und aktuelle Kunst (MKM)
In einem ehemaligen Getreidespeicher.
Philosophenweg 55
47051 Duisburg
Tel. (02 03) 30 19 48 11
www.museum-kueppers-muehle.de
Mi 14–18,
Do–So, Fei 11–18 Uhr
Erw. 12 €, Kinder bis 16 Jahre frei

Duisburg Innenhafen

Rund ums Hafenbecken

Ein klassisches Ausflugsziel ins Grüne ist der Duisburger Innenhafen zwar nicht, aber eine Fahrt dorthin ist dennoch lohnenswert, um sich für ein paar Stunden zu erholen.

Was man sich heute kaum noch vorstellen kann, ist die Tatsache, dass die Duisburger Wirtschaft bis zur Mitte des 19. Jahrhunderts nur davon träumen konnte, direkten Anschluss an den Rhein zu haben. Obwohl Duisburg schon in früheren Zeiten eine Handelsstadt war, verlor die Stadt im Mittelalter an Bedeutung, da der Rhein sein Bett verlagerte. Dieses ist heute beim Anblick der Hafenanlagen in Duisburg-Ruhrort, dem größten Binnenhafen der Welt, kaum noch vorstellbar. Allerdings darf der Binnenhafen nicht mit dem **Innenhafen** verwechselt werden. Letzterer ist wesentlich kleiner und lag im letzten Jahrhundert viele Jahre brach, bevor man anlässlich der Internationalen Bauausstellung einen Umbau plante und damit einen Wandel des Hafengeländes einleitete.

Auf einem Rundweg erläutern mehrere Hinweisschilder die einzelnen Bauwerke rund um das Hafenbecken. Sie zeigen mit ihren Jahreszahlen, die überwiegend aus den 1990er Jahren stammen, deutlich die Wandlungsgeschichte des heutigen Innenhafens. Der östliche Teil ist hierbei der belebteste, um das Hafenbecken herum haben sich in alten, denkmalsanierten Industriegebäuden aus Backstein Gewerbebetriebe, Restaurants und Museen angesiedelt. Begonnen hat man 1991 mit dem **Kultur- und Stadthistorischen Museum,** das in einem alten Speichergebäude untergebracht wurde. Am östlichen Hafenende steht die **Küppersmühle.** Mit ihren Getreidesilos ist sie eines der markantesten Bauwerke. Hier ist heute das **Zentrum für moderne und aktuelle Kunst (MKM)** untergebracht.

Eine besondere Attraktion ist seit 2009 die **Stufenpromenade** ganz im Osten des Hafenbeckens, auf der mehrere tausend Menschen wie in einem

Amphitheater Platz nehmen und auf das Wasser schauen können.

Sehenswert ist die 1999 erbaute erste **bewegliche Hängebrücke** der Welt, die für Fußgänger und Radfahrer gedacht ist. Durch die schuppenförmig angelegten Betonplatten kann die Brücke bei Bedarf angehoben und dennoch gleichzeitig betreten werden. Sie verbindet einen kleinen Park am Südufer mit der **Marina Duisburg.** Diesem Yachthafen, der im Mittelpunkt der Wasserfläche steht, wird eine bedeutende Zukunft prophezeit. Pläne der Landesregierung sehen vor, dass die Wasserwege des Ruhrgebiets auch ohne Sportbootführerschein genutzt werden können. Bis es soweit ist, kann man sich an so mancher Veranstaltung auf dem Wasser erfreuen, wie zum Beispiel einer Drachenbootregatta, die alljährlich im Rahmen eines Hafenfestes stattfindet.

In der Werhahnmühle war einst das Legoland Discovery Centre und später das Explorado-Kindermuseum untergebracht. Im Novemer 2021 verließ dieses Mitmachmuseum den Standort und es bleibt abzuwarten, mit welcher Einrichtung dieses ersetzt wird.

An der Promenade des Innenhafens lässt es sich gut flanieren

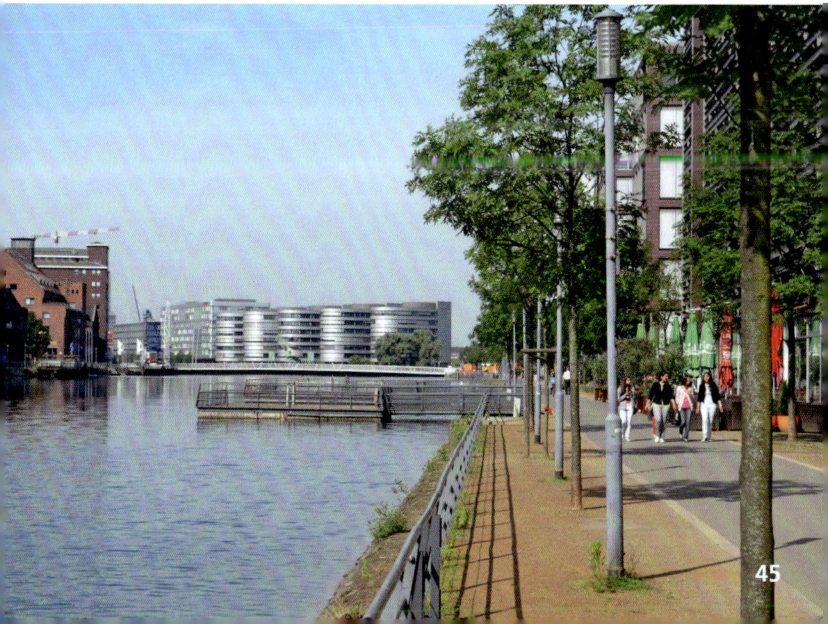

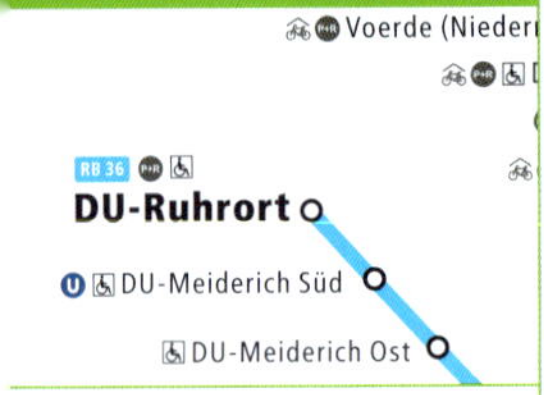

Anfahrt
Haltestelle Albertstraße (RE1, 3, 5, 6 ab Düsseldorf Hbf. bis Duisburg Hbf., dann Straßenbahn 901), von dort 2 km zur Ruhrmündung

Radtour oder Spaziergang
Ruhrmündung – Duisburg-Ruhrort

Länge
6–7 km

Rückfahrt
Bhf. Duisburg-Ruhrort (Straßenbahn 901 bis Duisburg Hbf., dann RE1, 3, 5, 6 bis Düsseldorf Hbf.)
400 m vom Museum

Karte ▸ Seite 124

Duisburg Rheinhafen

R(h)einorange

Eine orangefarbene Landmarke zeigt den Punkt an, an dem der Fluss endet, welcher der Region den Namen gab. Nach 219 kurvenreichen Kilometern mündet die Ruhr hier in den Rhein. In der Nähe liegt auch das Museum der Deutschen Binnenschifffahrt, das einen Besuch lohnt.

Um die **Ruhrmündung** zu erreichen, wenden wir uns von der Straßenbahnhaltestelle Albertstraße nach links. Am Verkehrskreisel folgen wir der Straße Am Bört (Teil des Ruhrradwegs), die uns direkt zur Ruhrmündung und der hier stehenden Landmarke bringt. Diese ist eine 25 Meter hohe, aufrecht stehende Stahlplatte. Sie wurde vom Kölner Künstler Lutz Fritsch erstellt und im Jahr 1992 bei Rheinkilometer 780 errichtet. Die Skulptur ist Teil der Route für Industriekultur. Ihre markante Farbe gab der Landmarke den Namen **Rheinorange.** Dabei handelt es sich um ein Wortspiel, denn dieses leuchtende Orange trägt die Bezeichnung RAL 2004 – nämlich „Reinorange".

Der Platz rund um Rheinorange bietet sich an, um sich auf eine der Parkbänke zu setzen und dabei den regen Schiffsverkehr auf dem Rhein zu beobachten. Außerdem kann man gut sehen, wie das Wasser der Ruhr nach Norden „abbiegt", um mit dem Rheinwasser die Nordsee anzusteuern.

Die Landmarke markiert auch die Lage des größten Binnenhafens Europas, auf dessen Gebiet wir hier stehen. Die **Duisburg-Ruhrorter Häfen** umfassen eine Gesamtfläche von zehn Quadratkilometern. Das Hafengebiet erstreckt sich von der Ruhrmündung am Rhein entlang bis Duisburg-Rheinhausen und an der Ruhr bis zum Rhein-Herne-Kanal. Hier werden enorme Warenmengen umgeschlagen. Im Jahr 2020 betrug der Gesamtgüterumschlag 110 Millionen Tonnen. Der Hafen ist somit auch Dreh- und Angelpunkt zwischen den Nordseehäfen und vielen europäischen Bestimmungsorten für aus Übersee angelieferte Waren.

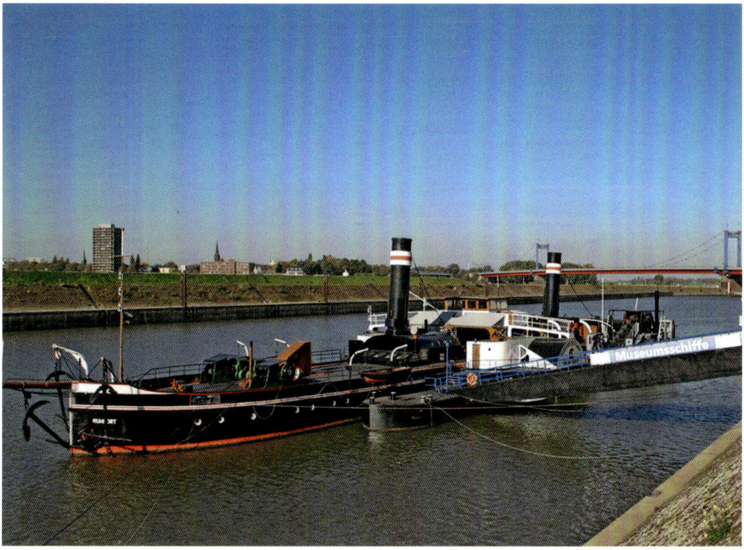

„Oscar Huber“: der letzte erhaltene Radschleppdampfer des Rheins

Die Geschichte der Schiffer in **Ruhrort** begann im 17. Jahrhundert mit der Gründung einer Schiffergilde, die auf ihren Lastkähnen die geförderte Kohle transportierte. In der Folge wurde später die erste Schiffswerft gebaut. Der Hafen wurde in der ersten Hälfte des 19. Jahrhunderts durch die preußische Regierung weiter ausgebaut und erhielt mit einer Eisenbahnlinie Anbindung an die Stadt Oberhausen. Den größten Aufschwung hatte Ruhrort zur Wende des letzten Jahrhunderts, als das prachtvolle Gebäude der Schifferbörse errichtet wurde. In diesem Bauwerk konnten die Binnenschiffer ihre Frachtgeschäfte abwickeln. Wenig später kam es zum Zusammenschluss der Orte Ruhrort, Meiderich und Duisburg und das Hafengebiet wurde damit einheitlich verwaltet. Nach den Zerstörungen im Zweiten Weltkrieg erreichte der Duisburger Hafen verhältnismäßig schnell wieder die Umschlagszahlen, die ihn schon vor dem Krieg zum größten Binnenhafen Deutschlands machten.

Duisburg-Ruhrort und sein Hafengebiet schrieben auch TV-Geschichte: Hier spielte Anfang der 1980er Jahre der erste Schimanski-Tatort mit Götz George.

via Tipp

Museum der Deutschen Binnenschifffahrt
An Deutschlands größtem Fluss wird die Binnenschifffahrt anschaulich erläutert.
Apostelstr. 84
47119 Duisburg
Tel. (02 03) 8 08 89 40
www.binnenschifffahrts-museum.de
Di–So 10–17 Uhr, Museumsschiffe nur von Mitte Apr.–Okt.
Erw. 4,50 €, Kinder 2 €, Familien 6–10 €, Museumsschiffe 3 € / 1,50 €

Biergarten Mühlenweide
Klassische Biergartenbänke mit Currywurst und Rheinblick.
Dammstr. 1d
47119 Duisburg
Tel. (0 15 73) 4 84 25 30
www.facebook.com/BiergartenDuisburgMuehlenweide
Geöffnet nur in den Sommermonaten ab April

300 Meter Luftlinie entfernt von der Rheinorange steht das **Museum der Deutschen Binnenschifffahrt.** Zur Ausstellung gehören auch drei historische Schiffe, die in der Nähe ankern. Um allerdings zum Binnenschifffahrtsmuseum zu gelangen, müssen wir noch circa vier Kilometer radeln oder spazieren – denn es liegt auf der anderen Ruhrseite.

Zunächst geht es auf dem Ruhrradweg circa zwei Kilometer wieder zurück bis zum großen Kreisverkehr, wo wir links die Ruhrbrücke und daraufhin zwei weitere Hafenbrücken überqueren. Ab hier ist der Rheinradweg gen Norden ausgeschildert, dem wir über die Kraus- und Dammstraße folgen, bis wir das Museumsensemble, ein ehemaliges Jugenstilhallenbad, in Duisburg-Ruhrort erreicht haben. Seit 1998 sind hier zahlreiche Exponate zu besichtigen, die sich mit der Technik und Wirtschaft der Binnenschifffahrt von den Anfängen bis zur Gegenwart befassen. Auch viele detailgetreue Modelle lassen das Herz von kleinen und großen Besuchern höher schlagen. Höhepunkt in der ehemaligen Schwimmhalle für Männer ist der fast 100 Jahre alte Lastkahn „Goede Verwachting“, eine Tjalk unter vollen Segeln. In der ehemaligen Damenschwimmhalle steht dagegen ein

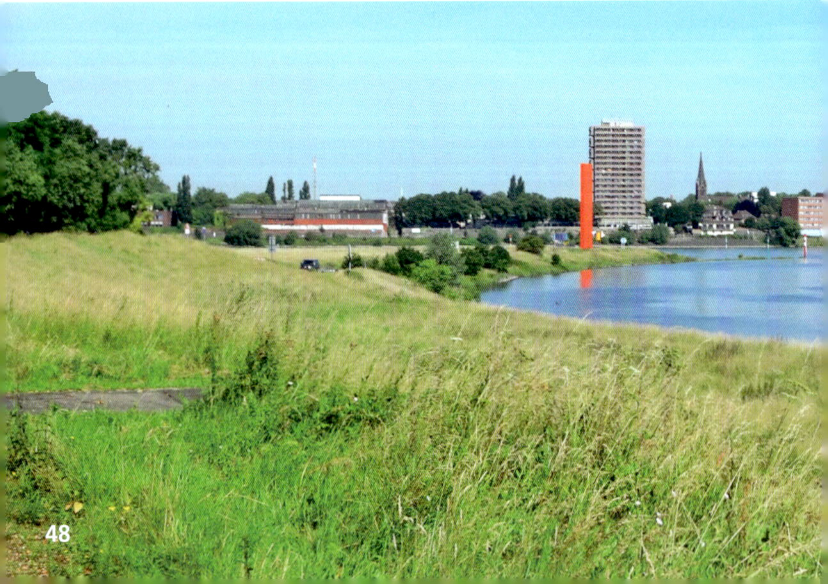

begehbarer Nachbau eines Binnenschiffs. Er soll den Besuchern unmittelbare Eindrücke vom Leben und Arbeiten der Schiffer und ihrer Familien vermitteln.

Drei weitere Hauptsehenswürdigkeiten des Museums findet man am Hafenkanal. Hier liegen die **Museumsschiffe** „Minden“ und „Oscar Huber“ für immer vor Anker. Im Herbst 2012 ist das Kranschiff „Fendel“ im Alter von 90 Jahren hinzugekommen. „Oscar Huber“ ist der einzige verbliebene Radschleppdampfer des Rheins, alle anderen wurden verschrottet. Das Räderboot war bis in die 1960er Jahre im Einsatz. Es konnte pro Fahrt bis zu sieben beladene Frachtkähne auf einmal ziehen. Zu besichtigen ist der Maschinenraum mit seiner beeindruckenden Technik sowie die Mannschaftsräume.

Die „Minden“ neben ihm ist eigentlich gar kein Schiff, sondern ein schwimmendes Gerät ohne eigene Antriebsmaschine. Der Eimerkettendampfbagger musste von Einsatzort zu Einsatzort geschleppt werden. Er wurde 1882 erbaut und bearbeitete bis 1979 die Fahrrinne der Weser bei Hameln. An ihrem 100. Geburtstag bekam die „Minden“ hier ihren wohlverdienten Ruheplatz.

An der Landmarke Rheinorange trifft die Ruhr auf den Rhein

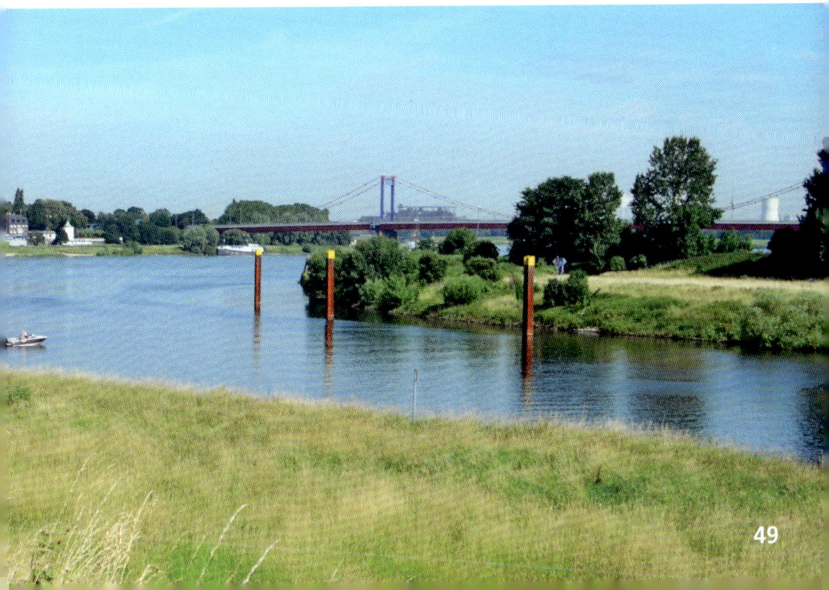

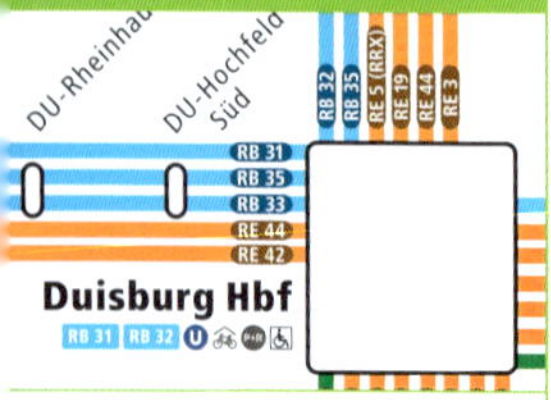

An- und Rückfahrt
Haltestelle Duisburg/ Landschaftspark Nord (RE1, 3, 5, 6 ab Düsseldorf Hbf. bis Duisburg Hbf., dann Straßenbahn 903)
10 Min. zu Fuß bis zum Landschaftspark

Spaziergang

Dauer
ca. 2–3 Stunden

Karte ▸ Seite 124

Landschaftspark Duisburg-Nord

Hoch oben auf dem Ofen

Tiefes Tauchen, gefahrloses Gipfelstürmen und weites Wandern. Das sind nur einige der Dinge, die man im Landschaftspark Duisburg-Nord erleben kann.

Bis zum Jahr 1985 konnte sich wohl niemand vorstellen, dass über die Anlage des Hüttenwerks einmal Ausflügler mit Kletterausrüstung oder Fotokameras streifen würden. Bis zu diesem Zeitpunkt arbeiteten nämlich mehrere tausend Kumpels auf dem 200 Hektar großen Gelände. Zwischen Gießhalle, Gebläsehalle und dem **Hochofen 5** erzeugten sie in gefährlicher Arbeit Roheisen.

Heute ist der Hochofen immer noch schweißtreibend, nämlich dann, wenn man die zahlreichen Stufen erklimmt, um von der obersten Plattform die Aussicht auf das nördliche Ruhrgebiet zu genießen. Ein wenig mulmig kann es einem werden, wenn man auf den Stahltreppen nach oben steigt und spürt, dass der gesamte Hochofen bei etwas stärkerem Wind auch in Schwingung geraten kann. Doch der Ausblick entschädigt für die Mühen: Im Westen sind die Hafenkräne von Duisburg zu sehen, im Südosten die Skyline von Essen. Auch der Tetraeder auf der Bottroper Halde ist noch gut zu erkennen, während scheinbar all diese markanten Punkte mit der viel weiter unten verlaufenden Autobahn verbunden sind. Besonders lohnenswert ist der Aufstieg in den Abendstunden (eine Taschenlampe ist empfehlenswert). Seit der Internationalen Bauausstellung in den 1990er Jahren ist die gesamte Anlage abends als **Kunstprojekt** illuminiert. Die Stahlgerüste werden dann in rote, blaue und grüne Farben getaucht und bieten ein herrliches Motiv für Fotofreunde.

Rund um das ehemalige Hüttenwerk verlaufen Wanderwege am Amphitheater und den Gleisen entlang, die im Frühling mit bunten Blüten übersät sind. Zu sehen gibt es manchmal auch die erwähnten Kletterer des Deutschen Alpenvereins, die sich mitten im flachen Ruhrgebiet angesiedelt

via Tipp

Landschaftspark Nord
Industriecharme auf 200 Hektar.
Emscherstr. 71
47137 Duisburg
Tel. (02 03) 4 29 19 19
www.landschaftspark.de
täglich geöffnet
Eintritt frei

Bistro-Restaurant Hauptschalthaus
Speisen mit Blick auf das Hüttenwerk.
Emscherstr. 71
47137 Duisburg
Tel. (02 03) 41 79 91 80
www.hauptschalthaus.com

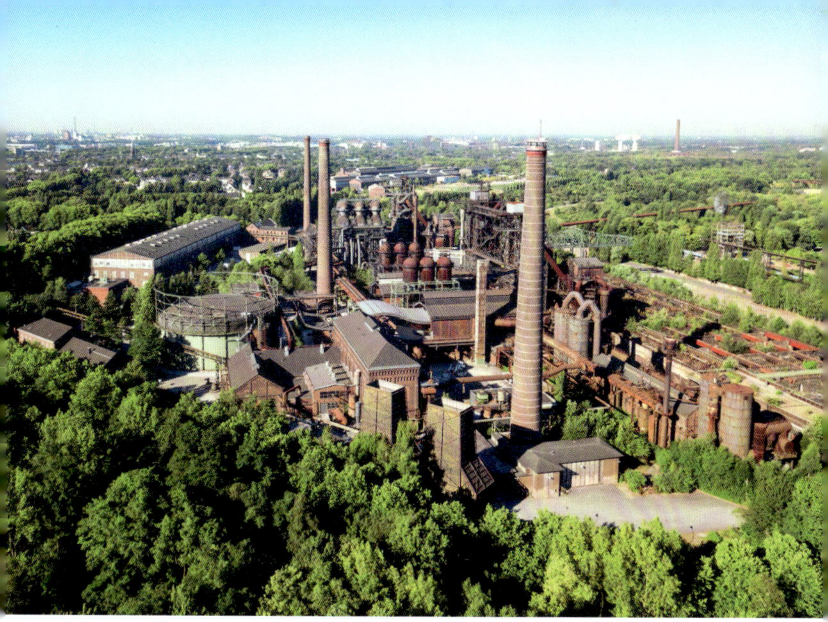

Der Landschaftspark Nord versprüht Industriecharme

haben. In den ehemaligen Erzbunkern der Hütte, in denen Erze und Koks zwischengelagert wurden, ragen heute Befestigungen für die Kletterer aus den Wänden und oben auf der Spitze ist sogar ein Gipfelkreuz angebracht. Gleich daneben haben Kinder ihren Spaß auf dem Spielplatz oder auch in der Rutsche, die durch die Wände der Bunker hindurchführt.

Vor dem **Gebläsehallenkomplex** steht der einstige Gasometer, der heute nicht mehr mit Gas, sondern mit Wasser gefüllt ist und als Tauchbecken dient. So kann man mit der geeigneten Ausrüstung auf Erkundungsgang gehen und eine künstliche Unterwasserwelt bewundern.

Und damit man nicht nur vor den gigantischen Werksanlagen steht und sich fragt, wie dort einst gearbeitet wurde, gibt es Führungen bei Tag und auch am späten Abend, dann in Form eines Fackelzuges. Geführt werden diese Touren von ehemaligen Hüttenmitarbeitern, die anschaulich die einzelnen Werksanlagen erklären. Zudem lohnt es sich immer wieder, im Terminkalender des Landschaftsparks nachzusehen, ob nicht eine Großveranstaltung auf der „Piazza Metallica" stattfindet oder welcher Film gerade im Open-Air-Kino gezeigt wird.

Deutscher Alpenverein – Sektion Duisburg
Klettergarten in einer alten Reparaturwerkstatt. Schwierigkeitsgrad der Kletterwände: III bis X.
Emscherstr. 71
47137 Duisburg
Tel. (02 03) 42 81 20
www.dav-duisburg.de

Tauchrevier Gasometer
Nach Voranmeldung kann jeden Samstag ein Schnuppertauchen durchgeführt werden (44 €).
Emscherstr. 71
47137 Duisburg
Tel. (02 03) 4 10 53 53
www.tauchrevier-gasometer.de

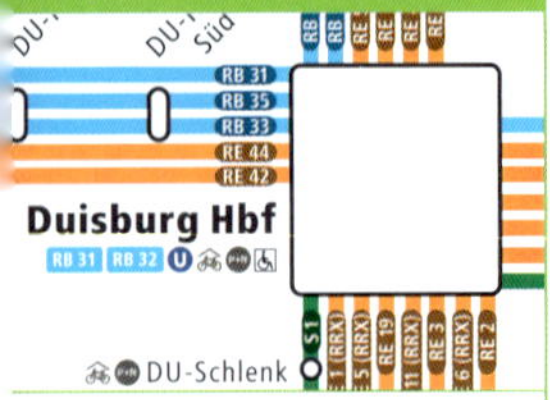

An- und Rückfahrt
Duisburg/Zoo/Uni
(RE1, 3, 5, 6 ab Düsseldorf Hbf. bis Duisburg Hbf., dann Straßenbahn 901)

Zoobesuch

Dauer
ca. 3–4 Stunden

Karte ▸ Seite 124

Duisburg Zoo

Pinguine an Rhein und Ruhr

Eines der wenigen Ausflugsziele an Rhein und Ruhr, das in diesem Fall verständlicherweise nicht kostenfrei ist, ist der Duisburger Zoo. Dafür ist der Tierpark wohl weltweit der einzige, der durch eine Autobahn und eine Eisenbahnverbindung zweigeteilt ist.

Doch die Sache mit der Autobahn und den Gleisen ist weit weniger dramatisch als es sich zunächst anhört. Die A3 teilt den **Zoo** in einen westlichen und einen östlichen Abschnitt, die beide über eine begrünte Brücke miteinander verbunden sind. Selbst auf der 30 Meter breiten Brücke ist es nahezu unmöglich, die Autobahn zu sehen, so dass sie den Zoobesuch also nicht weiter stört. Beide Parkabschnitte besitzen einen eigenen Eingang. Wir erreichen mit der Straßenbahnlinie 901 den Haupteingang im westlichen Bereich.

Gleich zu Beginn des Rundgangs haben wir auf der rechten Seite die Giraffen und Elefanten, während es am See mit den Flamingos zum glasüberdachten Rio Negro weitergeht. In dieser **Tropenhalle** sehen wir gleich eines der Tiere, für die der Duisburger Zoo bekannt ist: den Delfin. Zum eigentlichen Delfinarium aber kommen wir erst später, denn es liegt im östlichen Teil des Zoos. Zunächst lassen wir das Aquarium mit dem Schildkrötenhaus rechts liegen, begegnen Raubtieren, Kamelen und weiteren Tieren wie Pinguinen, Wölfen und Zebras, bis wir an den nördlichen Rand des Parks gelangen.

Wenn wir zum Schildkrötenhaus zurückgehen, erreichen wir die erwähnte Brücke über die Autobahn und kommen in den östlichen Bereich des Zoogeländes. Rechter Hand sehen wir das Affenhaus, Meerkatzen und Gorillas, während es nach links an südamerikanischen Tieren und dem chinesischen Garten vorbei zum Delfinarium geht.

Das **Delfinarium** beherbergt – wie der Name es schon verrät – Delfine, genauer gesagt: Große

Duisburg Zoo
Der Duisburger Zoo feierte im Jahr 2014 bereits sein 80-jähriges Jubiläum.
Mülheimer Str. 273
47058 Duisburg
Tel. (02 03) 30 55 90
www.zoo-duisburg.de
März–Okt. 9–17.30, sonst 9–15.30 Uhr, der Zoobesuch ist jedoch bis zur Dämmerung gestattet
Delfinvorführungen in der Regel 3x täglich
Erw. 17,50 €, Kinder 10 €

Tümmler. In Becken mit rund drei Millionen Litern Seewasser können die Tiere auch außerhalb der Delfinvorführungen besucht werden. Das Delfinarium dient nicht nur der Unterhaltung des menschlichen Besuchers, sondern auch der Zucht von Delfinen, von denen schon einige im Duisburger Zoo zur Welt kamen. Bei regelmäßigen Veranstaltungen gibt es Führungen oder Vorträge, wie z.B. „Ein Abend bei Delfinen". Hierfür sind jedoch Anmeldungen erforderlich. Außerdem ist dieser Abend nur für erwachsene Besucher möglich.

Weitere Veranstaltungen im Park sind Nachtsafaris, die ebenfalls nur für Erwachsene gedacht sind, Zoosafaris für Kinder und verschiedene Naturschutzseminare im Chinesischen Garten. Aber auch hier gilt die Empfehlung einer rechtzeitigen Voranmeldung. Kostenlos und fast jeden Tag zu sehen sind dagegen die Fütterungen verschiedener Tiere. Wer dabei sein möchte, der sollte sich vor dem Zoobesuch die Fütterungszeiten von Pinguinen, Löwen, Krokodilen und Co. im Internet ansehen und seinen Rundgang im Zoo ein wenig danach ausrichten.

Der Duisburger Zoo beheimatet unter anderem Koalabären

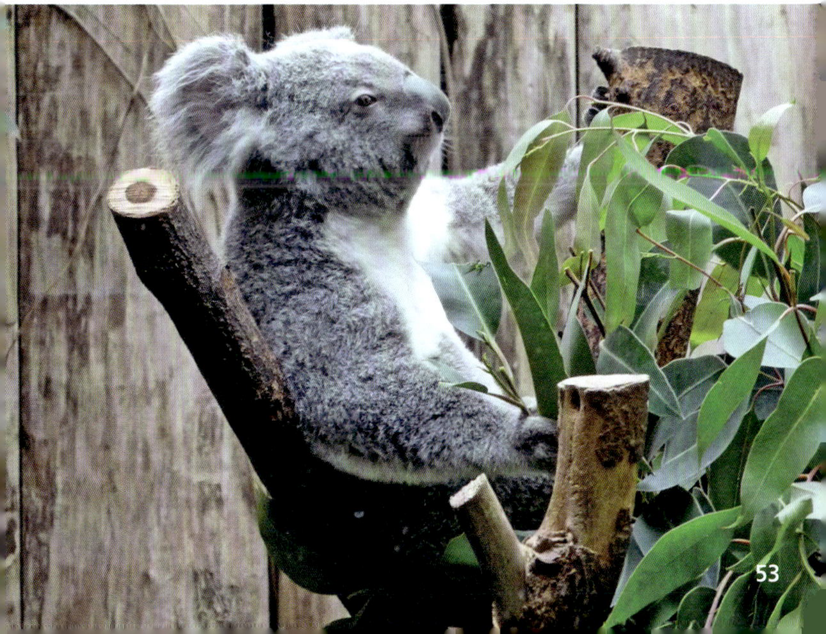

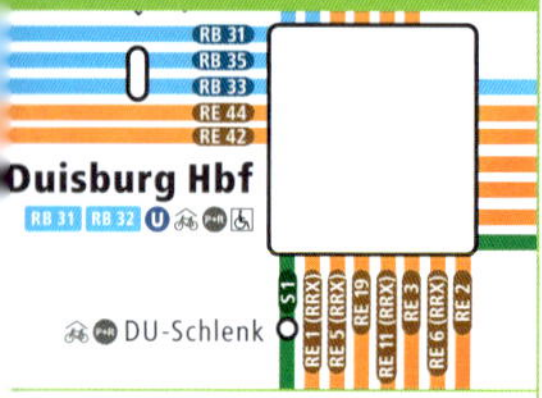

An- und Rückfahrt
Bhf. Duisburg-Schlenk (S1 ab/bis Düsseldorf Hbf).

Spaziergang oder Radtour
Wedau – Wolfssee – Entenfang – Sportpark Wedau

Länge
ca. 10 km

Karte ▸ Seite 126

Duisburg Seenplatte

Tief im Westen …

… wo die Sonne verstaubt, ist es besser, als manch einer glaubt. Frei nach Herbert Grönemeyer reisen wir heute in den westlichen Teil des Ruhrgebiets, obwohl die Straßennamen und geografischen Bezeichnungen eher an östlichere Gefilde erinnern.

Die Rede ist vom Duisburger Stadtteil **Wedau.** Südlich der Duisburger Innenstadt erstreckt sich ein Naherholungsgebiet mit sechs Seen und dem Sportpark Wedau, der zahlreiche Freizeitaktivitäten bietet. Vom Düsseldorfer Hauptbahnhof aus kommt man auch gut mit der Bahn dorthin. Wir fahren bis zum Bahnhof Duisburg-Schlenk, wo wir unsere Rundtour starten.

Bevor wir aber nach Wedau kommen, stoßen wir zunächst auf den Sportpark Wedau, vor dem wir rechts in den Kalkweg einbiegen. Vorbei an Kleingärten und einem Klettergarten gelangen wir bald zur kleinen Wohnsiedlung **Wedau,** wo die Straßen nach ostpreußischen Orten benannt sind. Wir begegnen hier zum Beispiel dem Allensteiner Ring, dem Insterburger Weg oder dem Marienburger Ufer. Den Kern Wedaus bildet eine ehemalige Eisenbahnersiedlung, die seit 1999 unter Denkmalschutz steht.

Weiter auf dem Kalkweg zwischen dem Wambachsee zur Rechten und dem Masurensee zur Linken ist bald schon das Freibad am **Wolfssee** mit dem Sandstrand zu sehen. Über eine steile Brücke gelangen wir zum Südostufer des Sees. Von dieser Brücke hat man einen schönen Blick über die Umgebung, besonders auf den kleinen Sporthafen des Masurensees. Am Südostufer des Wolfssees erhebt sich ein 22 Meter hoher, stählerner Aussichtsturm. Dieser gibt ebenfalls einen wunderbaren Blick über die Seenplatte frei und lässt in der Ferne sogar den Düsseldorfer Fernsehturm erkennen.

Zahlreiche verschlungene Waldwege ermöglichen es uns nun, an den verschiedenen Seeufern entlangzufahren oder zu gehen. Ein Lageplan am Wegesrand erleichtert uns die Orientierung.

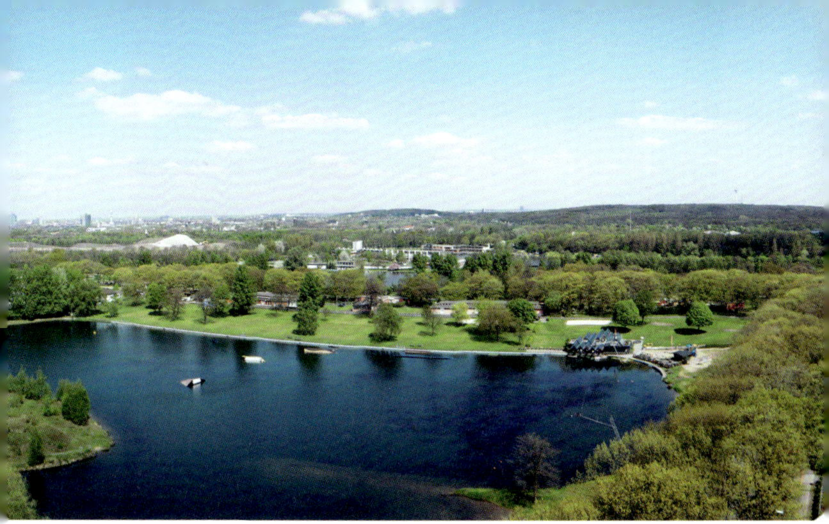

Blick vom Aussichtsturm über die Duisburger Seenplatte

Nachdem wir den Haubachsee umrundet haben, gelangen wir auf die Masurenallee. Rechter Hand liegt bald der See **Entenfang**, der durch die Bahngleise ein wenig vom restlichen Naherholungsgebiet abgegrenzt ist und über eine Brücke erreicht werden kann. An diesem See würden wir das Duisburger Stadtgebiet schon wieder verlassen, da er formal zu Mülheim an der Ruhr gehört. Das kleine Gewässer gehört somit offiziell nicht zur Sechs-Seenplatte, doch wie die anderen Seen auch ist es von einem Fuß- und Radweg umgeben.

Weiter auf der Masurenallee Richtung Norden erreichen wir bald das südliche Ende der Regattastrecke vom **Sportpark Wedau.** Die Regattabahn ist nur rund 150 Meter breit, reicht aber über 2 Kilometer weit schnurgerade nach Norden, sodass wir das Ende der Strecke nicht sehen können. An dem Gewässer, auf dem auch internationale Veranstaltungen durchgeführt werden, folgen wir dem Radweg bis zum nördlichen Ende. Wer Lust hat, kann die Regattabahn jetzt noch vollständig umrunden und gelangt am Ende rechts über die Wedauer Straße wieder auf den Kalkweg. Alle anderen biegen am Bertasee links ab und fahren oder laufen am Margaretensee vorbei geradeaus zur S-Bahnhaltestelle Duisburg-Schlenk.

Hochseilgarten Tree2Tree
Mit 250 Meter langer Seilrutsche über den Parallelkanal.
Arenastr. 13
46047 Oberhausen
Tel. (02 08) 8 84 24 30
www.tree2tree.de
Erw. 29 €, Kinder 16–25 €
inkl. Ausrüstung

Strandbad Wedau
Wasserski, Wakeboard oder Fitness – auf jeden Fall sportlich.
Bertaallee 10
47055 Duisburg
Tel. (02 03) 72 64 57
www.wasserski-wedau.de
Mitte Mai–Sep. ab 13 Uhr, Apr. und Okt. an den Wochenenden nachmittags
Tageskarte Erw. 30 €, Kinder 25 €

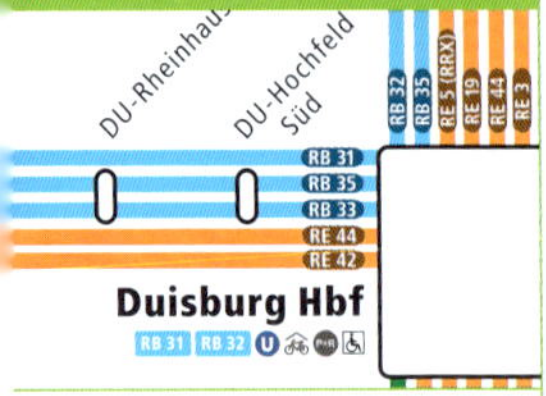

Anfahrt
Haltestelle Duisburg Sittardsberg (U79 ab Düsseldorf Hbf.)

Spaziergang

Länge
Rund 4 Kilometer, inkl. Abstecher zur Angerbachmündung

Rückfahrt
Haltestelle Berzelius (Straßenbahn 903 bis Duisburg Hbf., dann RE1, 3, 5, 6 bis Düsseldorf Hbf.)

Karte ▸ Seite 126

Duisburg Tiger & Turtle

Achterbahn für Fußgänger

Im Duisburger Süden, rund um den Unterlauf des Angerbachs, besteht nicht nur die Möglichkeit zu gemütlichen Spaziergängen, sondern auch zu einer Vergnügungstour auf einer achterbahnähnlichen Skulptur.

Bevor wir die Landmarke Tiger & Turtle, eine begehbare Großskulptur und inzwischen wahres Besucherhighlight Duisburgs, besteigen, machen wir uns auf zu einem entspannenden Spaziergang.

An der U-Bahnhaltestelle Sittardsberg überqueren wir die große Kreuzung und halten uns halblinks auf der Düsseldorfer Landstraße. Gleich hinter der Verkehrsinsel biegen wir nach rechts ab und folgen der Beschildung nach Biegerhof, womit wir direkt in der gleichnamigen Grünanlage unterwegs sind. Der **Biegerhof** existierte vermutlich schon vor dem 14. Jahrhundert. Das Gehöft und das angrenzende Naherholungsgebiet sind heute als Bodendenkmal eingetragen. Während der eigentliche Hof als Reitanlage genutzt wird, steht der nördlich gelegene Park jedem offen und beherbergt zugleich ein Biotop.

Wenn wir durch den Park geradeaus spazieren, überqueren wir einen alten Arm des Angerbachs. Der Angerbach entspringt in Wülfrath und mündet nach fast 36 Kilometern im Duisburger Süden in den Rhein. Er ist namensgebend für das Angerland, das sich an beiden Seiten seines Ufers erstreckt. In seinem alten, natürlichen Flussbett durchquert er zwar den Biegerpark in einem weiten Bogen, doch etwas südwestlich existiert ein weiteres von Menschenhand angelegtes Bett, durch das der Angerbach seinen Weg in Richtung Rhein findet.

Entweder folgen wir dem Flusslauf durch die Parkanlage oder wir gehen weiter geradeaus, um den Angerbach ein weiteres Mal zu überqueren und so zur Kaiserswerther Straße zu gelangen. Hier sehen wir halblinks die Berzeliusstraße, der wir folgen und schließlich erkennen wir auf der linken Seite die **Heinrich-Hildebrandt-Höhe**.

Die nur 35 Meter hohe Halde entstand durch die Schlacke einer ehemaligen Zinkhütte und ist heute Standort für ein ganz besonderes Kunstwerk – dem **Tiger & Turtle**, auch Magic Mountain genannt. Tiger & Turtle, eine metallene Skulptur, die zu Fuß bestiegen werden kann, wurde Ende 2011 eröffnet und krönt die Halde seitdem mit ihren außergewöhnlich geschwungenen Formen, die einer Achterbahn nachempfunden sind. Sogar ein Looping ist in die schlaufenförmigen Stahlelemente integriert. Dieser kann zwar nicht zu Fuß erlebt werden, doch sämtliche andere Kurven und Höhen der Skulptur sind begehbar. Das Objekt prägt das Stadtviertel und bietet einen eindrucksvollen Ausblick über den Rhein und den Duisburger Süden.

Nach einem Besuch von Tiger & Turtle besteht noch die Möglichkeit, am südwestlichen Hang der Halde auf einem schmalen Pfad den letzten Metern des Angerbachs zu folgen, der nach weiteren 400 Metern schließlich in den Rhein mündet. Dieser Weg ist eine Sackgasse, weswegen wir zur Ehinger Straße neben der Halde zurückgehen, um von dort mit der Straßenbahnlinie 903 zurück zum Duisburger Hauptbahnhof zu fahren.

Achterbahn für Fußgänger: die geschwungene Stahlkonstruktion Tiger & Turtle

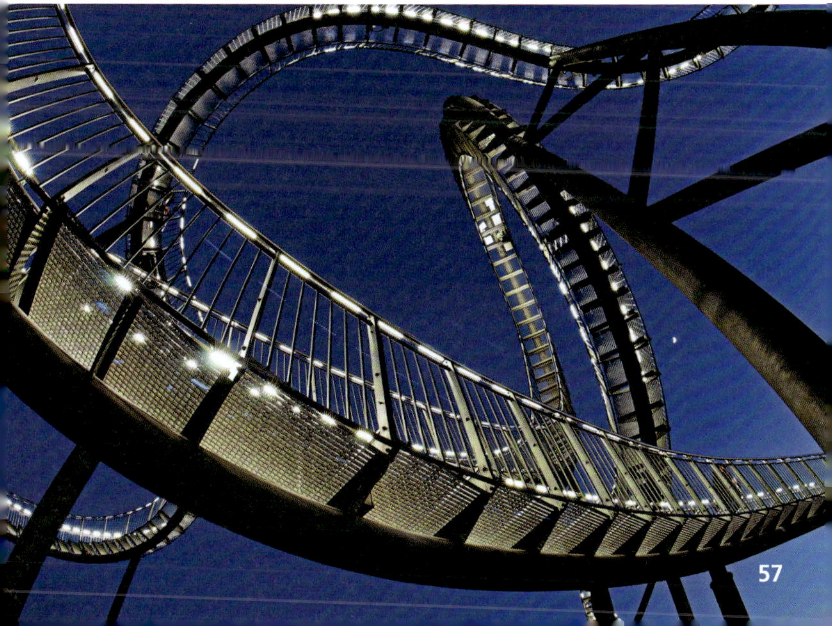

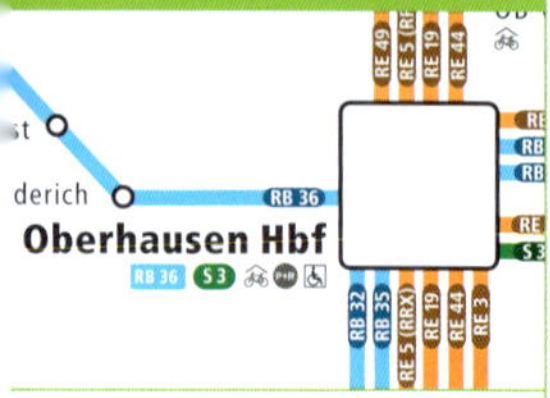

An- und Rückfahrt
Haltestelle Neue Mitte Oberhausen (RE3, 5, 19 ab Düsseldorf Hbf. bis Oberhausen Hbf., dann Straßenbahn 112 und Schnellbusse SB90, SB91, SB92 und SB98)

Spaziergang
Gasometer – CentrO – Schloss Oberhausen

Länge
4–5 km hin & zurück

Karte ▸ Seite 125

Oberhausen Gasometer

Am Canal Grande

Im Oberhausener Abschnitt des Rhein-Herne-Kanals tummeln sich geradezu Ausflugsziele und Sehenswürdigkeiten. Dabei ist der Bereich zwischen der Stadtgrenze zu Essen und dem Stadion von Rot-Weiß Oberhausen recht kurz. Doch dafür kann man ganz schön in die Höhe gehen.

Die einfachste und schönste Anfahrt findet mit dem Fahrrad statt. Aus Richtung Duisburg kann man auf dem geschotterten Weg am Rhein-Herne-Kanal entlangradeln, genauso aus Richtung Essen und Gelsenkirchen. In beiden Fällen sieht man schon von weitem den **Gasometer** am Rhein-Herne-Kanal, einzigartiges Industriedenkmal und Wahrzeichen von Oberhausen und dem Ruhrgebiet. Der größte Gasbehälter Europas und zweitgrößte der Welt wurde im Jahr 1929 errichtet. Er hat eine Höhe von 117 und einen Durchmesser von 67 Metern. Bis 1988 diente der zylindrische Behälter mit einer Speicherkapazität von 347 000 Kubikmetern als Gasspeicher. Allerdings mit Unterbrechungen: Während des Zweiten Weltkriegs wurde er stark beschädigt und musste 1945 stillgelegt werden. Ein Jahr später fing er bei Reparaturarbeiten Feuer, danach war nur noch sein Fundament erhalten. Nach dem Wiederaufbau war er von 1949 bis 1988 durchgängig in Betrieb.

Nach seiner Stilllegung Ende der 1980er Jahre hat man sich, wie bei vielen Industrieanlagen der Region, Gedanken über seinen Fortbestand gemacht. Es dauerte nicht lange, bis man den Gasometer Anfang der 1990er Jahre zu einer gigantischen Ausstellungshalle umbaute. Auf der 600 Tonnen schweren Scheibe, die einstmals auf dem Gas schwamm und dieses verdichtete, errichtete man eine Bühne und eine Tribüne. Darunter finden regelmäßig Ausstellungen zu verschiedenen Themen und Künstlern statt. Zuletzt war der Verpackungskünstler Christo mit seiner Installation „Big Air Package“ bis Ende 2013 zu sehen. Der

Gasometer Oberhausen
Befindet sich keine Ausstellung im Gasometer, kann man dennoch mit dem gläsernen Fahrstuhl auf das Dach fahren.
Arenastr. 11
46047 Oberhausen
Tel. (02 08) 8 50 37 30
www.gasometer.de

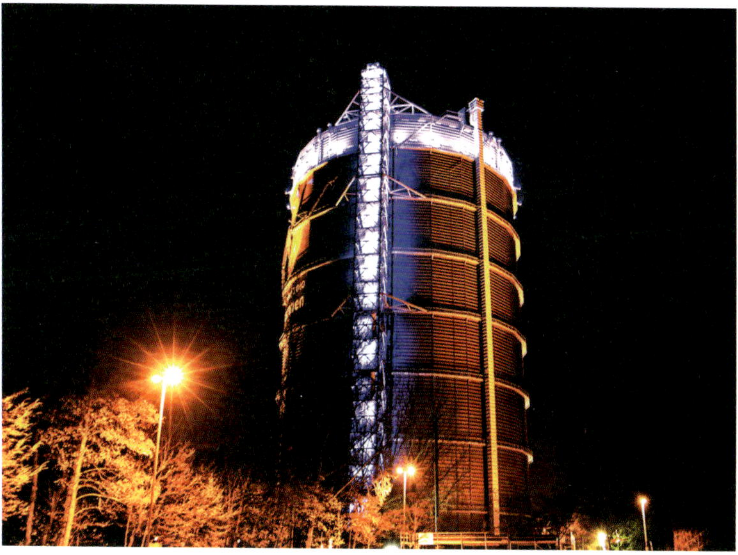

Auch nachts von Weitem sichtbar: der Gasometer

Gasometer ist heute eine der bedeutendsten Stationen der Route der Industriekultur. Es wurden schon mehr als drei Millionen Besucher gezählt.

Der Höhepunkt eines Gasometer-Besuchs ist natürlich die Besteigung des Bauwerks, die allerdings nicht immer möglich ist. Hoch geht es entweder auf der Außentreppe oder mit Hilfe des **gläsernen Fahrstuhles,** der an der Wand der hohen und dunklen Halle entlanggleitet. Oben auf dem Dach hat man bei gutem Wetter eine wunderbare Sicht über die Stadt Oberhausen und das halbe Ruhrgebiet.

Von der Aussichtsplattform erspähen wir tief unten, direkt vor unseren Füßen, auch schon unser nächstes Ziel, den CentrO Park. Nur wenige Meter sind es vom Eingang des Gasometers durch einen Eisenbahntunnel bis zum **CentrO,** einem der größten Einkaufszentren des Kontinents. Mitte der 1990er Jahre wurde es auf einem ehemaligen Industriegebiet der Firma Thyssen errichtet. Das Gebäude ist ein Beispiel für postmoderne Architektur mit Elementen der traditionellen Industriekultur.

Gegenüber der Promenade mit ihren zahlreichen Gastronomiebetrieben befindet sich der **Sea Life Abenteuer Park**, der seit dem Jahr 2013

Sea Life Abenteuerpark
Pinguine, Otter und Meeresschildkröten direkt am Rhein-Herne-Kanal.
Zum Aquarium 1
46047 Oberhausen
Tel. (02 08) 44 48 84 44
www.visitsealife.com/oberhausen
tgl. 10–18.30 Uhr
ab 20,50 €

Legoland Discovery Centre
Für Miniaturfans!
Promenade 10
46047 Oberhausen
ab 18,50 €
Kombi-Ticket für den Sea Life Abenteuer Park & Legoland Discovery Centre: 29,50 €

den bis dahin existierenden CentrO Park ersetzt. Mehrere Attraktionen lassen die Kinderherzen höher schlagen, insbesondere die neue Wildwasserbahn, die durch ein Pinguingehege führt. In unmittelbarer Nachbarschaft befindet sich das **Legoland Discovery Centre,** das vom Duisburger Innenhafen zum CentrO in Oberhausen umgezogen ist und unter anderem zahlreiche Sehenswürdigkeiten des Ruhrgebiets in legotypischer Miniaturform zeigt.

Am CentrO steigen wir in die Pedale und radeln ein kurzes Stück am Kanal in Richtung Westen. Nach wenigen Metern geht es unter einer breiten Brücke hindurch. Auf der linken Seite ist schon das **Schloss Oberhausen** ausgeschildert. Die einstige Wasserburg aus dem 15. Jahrhundert bringt es auf drei Etagen und strahlt in warmen Farbtönen. Sie geht sehr wahrscheinlich auf einen Rittersitz mit dem Namen Overhus zurück, der sich schon im 12. oder 13. Jahrhundert an dieser Stelle befand. Interessantes Detail: Schloss Oberhausen gab somit der Stadt Oberhausen ihren Namen und nicht umgekehrt!

Im Zweiten Weltkrieg wurden Teile des Haupthauses und des kleinen Schlosses zerstört. 1958

Im Oberhausener Schloss ist heute die Ludwig Galerie untergebracht

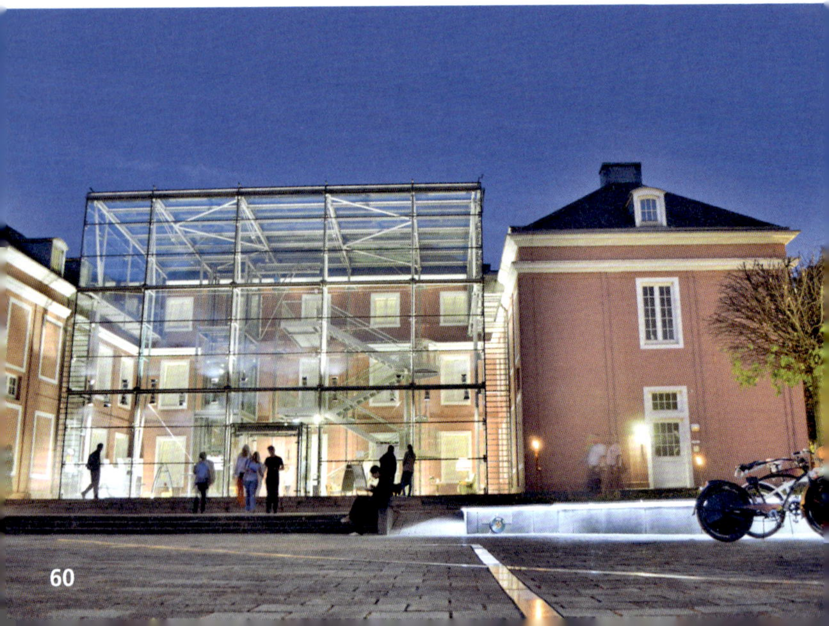

wurde das baufällige Haupthaus weitgehend abgerissen, konnte aber schon 1960 aus den Mitteln einer Bergbaugesellschaft wieder nach historischem Vorbild aufgebaut werden. Nur bei der Innengestaltung ging man nicht ganz so weit zurück, hier dominiert der Stil der 1950er Jahre.

Im Haupthaus des Schlosses Oberhausen finden wir heute die **Ludwig Galerie**, ein international bekanntes Ausstellungshaus. Gegründet wurde die Galerie 1983 vom Sammlerehepaar Irene und Peter Ludwig als „Ludwig Institut zur Kunst der DDR“ in Oberhausen. Die Eheleute stellten Werke von ostdeutschen Künstlern wie Wolfgang Mattheuer, Bernhard Heisig und Werner Tübke als Dauerleihgabe zur Verfügung. In der heutigen Ludwig Galerie werden neben Präsentationen dieser Werke unter verschiedenen Gesichtspunkten auch Wechselausstellungen zu den Themen Populäre Kunst und Landmarken des Ruhrgebiets (Kunst, die sich mit dem Strukturwandel der Region beschäftigt) gezeigt.

Direkt am Schloss liegt der **Kaisergarten.** Dieser Schlossgarten umfasst 28 Hektar und erstreckt sich vom Rhein-Herne-Kanal bis zur Duisburger Straße. Seinen Namen erhielt er 1898 anläßlich des 100. Geburtstags von Kaiser Wilhelm I. Als Volkspark ist er heute für jeden zugänglich.

Den Park kann man auf zahlreichen Fußwegen erkunden und ganz nebenbei das kostenlose Tiergehege besuchen. 16 Hektar des Geländes wurden schon in den 1920er Jahren zu einem Wildgehege umgebaut, dem größten kostenlosen Tierpark des Ruhrgebiets. Hier leben überwiegend heimische Tiere wie Eulen, Waschbären und Wildschweine, aber auch Wölfe und Steppenadler. Für Kinder existiert ein Streichelzoo mit Fütterungsmöglichkeit im Gehege.

Gleich neben dem Park besteht die Möglichkeit, auf der Rehberger Brücke den Rhein-Herne-Kanal zu überqueren. Diese Brücke trägt auch den Namen „Slinky Springs to Fame“ und erinnert an ein Spiralspielzeug. Besonders in den Abendstunden lohnt ein Besuch der 293 Aluspiralen, die illuminiert werden und so der farbenfrohen Brücke eine besondere Atmosphäre verleihen.

Kaisergarten Oberhausen
Kostenloser Eintritt im sogenannten „Central Park von Oberhausen“ im Schlosspark.
tgl. von 9–19 Uhr,
im Winter bis 17 Uhr
Eintritt frei

Ludwig Galerie im Schloss Oberhausen
Populäre Kunst.
Konrad-Adenauer-Allee 46
46049 Oberhausen
Tel. (02 08) 4 12 49 28
www.ludwiggalerie.de
Di–So 11–18 Uhr
Erw. 8 €, Kinder 4 €,
Familien 12 €

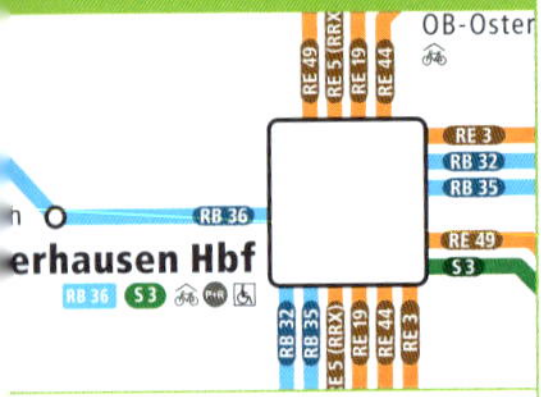

An- und Rückfahrt
Haltestelle Eisenheim (RE3, 5, 19 ab Düsseldorf Hbf. bis Oberhausen Hbf., dann Straßenbahnlinie 112 und Schnellbus SB90 oder SB98)

Spaziergang

Dauer
1,5 Stunden

Karte ▸ Seite 125

Oberhausen Siedlung Eisenheim

Die Helden von Eisenheim

Gustav und Manni sind zwei echte Ruhrpotthelden, wie man sie sich klischeehaft vorstellen würde. Taubenzüchter, große Klappe und der Sohn bastelt auf den Straßen der Arbeitersiedlung am Tuning seines Opels.

Diese Bilder zeigt der komödiantische Film „Die Helden von Eisenheim“, der im Jahr 2005 vom WDR produziert wurde. Jeder Ruhrgebietler weiß, dass man dieses Klischeebild mittlerweile lange suchen muss. Doch die Arbeitersiedlung Eisenheim, die gibt es wirklich. Sie liegt in Oberhausen und besteht aus drei, vier kleinen Straßen mit den typischen geduckten Backsteinhäusern.

Die Siedlung **Eisenheim** war die erste Arbeitersiedlung des Ruhrgebiets und ist auch eine der ältesten in Deutschland. Erschaffen wurde sie Mitte des 19. Jahrhunderts, um Wohnraum für die Arbeiter der Gutehoffnungshütte zu schaffen. Heute ist Eisenheim zwar immer noch eine Wohnsiedlung, aber zugleich auch Teil des Rheinischen Industriemuseums der Stadt Oberhausen.

An der Haltestelle Eisenheim verlässt man den Bahnsteig und steht nach dem Treppenabgang schon mitten in der Siedlung. Vor uns die Eisenheimer Straße, auf der linken Seite in einem Vorgarten das Hinweisschild auf poetische Orte mit Skulpturen eines Metallbaumeisters.

Liebevolle Details schmücken die Fassaden in Eisenheim

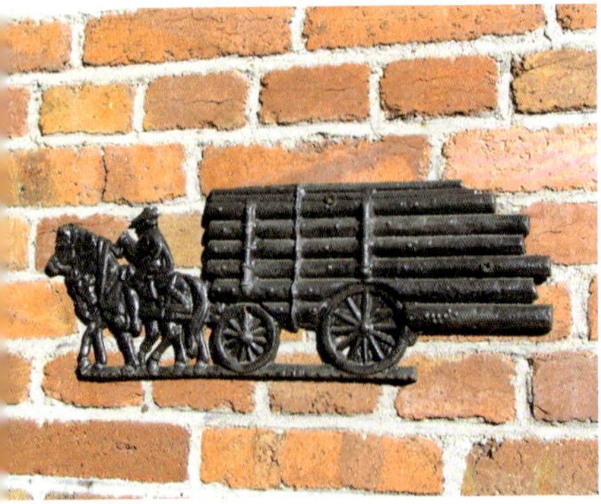

Gehen wir die Straße hinab, sehen wir stilisierte Tauben und geschmiedete Pferdefuhrwerke an den Wänden der Backsteinhäuser. Ein Blick in die Seitengassen ist wie eine Zeitreise, eine Reise in die Hochzeit des Kohlebergbaus im Ruhrgebiet: Die Wäsche hängt vor dem Fenster, Katzen streifen über die schmalen Wege und Menschen wie Manni und Gustav stehen am

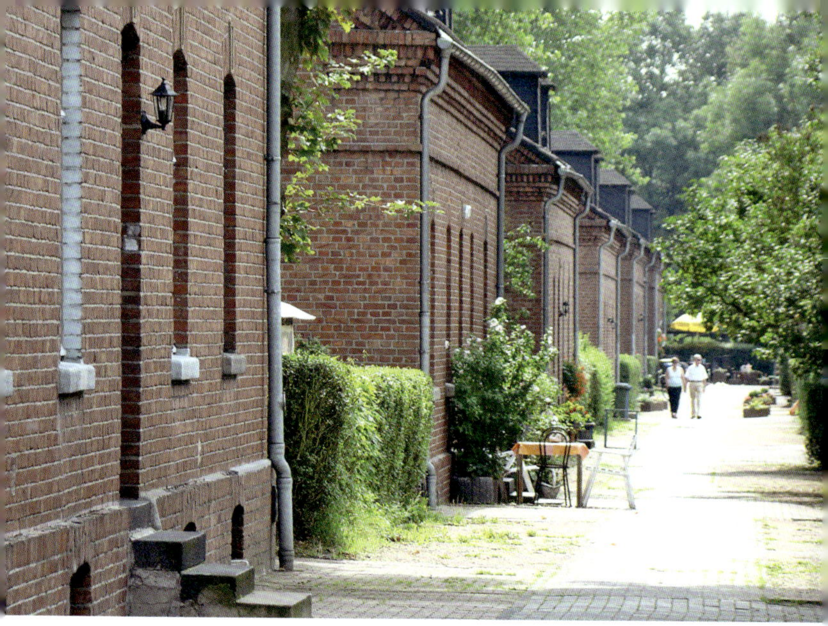

Die roten Backsteinhäuser verströmen eine ganz eigene Atmosphäre

Gartenzaun und unterhalten sich, vielleicht ja sogar über Tauben.

An den Wänden der Häuser hängen Tafeln, auf denen Geschichten der Siedlung erzählt werden. Ob es nun die Sitzbank neben der Haustür ist oder die Lebensgeschichte von Willi Wittke, einem alten Bergmann: Die Tafeln des Projekts „sprechende Straßen“ geben dem Besucher eine Ahnung vom Leben in der **Arbeitersiedlung**. Vor dem Volkshaus in der Werrastraße, einer Art Gemeindesaal für Eisenheim, stehen bunt gestaltete Vogelhäuser, die Anflugstellen für Brieftauben sind.

Mit dem Verschwinden des Bergbaus Mitte des 20. Jahrhunderts sollte ursprünglich auch die Arbeitersiedlung verschwinden. Damals befand sich Eisenheim im Besitz des Thyssen-Konzerns, der an der Stelle der Siedlung Hochhäuser bauen lassen wollte. Doch Thyssen rechnete nicht mit dem, was eben solch eine Siedlung ausmacht: Nachbarschaft und Solidarität. Jahrelange Protestaktionen, die in den Medien Gehör fanden, stoppten den geplanten Abriss der Siedlung.

So ist den Bewohnern zu verdanken, dass wir diesen Teil der Industriekultur des Ruhrgebiets noch heute „live“ erleben können.

Museum Eisenheim
Auf den Spuren der Bergmannssiedlungen im Ruhrgebiet.
Berliner Str. 10a
46117 Oberhausen
www.industriemuseum.lvr.de
So/Fei von Ostersonntag bis 31. Oktober jeweils von 11–18 Uhr
Erw. 2,50 €

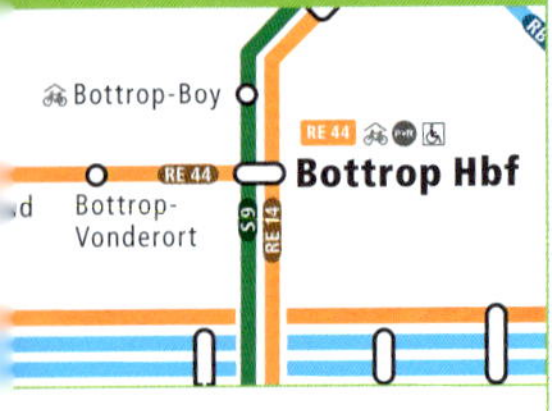

An- und Rückfahrt
Bhf. Bottrop-Vonderort (RE3, 5, 19 ab Düsseldorf Hbf. bis Oberhausen Hbf, dann RE44 (stündlich))

Spaziergang

Dauer
ca. 2 Stunden

Karte ▸ Seite 125

Bottrop Revierpark Vonderort

Zu Lande, zu Wasser und in der Luft

Zwischen Bottrop und Oberhausen, nur wenige Meter von der Stadtgrenze zu Essen entfernt, liegt der Revierpark Vonderort, der zu zahlreichen Freizeitaktivitäten einlädt.

Wo vor rund 100 Jahren Sand für die Stahlindustrie abgebaut wurde, entwickelte sich seit den 1960er Jahren ein kleiner Freizeitpark. Durchzogen wird er von der breiten Bottroper Straße, die Oberhausen und Bottrop miteinander verbindet. Der Revierpark Vonderort bietet auf 32 Hektar und vier Kilometern Rundwanderwegen jedem etwas.

Vom Bahnhof Bottrop-Vonderort geht es zu Fuß links die Vonderbergstraße entlang. Nach wenigen hundert Metern erreichen wir den Südrand des **Revierparks,** der hier zu Oberhausen gehört. Hier betreten wir den waldreichen Park und treffen zunächst auf einen Wasserspielplatz und eine Minigolfanlage. Auf einem Teil des Areals lichtet sich der Wald und gibt den Blick auf mehrere große Wiesenflächen frei, die zu ausgiebigen Ballspielen und anderen Aktivitäten genutzt werden können. Die Liegewiesen im Revierpark Vonderort sind großzügig und nicht übervölkert. Hier kann man in aller Ruhe liegen und entspannen, während der Anhang den Park erkundet. Eine ruhigere Ecke ist der kleine See am Rande des Parks. Dort kann man sich gleich hinter dem Spielplatz Tret- oder Ruderboote ausleihen. Am Ufer des Sees steht ein Pavillon, in dem in den Sommermonaten kleinere Konzerte stattfinden.

Eine besondere Attraktion des Revierparks sind Heißluftballonfahrten. Die Gondeln starten bei geeignetem Wetter zu Rundflügen über Essen, Oberhausen, Mülheim und das nordwestliche Ruhrgebiet. Dieser nicht ganz billige Spaß dauert eine bis eineinhalb Stunden und ermöglicht es, das Areal von oben zu bewundern.

Nördlich der Bottroper Straße liegen ein Solebad und eine Eishalle im Revierpark. Ein Frei-

Revierpark Vonderort
Grüne Wiesen und ein Gesundheitspark.
Bottroper Str. 322
46117 Oberhausen
Tel. (02 08) 99 96 80
www.revierpark.com/revierpark-vonderort

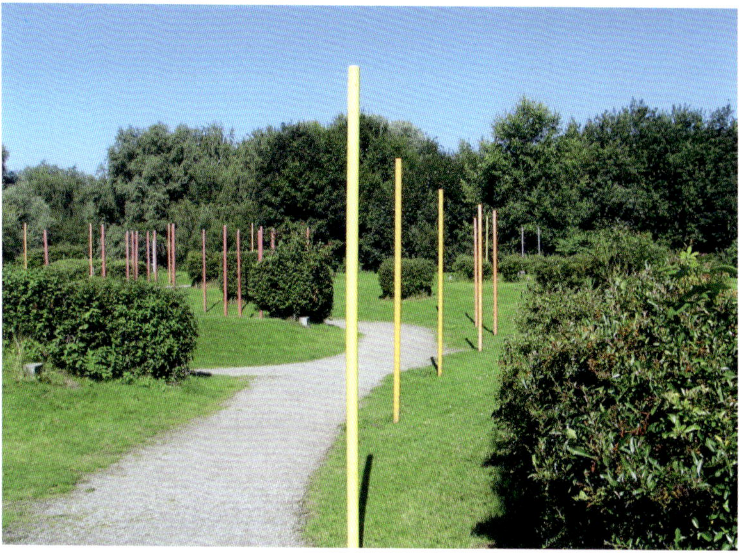

Energiespirale im Gesundheitspark

und Wellenbad sowie eine 90 Meter lange Rutsche machen gerade den kleinen Wasserratten Spaß. Im Winter kann man sich in der Eishalle mit den Kufen auf das gefrorene Wasser wagen.

An den Parkplätzen des Revierparks überschreiten wir die Stadtgrenze und befinden uns fortan wieder in Bottrop. Gleich auf der rechten Seite geht ein Spazierweg in den Wald hinein und führt uns zu einer leichten Erhebung mit einer außergewöhnlichen Konstruktion. Die dortige Pyramide besteht aus mehreren Holzlatten und ist ein Wahrzeichen des **Gesundheitsparks Quellenbusch.** Hier sollen unter anderem themenbezogene Freianlagen sowie Kneippanwendungen und Meditation im angegliederten Gesundheitshaus zur Erholung beitragen. Unterhalb der Pyramide gehen wir an Rosensträuchern entlang, überqueren die Straße und passieren die sogenannte Energiespirale. Etwas weiter in den Wald hinein, kommen wir schließlich zum Knappschaftskrankenhaus. Da der Gesundheitspark am Krankenhaus mit seinem Kräutergarten, Balancierbalken und Bambushecken nicht nur für Patienten, sondern für alle gedacht ist, lohnt ein entspannender Spaziergang dorthin.

Solbad Vonderort – Sole & Sauna
Den Alltagsstress einfach mal hinter sich lassen.
Bottroper Str. 322
46177 Oberhausen
Tel. (02 08) 99 96 80
www.revierpark.com/solbad
Mo–Do 9–22,
Fr–Sa 9–23, So 9–21 Uhr,
Preisstaffelungen ab 9 € für eine zweistündige Einzelkarte (nur Solebad) oder 5 € für das Freibad

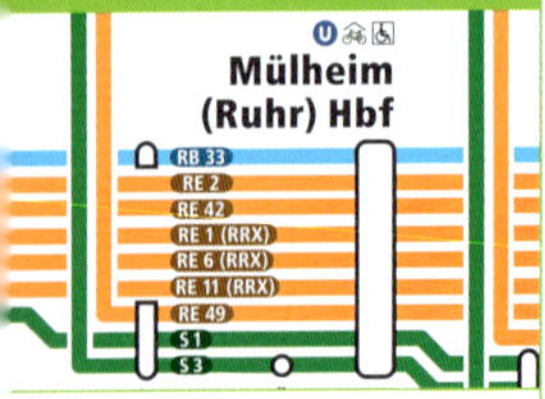

Anfahrt
Mülheim (Ruhr) Hbf.
(RE1, RE6. RE11 oder S1 ab Düsseldorf Hbf.)

Radtour oder Spaziergang
Altstadt – Haus Ruhrnatur – Schloss Broich – Aquarius Wassermuseum

Länge
7 km bis Mülheim-Styrum

Rückfahrt
Bhf. Mülheim-Styrum
(S1 bis Düsseldorf Hbf.)

Karte ▸ Seite 125

Haus Ruhrnatur
Spannende und wissenswerte Informationen über Flora und Fauna an der Ruhr.
Alte Schleuse 3
45468 Mülheim a. d. Ruhr
Tel. (02 08) 4 43 33 80
www.haus-ruhrnatur.de
Di–So 10–18 Uhr
Erw. 5 €, Kinder 3 €, Familien 13 €

Mülheim Haus Ruhrnatur

Steter Tropfen höhlt den Stein

Auf den Spuren des Wassers bewegen wir uns auf unserer heutigen Tour – natürlich direkt an der Ruhr entlang. Dabei besuchen wir einen Wasserbahnhof, das Haus Ruhrnatur und das Wassermuseum Aquarius.

Vom Mülheimer Hauptbahnhof aus erreichen wir über die Eppinghofer Straße und Leineweberstraße schnell das Ufer der **Ruhr.** Zuvor lohnt noch ein kurzer Abstecher zum Kirchenhügel in die Mülheimer Altstadt, die südlich der Leineweberstraße liegt. Sehenswert sind die Petrikirche und das Tersteegenhaus, ein hübscher Fachwerkbau. Hier befindet sich heute das Heimatmuseum der Stadt. Mit wenigen Schritten hat man das Ruhr-ufer erreicht, wo die Stufen des noch jungen **Stadthafens** zu einer Pause einladen und man über den Fluss auf die Stadthalle blicken kann.

Wir biegen links auf den Ruhrradweg ein und unterqueren die Schlossbrücke, um zu unserem ersten Ziel zu gelangen: der lang gestreckten Insel mit der alten Schleuse inmitten der Ruhr. Schon nach 200 Metern führt dann auch eine Brücke zum vorgelagerten Teil der **Schleuseninsel.** Von dort kommen wir über die Kassenbergbrücke auf die Hauptinsel. Da das Eiland Wasserschutzgebiet ist, kann man auf den Wiesen leider nicht picknicken. Schön ist es jedoch, dort zu radeln, jedenfalls wenn nicht gerade Sonntag ist, denn dann ist mit einem größeren Ansturm zu rechnen.

Unser erstes Ziel, der **Mülheimer Wasserbahnhof,** liegt gleich an der Kassenbergbrücke. In den 1930er Jahren als Kiosk entstanden, ist aus der Trinkhalle heute ein Restaurant und Veranstaltungszentrum geworden. Doch vor allem ist der Wasserbahnhof das Abfertigungsgebäude für die Schiffe der „Weißen Flotte", mit denen man von hier aus bis nach Kettwig fahren kann.

Geht man auf der Insel weiter nach Süden, trifft man im denkmalgeschützten Schleusenhaus

aus Sandstein auf das **Haus Ruhrnatur,** Naturkundemuseum und Ökologiestation rund ums Thema Wasser. Es wurde im Jahr 1992 von der Rheinisch-Westfälischen Wasserwerksgesellschaft gegründet. Eine Dauerausstellung mit 21 Einheiten präsentiert anschaulich Flora und Fauna der Ruhr. Ein Strömungsmodell und ein sechs Meter langes Aquarium zeigen das Ökosystem des Flusses und all die Kleinstlebewesen, die sich im und am Wasser tummeln. Verschiedene Mikroskopstationen, ein geologisches Modell und eine hauseigene Wetterstation ergänzen die Präsentation.

Einen besonderen Stellenwert nimmt das Lernen und Experimentieren ein. Haus Ruhrnatur möchte seine Besucher aktivieren und sensibel machen für das Ökosystem Ruhr. So werden unter anderem auch Exkursionen für Schulklassen und Familien veranstaltet.

Vom Haus Ruhrnatur aus folgen wir dem Ruhrinselweg bis zum südlichen Ende der Insel, wo eine kleine Brücke wieder aufs Festland führt.

Dort angelangt, wenden wir uns auf dem Ruhrtalradweg nach Norden. An der Ecke zur Bergstraße erhebt sich das **Schloss Broich.** Die Burganlage aus dem 9. Jahrhundert n. Chr. ist der

Restaurant Franky's im Wasserbahnhof
Mit Biergarten und Blick auf die Ruhr.
Alte Schleuse 1
45468 Mülheim a. d. Ruhr
Tel. (02 08) 3 88 29 63
Mi–So ab 12 Uhr geöffnet

Hier werden Schiffe abgefertigt: Der Mülheimer Wasserbahnhof

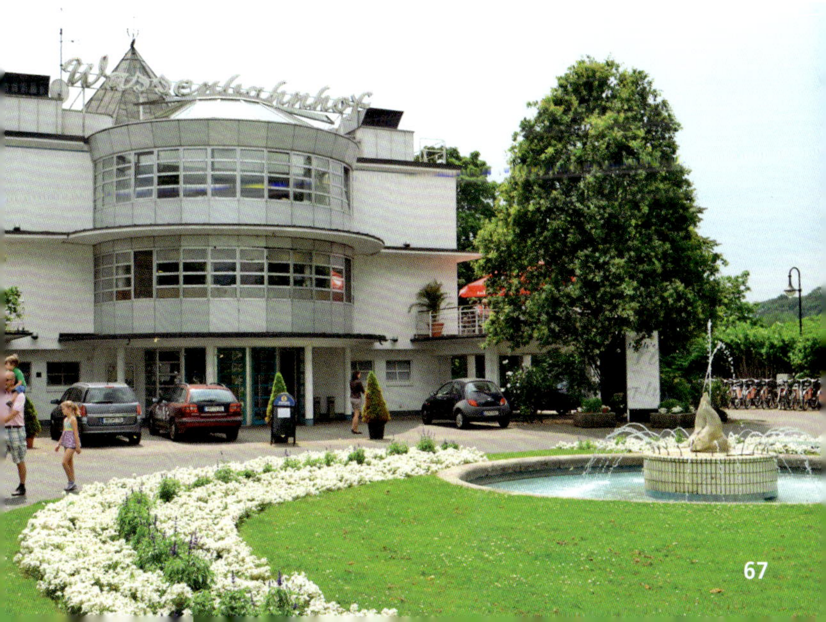

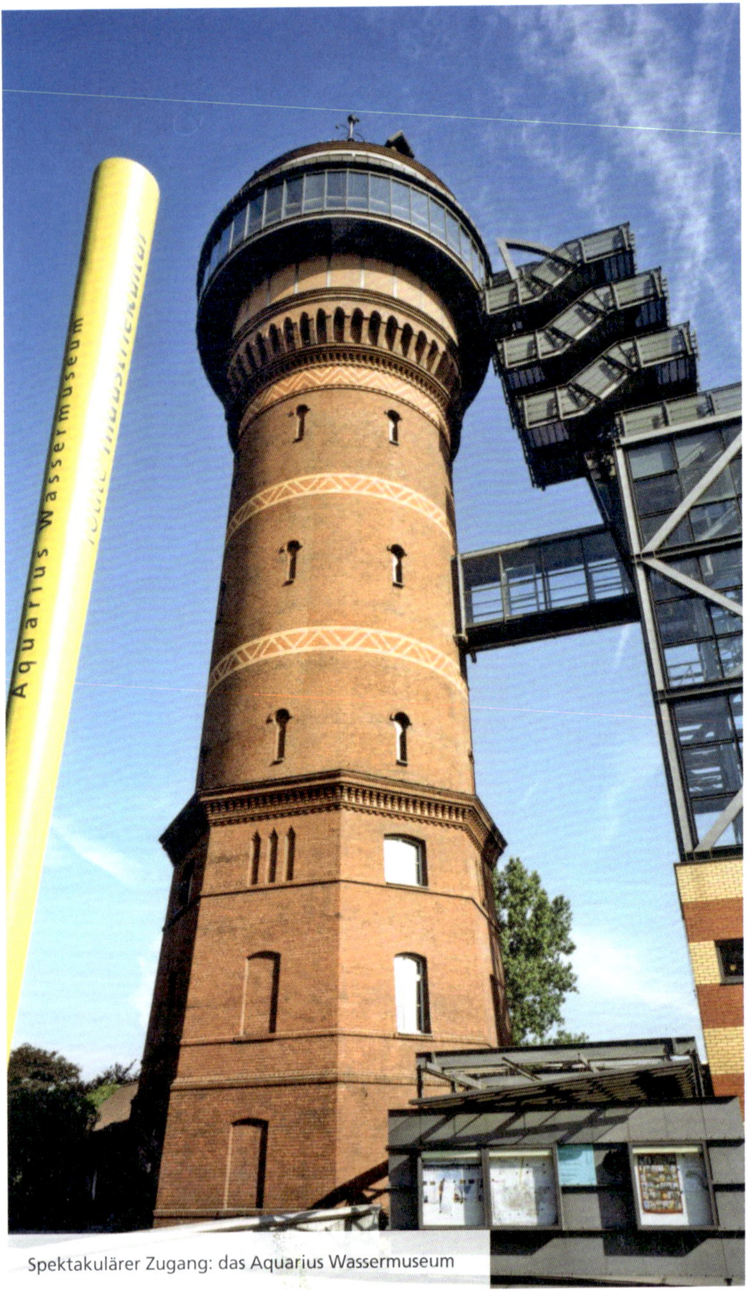

Spektakulärer Zugang: das Aquarius Wassermuseum

älteste erhaltene frühmittelalterliche Wehrbau nördlich der Alpen. Heute befindet sich ein kleines Heimatmuseum darin. Außerdem wird das Schloss zu Repräsentationszwecken genutzt und kann für Veranstaltungen angemietet werden. Seit einigen Jahren dient das Schloss auch als Kulisse für zwei Musikfestivals, dem „Castle Rock Festival“ und dem „Burgfolk Festival“.

Wir fahren weiter die Bergstraße hinauf. Linker Hand liegt das 66 Hektar große Gelände, das 1992 zur Mülheimer Landesgartenschau geschaffen wurde. Danach geht es über eine einstige Bahntrasse bis zur Ruhr, die wir über die Styrumer Brücke überqueren, und anschließend sofort links zum **Aquarius Wassermuseum.**

In dem ausgedienten Wasserturm wird der Kreislauf des Wassers in der Natur veranschaulicht, der als Regentropfen anfängt und mit der Verdunstung im Ozean endet. Für die spannende Ausstellung erhält man eine Chipkarte, die man an den einzelnen Multimediastationen im Turm einsetzen kann. 30 Stationen auf 14 Ebenen bieten ein interaktives Museumserlebnis, das sogar preisgekrönt wurde.

Der Rundgang im 40 Meter hohen Wasserturm beginnt mit einer Fahrt in die oberste Etage. Dazu benutzen wir einen der gläsernen Aufzüge. Es geht durch den alten Wasserbehälter, in dem früher 500000 Liter des kostbaren Nasses Platz fanden. Oben am Aussichtspunkt angekommen, hat man einen herrlichen Blick über Mülheim und das Ruhrtal bis nach Oberhausen und Essen.

Der **Wasserturm** selbst wurde 1892/93 von August Thyssen zur Versorgung seines Eisenwalzwerkes und der Gemeinde Styrum erbaut. Die Rheinisch-Westfälische Wasserwerksgesellschaft, die heute auch das Museum betreibt, kaufte den Turm 1912 und nutzte ihn bis zu seiner Stilllegung 1982 gemäß seiner ursprünglichen Bestimmung. Seit 1989 steht das Gebäude unter Denkmalschutz. Für die Landesgartenschau 1992 wurde der Wasserturm dann saniert und zum Aquarius Wassermuseum umgestaltet.

Als Abfahrtsort bietet sich anschließend der Bahnhof Mülheim-Styrum an, der nicht weit vom Aquarius entfernt ist.

Aquarius Wassermuseum
Eine der wenigen Möglichkeiten, einem Tropfen Wasser von der Quelle bis zur Mündung zu folgen.
Burgstr. 70
45476 Mülheim a. d. Ruhr
Tel. (02 08) 4 43 33 90
www.aquarius-wassermuseum.de
Di–So 10–18 Uhr
Erw. 4 €, Kinder 3 €, Familien 12 €,
Kombitickets für Haus Ruhrnatur und Wassermuseum: Erw. 8 €, Kinder 4 €, Familien 20 €

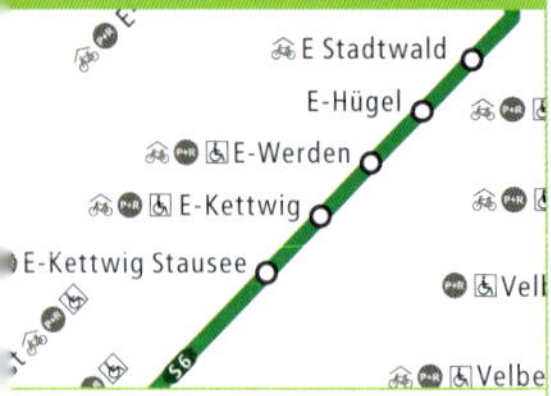

An- und Rückfahrt
Bhf. Essen-Kettwig (S6 ab/bis Düsseldorf Hbf.)

Radtour
Kettwig – Schloss Hugenpoet – Mülheim-Mintard – Kettwig

Länge
16 km

Karte ▸ Seite 127

Essen Kettwiger Stausee

Kleine Tour an der Ruhr

Natürlich kann man die gesamte Ruhr entlangradeln, drei Tage sollte man dafür einplanen. Manchmal reicht aber schon eine kleine Tour ins grüne Ruhrtal zum Kettwiger Stausee im Essener Süden, dem kleinsten der sechs Ruhrstauseen. Dabei kann man auch die schöne Altstadt von Kettwig besuchen.

Wir beginnen unsere Tour am S-Bahnhof Essen-Kettwig und rollen neben den Gleisen auf der Ruhrtalstraße nach rechts bis zum Abzweig Kattenturm. Dort überqueren wir die Gleise, um zum Ruhrradweg zu gelangen.

Hinter den Gleisen sehen wir die Ruine des **Kattenturms.** Bei diesem 13 Meter hohen Gemäuer aus Ruhrsandstein handelt es sich um einen ehemaligen Wohnturm, weitere Überreste der Burg sind jedoch nicht mehr zu sehen. Direkt daneben befinden sich eine Minigolfanlage auf der einen und der Zugang zum **Ruhrradweg** auf der anderen Seite. Diesen nutzen wir und fahren nach rechts in Fließrichtung der Ruhr – falls die Fließrichtung erkennbar ist. Denn schon nach wenigen hundert Metern sehen wir, dass die Ruhr an dieser Stelle zum letzten Mal auf ihrem Weg in den Rhein gestaut wird. Allerdings bildet der **Stausee** lediglich eine minimale Verbreiterung des Flusses. Die rund sechs Meter hohe Staumauer kann befahren werden, um auf die andere Uferseite überzusetzen.

Doch zuvor lohnt unbedingt noch ein Spaziergang durch das alte Städtchen **Kettwig,** das heute zu Essen gehört. Kettwig wurde von den Bombardements des Zweiten Weltkriegs weitestgehend verschont, da es vor allem von der Tuchindustrie geprägt war und damit keine kriegswichtige Industrie beheimatete. So ist die historische Altstadt mit zahlreichen Fachwerkhäusern in weiten Teilen erhalten, obwohl man dort zwischen 1975 und 1977 im Rahmen der Neugestaltung von Schul-straße und Bürgermeister-Fiedler-Platz einige intakte Fachwerkhäuser abriss.

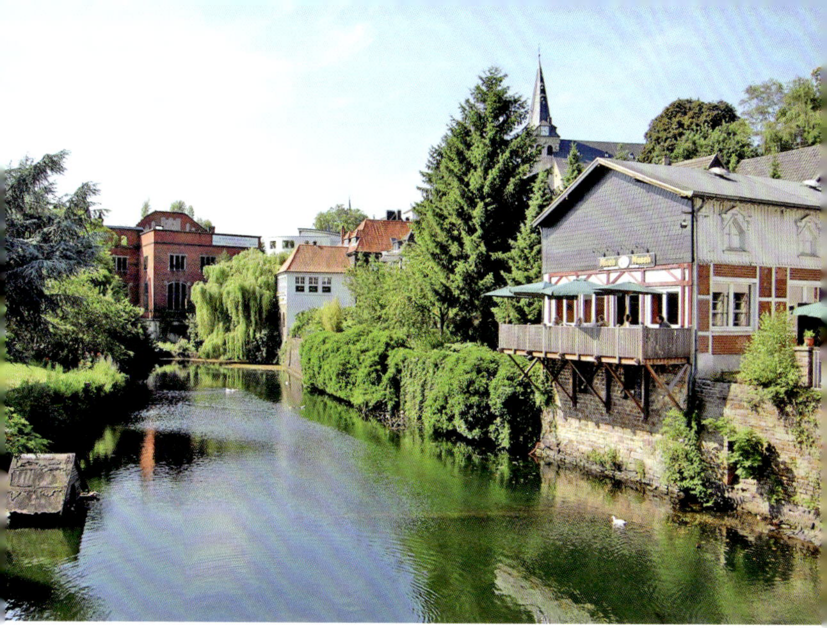

Das hübsche Örtchen Kettwig liegt idyllisch am Wasser

Kettwig wurde 1975 eingemeindet und ist durch einen Grüngürtel aus Ackerland und Wäldern vom Essener Zentrum getrennt. Doch nicht nur das verleiht Kettwig einen dörflichen Charakter, auch die hübschen Fachwerkhäuser sowie das Rathaus und die Kirche geben ihr Übriges dazu.

Der 40 Meter hohe Turm der Kirche am Markt stammt aus dem 13. Jahrhundert. Das heutige Kirchenschiff aus Ruhrsandstein in Basilikaform wurde 1720/21 erbaut, allerdings größer als das ursprüngliche. Dadurch wurde ein um 4,20 Meter höheres Dach notwendig.

1830 ist die katholische **Pfarrkirche St. Peter** geweiht worden. Es handelt sich um einen klassizistisch flachgedeckten Bau der Architekten Otto von Gloeden und Adolf von Vagedes unter Mitwirkung Karl Friedrich Schinkels. Der barocke Turm wurde 1886 angebaut. Der ebenfalls barocke Hochaltar stammt aus dem Katharinenkloster in Gerresheim.

Zu den markanten Punkten gehört auch das **Kettwiger Rathaus**, das einmal eine Tuchfabrik war und heute das Standesamt und ein kleines Stadtmuseum beherbergt.

Zurück an der Staumauer sehen wir das Neubauprojekt Seepromenade, bei dem bis 2014

Schloss Hugenpoet
Wasserschloss mit klassischer Vorburg und herrlicher Fassade.
August-Thyssen-Str. 51
45219 Essen-Kettwig
Tel. (0 20 54) 1 20 40
www.hugenpoet.de

Restaurant Hugenpöttchen
Kreative Landhausküche wird in der ehemaligen Remise des Schlosses angeboten, mit Außenterrasse im Innenhof.
Im Schlosshotel Hugenpoet (siehe oben)
tgl. 12–22 Uhr

mehrere Wohnhäuser im gehobenen Stil errichtet werden. Wir überqueren die Staumauer und folgen der Beschilderung Richtung **Mülheim** an der Ruhr. Auf dem Mintarder Weg zweigt rund 700 Meter hinter dem letzten Haus ein kleiner Weg nach links zu einem Wäldchen ab. In diesem Wald steht das **Schloss Hugenpoet,** ein dreiteiliges Wasserschloss. Im Innenhof des Anwesens sehen wir auf der linken Seite das von Wasser komplett umgebene Herrenhaus. An seiner Nordseite erheben sich zwei mächtige, rechteckige Türme, die geschweifte Hauben mit Laternen tragen. Das unter Denkmalschutz stehende Bauwerk wurde im 17. Jahrhundert errichtet. Heute ist ein luxuriöses Hotel in Schloss Hugenpoet untergebracht.

In unmittelbarer Nähe von Schloss Hugenpoet steht Schloss Landsberg, etwa einen Kilometer südwestlich von Kettwig inmitten eines englischen Landschaftsparks mit ausgedehntem Waldgebiet. Es gehört schon zum Stadtgebiet von Ratingen. Die Anlage geht auf eine mittelalterliche Höhenburg vom Ende des 13. Jahrhunderts zurück.

Unsere Tour verläuft weiter durch die Auen der Ruhr in den Mülheimer Stadtteil **Mintard,** der bis zur Gebietsreform 1975 zu Kettwig gehörte. Schon weit vorher konnten wir das imposante Bauwerk sehen, das als Mintarder Brücke oder auch als **Ruhrtalbrücke** bekannt ist. Es handelt sich um die längste aus Stahl gefertigte Straßenbrücke, die in 65 Metern Höhe über die Ruhr führt. Auf dem 1 800 Meter langen Bauwerk verläuft die Autobahn 52 zwischen Düsseldorf und Essen. Bundesweite Aufmerksamkeit und traurige Berühmtheit erlangte die Brücke 1994, als ein junges Mädchen entführt und in dem Hohlkasten unter der Fahrbahn gefangen gehalten wurde.

Auf dem weiteren Weg durch die Ruhrauen, zwischen Feldern und Pferdehöfen entlang, erreichen wir die wesentlich kleinere Mendener Brücke. Wir überqueren diese und radeln auf der anderen Ruhrseite auf dem **Leinpfad** wieder zurück nach Kettwig.

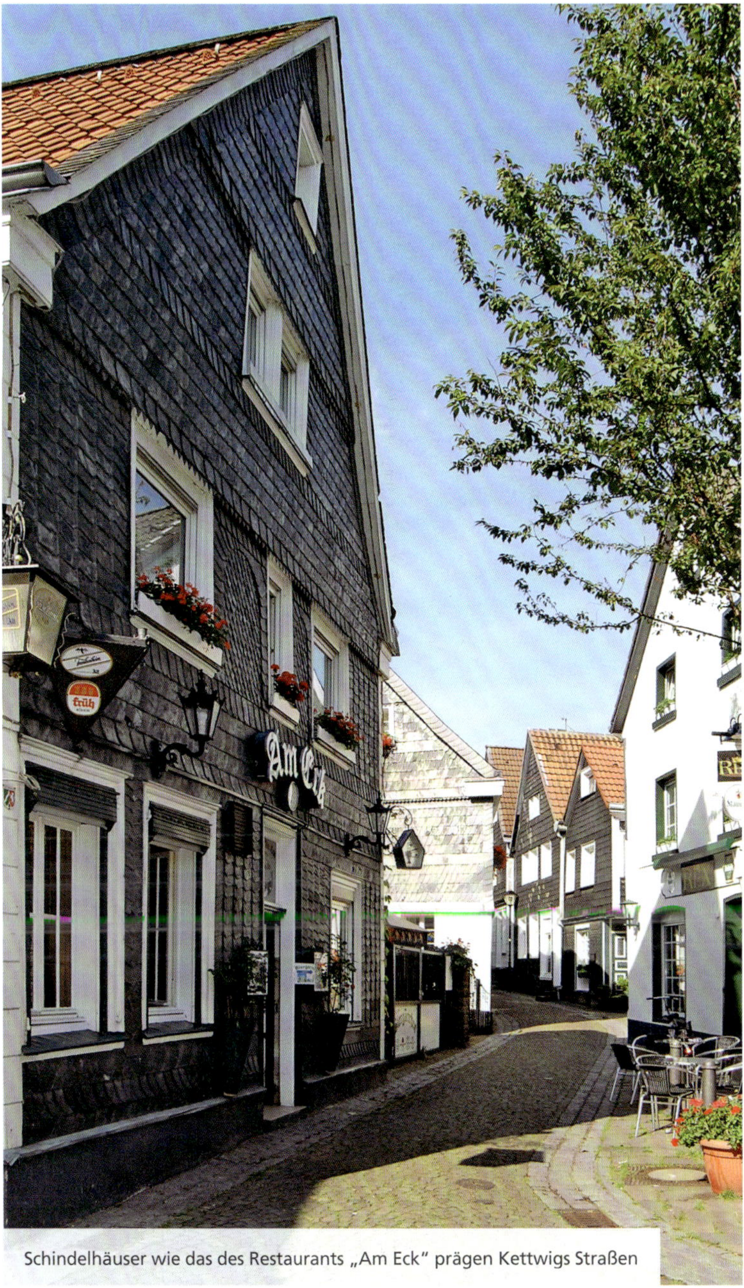

Schindelhäuser wie das des Restaurants „Am Eck“ prägen Kettwigs Straßen

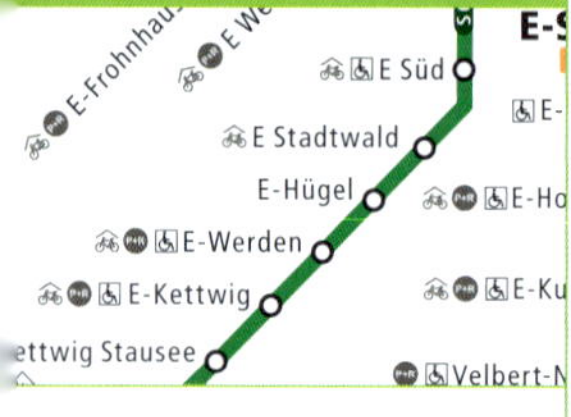

An- und Rückfahrt
Bhf. Essen-Hügel (S6 ab/bis Düsseldorf Hbf.)

Rad- oder Wandertour

Länge
15 km
(inkl. vollständiger Seeumrundung)

Karte ▸ Seite 128

Essen Baldeneysee & Villa Hügel

Unternehmerwillen schafft Unternehmervillen

Im Süden von Essen staut sich zwischen den Stadtteilen Kupferdreh und Werden der Fluss, welcher der Region den Namen gab. Die Ruhr bildet hier in einem Tal den künstlichen Baldeneysee. Über all dem thront die Villa Hügel, ein Erbe der Krupp-Dynastie, mit ihren imposanten Parkanlagen.

Wenn wir an der Haltestelle Essen-Hügel aussteigen, haben wir die Qual der Wahl: zuerst die Villa Hügel besichtigen oder zu einem Spaziergang am Baldeneysee starten?

Wir entscheiden uns zunächst für den Aufstieg zur **Villa Hügel**. Steil hinauf geht es von der Hauptstraße ab dem S-Bahnhof zum Eingang des Villenparks. 28 Hektar misst der Hügel-Park, der durch sein stetes Auf und Ab seinen Namen redlich verdient hat. Inmitten dieser Anlage, in der sich große Wiesen mit kleineren Wäldern abwechseln, befindet sich das repräsentative Haupthaus. Der Sitz der Familie Krupp wurde 1872 fertiggestellt und beherbergt über 250 Zimmer. Die Blütezeit der Villa war zu Beginn des 20. Jahrhunderts, als man die ohnehin schon imposante Inneneinrichtung erweiterte und die Enkelin des verstorbenen Alfred Krupp die Villa übernahm.

Nach dem Zweiten Weltkrieg wurde das Gebäude kurzzeitig von den Alliierten genutzt und ging später wieder in den Besitz der Familie über. Seit den 1950er Jahren werden in den prunkvollen Räumen des Anwesens in unregelmäßigen Abständen Kunstausstellungen arrangiert, während in einem Nebengebäude ein Museum zur Geschichte der Firma Krupp untergebracht ist.

Der Park bietet zudem eine schöne Aussicht auf den weit unten liegenden Baldeneysee. Man kann bei dem Anblick verstehen, warum Alfred Krupp den Familiensitz an diese Stelle gelegt hat.

Doch nun zurück Richtung S-Bahnhof und hinunter zum **Baldeneysee**. Dort angelangt und

Villa Hügel
Es werden Führungen und Ausstellungen angeboten.
Hügel 15
45133 Essen
Tel. (02 01) 61 62 90
www.villahuegel.de
Villa Hügel: Di–So
10–18 Uhr, Eintritt für Park und Villa 5 €

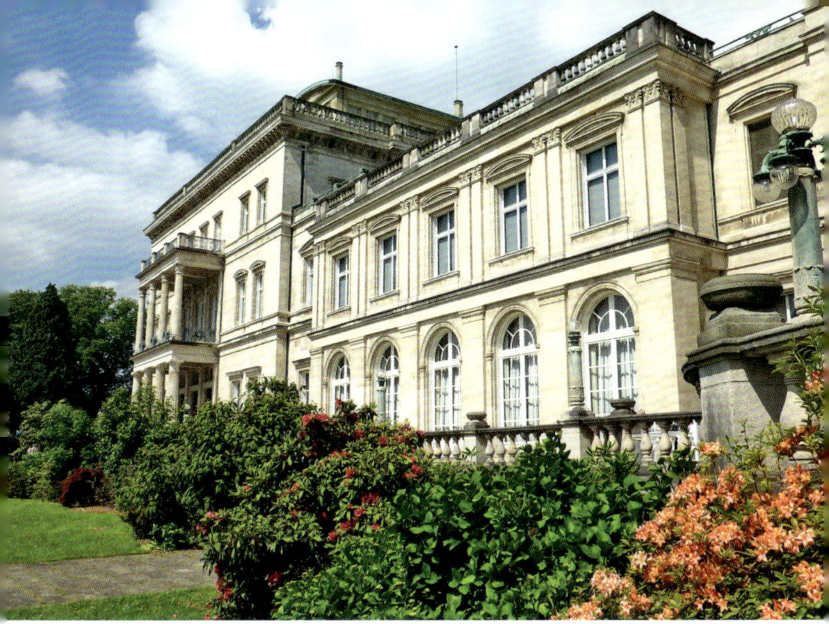

Die Villa Hügel war einst Wohnsitz der Industriellenfamilie Krupp

am Ufer entlangspaziert, geht es in Richtung Osten an der Regattastrecke und dem Schloss Baldeney vorbei. Hier kann man zwischen Ufer, Yachthafen und kleinem Wäldchen die Idylle genießen. Schloss Baldeney, das aus einer mittelalterlichen Wasserburg hervorging, stand nach einem Brand im Seeterrassen-Restaurant lange Zeit leer. Momentan wird es zu einem Naturheilmedizinischen Versorgungszentrum umgebaut.

Radfahrer haben am Nordufer zu großen Teilen zwar einen eigenen, asphaltierten Fahrradweg, doch von diesem aus nur selten einen Blick auf den Stausee. Der Streckenabschnitt ist Teil des **Ruhrtalradweges.** Eine Umrundung des Gewässers ist auch möglich: Für die exakt 15 Kilometer lange Strecke benötigt man mit dem Rad rund eine Stunde, zu Fuß sollte man dreieinhalb Stunden veranschlagen. Die beiden „Enden" des lang gestreckten Sees werden mit einer Holzbohlenbrücke im Osten und dem Werdener Stauwehr im Westen überspannt. Bei letzterem muss man das Fahrrad allerdings in einer Laufschiene einige Stufen hochschieben. Gelegenheiten, seinen Durst zu stillen, sind am Wegesrand regelmäßig vorhanden.

Südtiroler Stuben
Unmittelbar am Ufer des Baldeneysees.
Freiherr-v.-Stein-Str. 280a
45133 Essen
Tel. (02 01) 47 28 48
www.suedtiroler-stuben.de
Apr.–Mitte Dez. tgl. 10–22 Uhr

Weiße Flotte Baldeneysee
Rundfahrten auf dem See mit Anlegestellen in Hügel, Baldeney, Heisingen.
Hardenbergufer 379
45239 Essen
Tel. (02 01) 1 85 79 90
www.baldeneysee.com
Mitte Apr.–Anfang Okt.

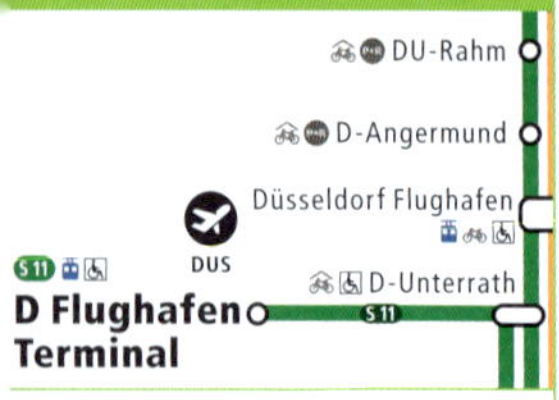

Anfahrt
Düsseldorf, Kalkumer Schlossallee (U79 ab Düsseldorf Hbf.)

Rad- oder Wandertour
Kaiserswerth – Nordpark

Länge
ca. 10 km

Rückfahrt
Düsseldorf, Nordpark/ Aquazoo (U79 bis Düsseldorf Hbf.)

Karte ▸ Seite 126

Düsseldorf Kaiserswerth

Am Rhein entlang

Für Radfahrer ist eine Fahrt an einem Fluss immer ein angenehmes Erlebnis. An Deutschlands längstem Fluss, dem Rhein, kann man von der Quelle in den Schweizer Alpen bis in das niederländische Rotterdam radeln. Für heute soll aber ein kurzes Stück in Düsseldorf reichen.

Wer schon mit dem Rad von Norden kommend anreist, der trifft hinter Duisburg auf den ersten und ältesten Düsseldorfer Stadtteil, **Kaiserswerth.** Wir anderen starten an der Haltestelle Kalkumer Schlossallee. Über den Herbert-Eulenberg-Weg erreichen wir den Rhein. Auf dem Rheinradweg direkt am Ufer, wo der Leinpfad in den Herbert-Eulenberg-Weg mündet, ist schon die alte Stifts- und Stadtmühle, von Kaiserswerth zu sehen.

Gleich hinter dem folgenden Zollhaus geht es links in die Straße Kaiserswerther Markt, wo neben dem Rathaus mehrere hübsche Bürgerhäuser stehen. Wir befinden uns hier im historischen Ortskern der ehemals eigenständigen Stadt, die 1929 nach Düsseldorf eingemeindet wurde. Gehen wir zum Rheinufer, sehen wir die Rückseite der **Suitbertus-Basilika** mit ihrem spätromanischen Kirchenschiff und dem gotischen Chor.

Kaiserswerth liegt auf einer ehemaligen und mittlerweile verlandeten Rheininsel. Hier befand sich einer der ältesten Rheinübergänge des Mittelalters. Die Franken nutzten den Platz als Basis für ihre Eroberungen, englische Mönche für ihre Missionierung östlich des Rheins. Der Heilige Suitbert gründete im 7. Jahrhundert auf dieser Insel („Werth“) ein Benediktinerkloster. Auf diese Zeit geht auch die Basilika St. Suitbertus zurück, die damals als Stiftskirche erbaut wurde. Während der Jahrhunderte wurde das Gotteshaus bei Kriegen und Belagerungen immer wieder schwer beschädigt, zuletzt im Zweiten Weltkrieg. Zahlreiche Neu- und Umbauten gaben der Kirche während der Zeit schließlich ihr heutiges Gesicht. Seit 1950 hat sie auch einen Dachreiter, der als

Kaiserpfalzruine
Die erhalten gebliebenen Mauern der Kaiserpfalz blicken seit über 1300 Jahren auf den vorbeiziehenden Rhein.
Karfreitag–Ende Okt.
tgl. 9–18 Uhr, spätestens bis Einbruch der Dunkelheit
Eintritt frei

Glockenstuhl dient. 1967 zeichnete der damalige Papst St. Suitbertus sie als bedeutsamen Kirchenbau mit dem Titel „Basilika“ aus.

Kaiser Heinrich III. ließ im Jahre 1045 eine Pfalz südlich der Rheininsel erbauen. Im Laufe der Zeit, unter Kaiser Barbarossa, wurde die Pfalz zur Festung ausgebaut und es entstanden Machtkämpfe rund um Kaiserswerth. Aber erst der Erbfolgekrieg zu Beginn des 18. Jahrhunderts sorgte dafür, dass die **Kaiserpfalz** zur Ruine verkam: Die siegreichen preußischen und holländischen Truppen hatten Sie gesprengt. Aber auch Kaiserswerth war durch die Kämpfe stark mitgenommen und lag in Schutt und Asche. Das Material zum Wiederaufbau ihrer Häuser holten die Stadtbewohner aus der Ruine. Erst zwischen 1899 und 1908 wurden erste Reste der Kaiserpfalz wieder in Stand gesetzt. Weitere Restaurierungen zur Bewahrung des geschichtlich bedeutsamen Bauwerks – die Pfalz wurde aber nie wieder vollständig aufgebaut – fanden in den 1960er und 1970er Jahren sowie um die letzte Jahrtausendwende statt.

Nur wenige Meter von der Suitbertus-Basilika entfernt, erheben sich direkt am Radweg diese Überreste der Kaiserpfalz, die wir betreten kön-

Restaurant Galerie Burghof
Biergarten unter Kastanien, neben der Kaiserpfalz.
Burgallee 1
40489 Düsseldorf
Tel. (02 11) 40 14 23
www.galerie-burghof.de
tgl. 11–23 Uhr

Die Ruine der Kaiserpfalz am Rhein

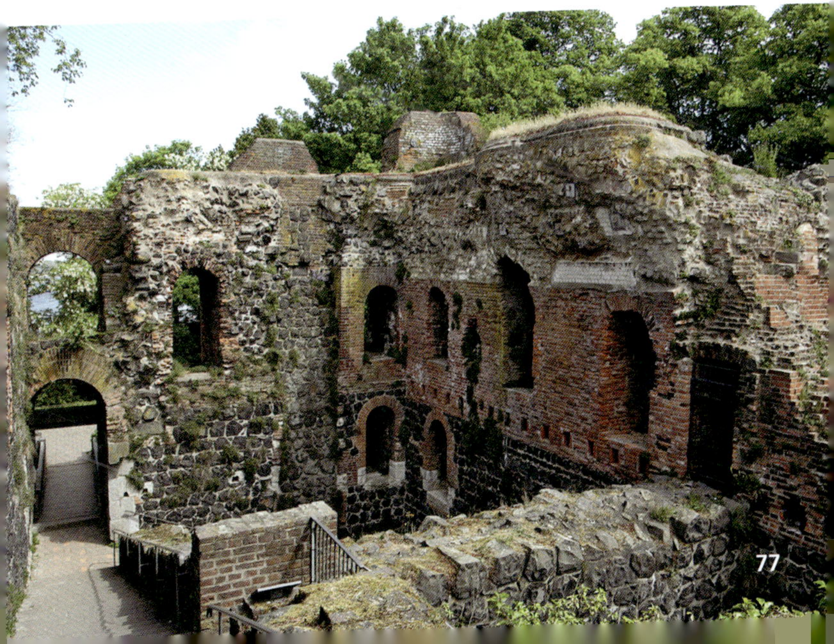

nen. Hinweisschilder erläutern die einzelnen Gebäudeabschnitte. Über eine Treppe gelangen wir zu einem kleinen Aussichtspunkt. Allerdings ist der Blick auf den Rhein durch hohe Bäume und die alte Festungsmauer erschwert.

Auf dem weiteren Weg nach Süden radeln wir auf dem Lohauser Deich zwischen den Rheinauen, während neben uns die Binnenschiffe gegen die Strömung ankämpfen und knapp über uns die Flugzeuge in die Höhe steigen. Die Start- und Landebahn des Düsseldorfer Flughafens ist von hier nur 1 500 Meter entfernt und führt genau in unsere Richtung.

Rund vier Kilometer hinter der Kaiserpfalz unterqueren wir die Autobahnbrücke und erreichen wenig später die **Düsseldorfer Messehallen** im Stadtteil Stockum sowie die ESPRIT arena. In dem 2005 eröffneten Stadion finden regelmäßig Bundesliga-Spiele und Konzerte internationaler Künstler statt. Hinter den Messehallen verlassen wir den Rheinradweg und biegen nach links in den Nordpark Richtung Löbbecke **Aquazoo** ab. Dieser wurde im 19. Jahrhundert von Theodor Löbbecke gegründet und war in seinen Anfängen ein Naturkundemuseum. Auch heute noch werden

Blick von Kaiserswerth über den Rhein

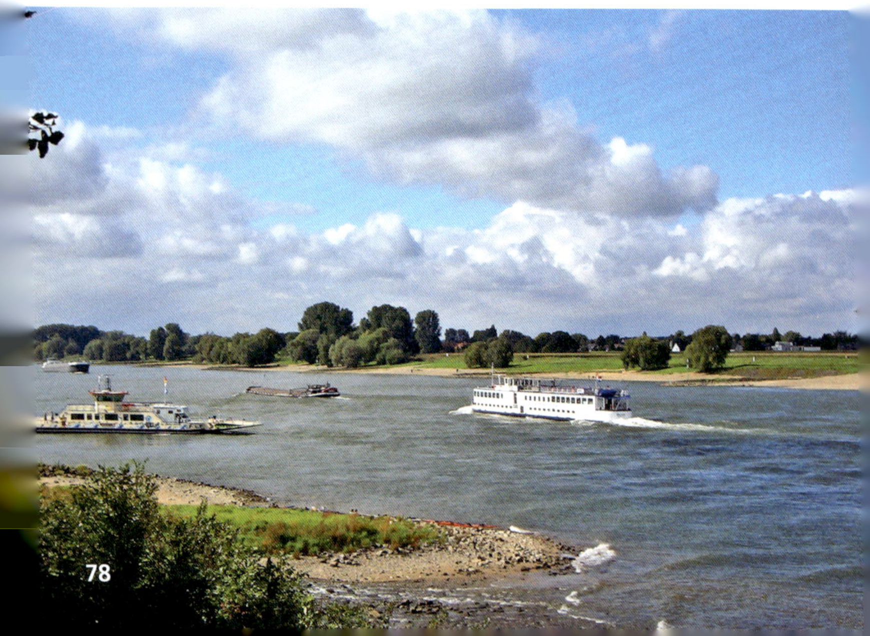

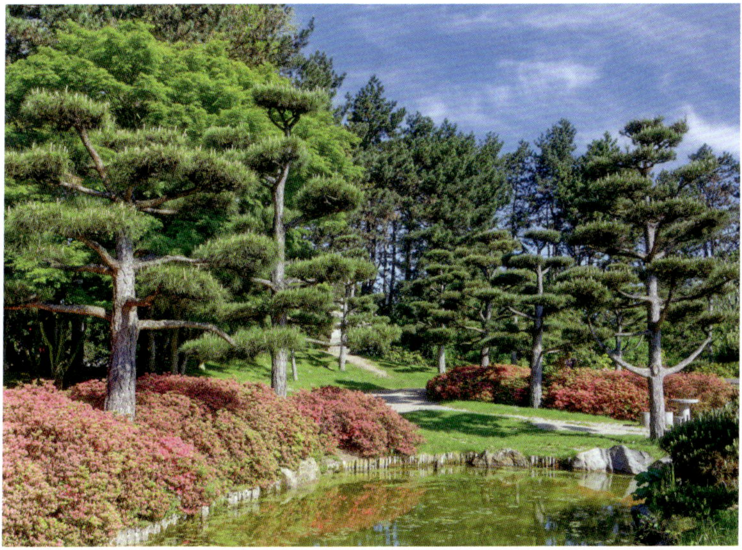

Der japanische Garten im Nordpark strahlt Ruhe aus

naturkundliche Exponate wie Fossilien im Aquazoo ausgestellt, der seit 1987 in dem überdachten Gebäude im Nordpark eine Heimat gefunden hat. Im November 2013 schloss der Aquazoo für rund eineinhalb Jahre seine Pforten. Nach einem großen Umbau wird er sich im Jahr 2015 in ganz neuem Gewand präsentieren.

Der Aquazoo befindet sich, wie schon erwähnt, im 36,6 Hektar großen Düsseldorfer Nordpark, der 1936 von den Nationalsozialisten für eine Propaganda-Ausstellung geschaffen wurde. Noch heute sind Überbleibsel aus der damaligen Zeit zu sehen. So sind vier Skulpturen erst in jüngster Vergangenheit wieder an ihren alten Plätzen aufgestellt worden.

Heute charakterisieren baumbestandene Rasenflächen und breite Wege den **Nordpark**, in dem unterschiedlich gestaltete Gartenbereiche zu sehen sind. Einer davon ist der Seerosengarten mit einem von Säulen umstandenen Wasserbecken. Zudem gibt es im Sommer sehenswerte Wasserspiele im 170 m langen Becken neben dem Aquazoo, Spielplätze für Kinder und einen hübschen japanischen Garten.

Aquazoo-Löbbecke-Museum
Die besucherstärkste Freizeiteinrichtung Düsseldorfs bietet einen Mix aus Zoo und Naturkundemuseum.
Kaiserswerther Str. 380
40200 Düsseldorf
Tel. (02 11) 8 99 61 50
www.duesseldorf.de/aquazoo

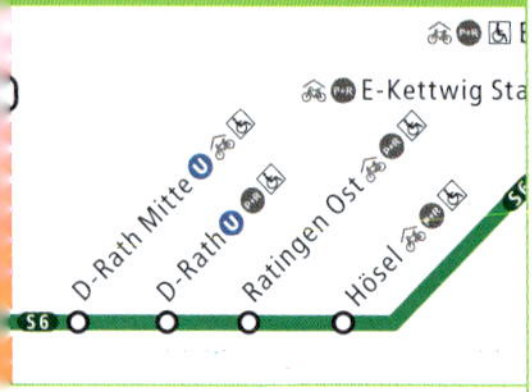

An- und Rückfahrt
Bhf. Ratingen-Ost
(S6 ab Düsseldorf Hbf. und 25 Min. Fußweg oder Bus 773 (stündlich)

Spaziergang

Länge
Seeumrundung ca. 1 km

Karte ▸ Seite 127

Ratingen Blauer See

Kinderparadies

China hat sein Gelbes Meer, bei Ägypten liegt das Rote Meer und die Stadt Ratingen hat einen Blauen See. Der ist nicht besonders groß, liegt dafür aber schön am Waldrand und bietet jede Menge Attraktionen für Kinder.

Der Weg ist das Ziel: Über die Straße „Zum Blauen See" gelangen wir zu dem am Nordrand von Ratingen gelegenen Gewässer. Bevor der See als solcher erreicht ist, geht es erst einmal vorbei an Freizeitangeboten, die Kinderherzen höher schlagen lassen: Miniscooter, Trampolinspringen, Gokartfahrten und so genannten Ufo-Booten, bei denen es sich um motorbetriebene Schwimmringe handelt.

Es folgen noch einige Fahrgeschäfte und Imbisse, bevor ein Hinweisschild zum Bootsverleih und damit zum See führt. Vorher werden Kinder im lesefähigen Alter bereits die nächste interessante Entdeckung machen: den **Märchenzoo am Blauen See.** Dieser wurde im Jahr 1952 erschaffen und führt den Besucher auf einem Rundweg durch das vier Hektar große Areal. Zu sehen gibt es verschiedene Tiergehege, die mit Kulissen von berühmten Märchenszenen kombiniert wurden. Neben Schweinen, Eseln und Kleintieren findet man zum Beispiel die Szenerie des Märchens „Der Wolf und die sieben Geißlein" – allerdings ohne Wolf, dafür mit Ziegen, die von den Kindern gestreichelt und gefüttert werden können. Natürlich dürfen im Märchenzoo auch Spielplätze und eine Miniatureisenbahn nicht fehlen.

Am Bootsanleger haben wir die Möglichkeit, ein Ruder- oder ein Tretboot auszuleihen und den Blauen See vom Wasser aus zu erkunden. Besonders lohnt sich eine Bootstour zum gegenüberliegenden Ufer, das steil aus dem Wasser herausragt. Die Kalkstein- und Dolomitwände sind ein Beleg dafür, dass sich in vergangen Zeiten ein Steinbruch auf dem Gebiet des heutigen Sees befand. Dies erklärt auch, warum sich um den See ein

Märchenzoo
Im Märchenzoo trifft man auf Aschenputtel, Dornröschen und Co. und kann an verschiedenen Veranstaltungen teilnehmen.
Zum Blauen See 22
40878 Ratingen
Tel. (0 21 02) 13 56 79
www.maerchenzoo.de
Mo–Fr 11–18,
Sa/So 10–18 Uhr
Erw. 3 €, Kinder 2 €

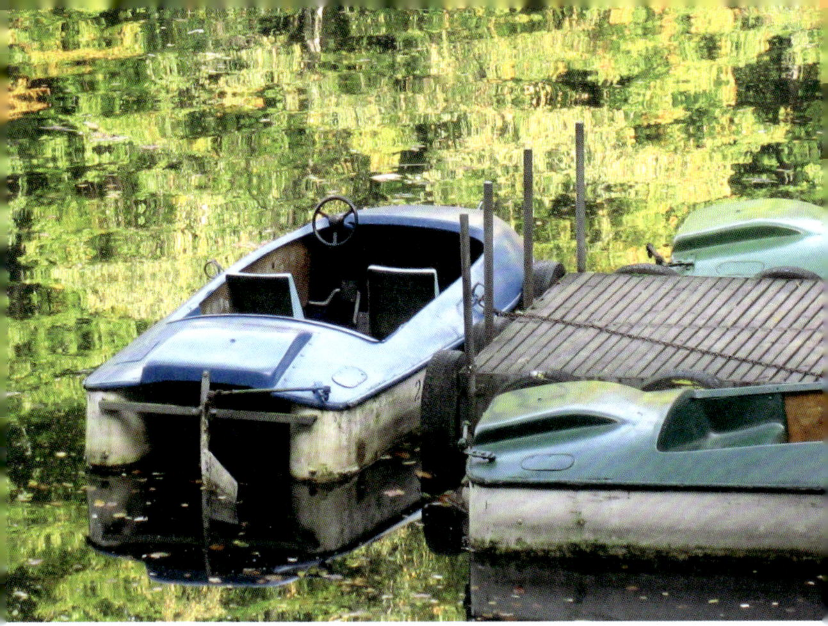

Auf dem idyllischen Blauen See kann man Tretboot fahren

hoher Erdwall befindet und kein flaches Ufer, wie man es von anderen Gewässern kennt.

Um den See herum gibt es einen ein Kilometer langen Wanderweg, der oberhalb des Uferbereichs verläuft. Ein Verlaufen oder Ins-Wasser-Fallen ist dabei nicht möglich, da ein Metallzaun den Zugang zum Wasser verhindert. Auch auf dem Rundweg haben Kinder ihre Freude, zum Beispiel am Spielplatz im Wald, der ausschließlich aus Holzgerüsten besteht.

Der Blaue See eignet sich auch gut als Ausgangspunkt für größere Wanderungen oder Radtouren. Gleich nördlich liegt das große Waldgebiet **Oberbusch**. Richtung Osten bietet sich eine Tour durch das grüne **Angerbachtal** entlang der Anger an. Zu Fuß sind es zudem nur wenige Gehminuten bis zu einem der **Museen des Landschaftsverbandes Rheinland**. Umrahmt von einem Englischen Garten erhebt sich die einstige Baumwollspinnerei Cromford, die die erste ihrer Art auf dem europäischen Festland war und Ende des 18. Jahrhunderts ihren Betrieb aufnahm. Heute zeigt das spätbarocke Herrenhaus des Industriellen Cromford Arbeiterwohnungen, das Kontor und das Radhaus.

Tretbootverleih
Das Tretboot ist die ideale Möglichkeit, den See und sein Ufer aus der Nähe kennenzulernen.
Tel. (01 75) 4 01 69 81
tgl. 10 Uhr bis zum Einbruch der Dämmerung

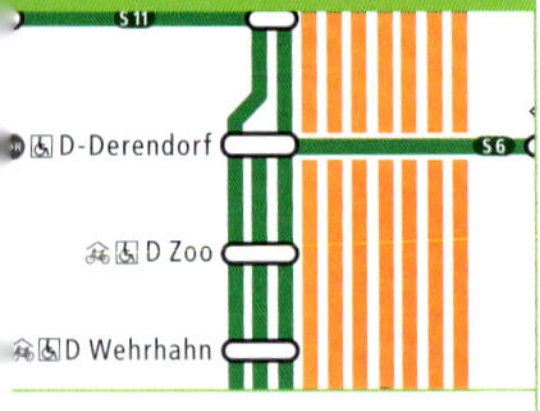

An- und Rückfahrt
Haltestelle Mörsenbroicher Weg (S1 ab Düsseldorf Hbf. bis Düsseldorf-Wehrhahn, dann Straßenbahn 712), von hier ca. 15 Min. Fußweg

Wildparkbesuch

Dauer
2,5 Std.

Karte ▸ Seite 132

Wildpark im Grafenberger Wald

Tierischer Besuch in Ludenberg

Im Westen Düsseldorfs präsentiert die Landeshauptstadt ihre sanften Kuppen. Hier freuen sich die zahlreichen Tiere des Wildparks im Grafenberger Wald auf einen Besuch. In der Nähe kann außerdem ein Blick auf die Galopprennbahn geworfen werden.

Bevor wir uns im Düsseldorfer Stadtteil **Ludenberg** auf den direkten Weg zum Wildpark machen, lohnt vorher noch ein kleiner Spaziergang rund um die **Galopprennbahn Düsseldorf**.

Um dort hinzugelangen, folgen wir dem Mörsenbroicher Weg etwa 150 Meter Richtung Osten und biegen dann halbrechts in den Rolander Weg ein. Weiter geradeaus beginnt nach etwa 900 Metern die schnurgerade Kastanienallee, die die Galopprennbahn nach Norden hin abgrenzt. Ihren Namen hat sie natürlich nicht von ungefähr und so wandern wir gemütlich unter dem dichten Blattwerk der Kastanien parallel zur Rennbahn. Die Hecke auf der rechten Seite gewährt uns gelegentlich einen Blick auf die Strecke und mit etwas Glück können wir den Jockeys dabei zusehen, wie sie mit dem Pferd über die Bahn galoppieren. Wer genau hinschaut, erkennt einen leichten Höhenunterschied auf der Strecke. Dieser beträgt bis zu 15 Meter und so manch unerfahrener Jockey hat deswegen schon kostbare Zeit verloren.

Im Innenbereich des Kurses erkennen wir außerdem, wie eine andere Gruppe Sportler ihrem Hobby frönt: Dieser ist nämlich Teil der Golfanlage Düsseldorf Grafenberg und wird dementsprechend zum Putten und Abschlagen genutzt.

Wir verlassen die Kastanienallee nach einer Rechtskurve nach rechts, umrunden die Galopprennbahn fast einmal komplett und können dabei immer wieder Blicke auf die Tribüne und auf das Geschehen im Kurs werfen. Auf dem Ratinger Weg spazieren wir zwischen der Rennbahn und den restlichen Löchern der Golfanlage und halten

Wildpark im Grafenberger Wald
Der Wildpark im Grafenberger Wald zeigt heimische Tiere in weiten Gehegen.
Rennbahnstr. 60
40629 Düsseldorf
www.wildpark-duesseldorf.de
tgl. ab 9 Uhr geöffnet, im Sommer bis 19 Uhr

uns an einer Gabelung halblinks. So erreichen wir das Gerresheimer Tor, durch das wir den **Wildpark Grafenberger Wald** betreten.

Bereits 1927 wurde der Park angelegt. Seither hat er sich in der Größe verdreifacht. Gleich auf der rechten Seite können wir das Raubtiergebäude mit Wildkatzen, Füchsen, Iltissen und Waschbären besuchen. Dahinter folgen Fasane, Rebhühner und das Muffelwild. Gehen wir geradeaus, haben wir zu unserer Rechten das riesige Freigehege für Damwild. Nach einigen Feuchtbiotopen folgt auf der linken Seite ein nicht minder großes Gehege für Schwarzwild, in dem wir sicherlich einige Wildschweine entdecken.

Im Zentrum des Wildparks befindet sich außerdem – gleich neben einem imposanten Ameisenhaufen – die **Waldschule**, in der die kleinsten Besucher auf spielerische Weise Wissenswertes über die Tiere erfahren.

Zwischen Rot- und Schwarzwildgehege befindet sich der Haupteingang, doch wir können das Areal auch am Gehege des Damwildes verlassen. So gelangen wir durch das Rennbahntor wieder zur Rennbahnstraße. Wir biegen rechts ab und schon bald können wir unseren Ausgangspunkt wiedererkennen.

Waldschule
Durch verschiedene Veranstaltungen wie Waldexkursionen wird den Kindern spielerisch Lust auf Natur gemacht.
tgl. 10 Uhr bis eine halbe Stunde vor Schließung des Wildparks, 1. Apr.–10. Sep. 10–18 Uhr

In der Waldschule können schon die Kleinen viel über die Natur lernen

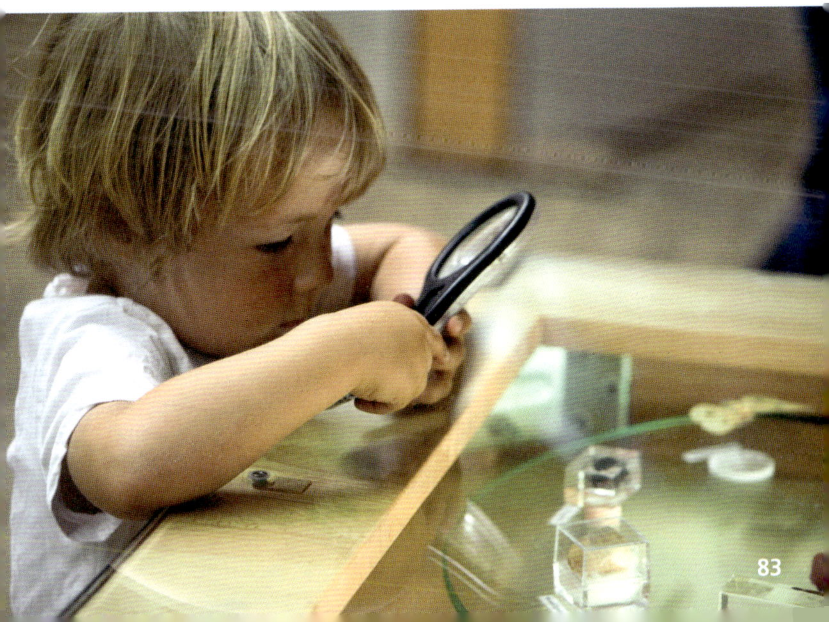

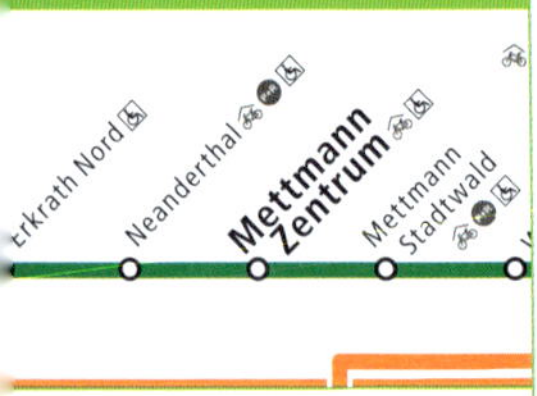

An- und Rückfahrt
Bhf. Neanderthal (S28 ab Düsseldorf Hbf.) und 5 Min. Fußweg zum Museum

Wanderung

Dauer
ohne Museumsbesuch ca. 2 Std.

Karte ▸ Seite 133

Mettmann Neandertal

Zeitreise

Vor sehr langer Zeit lebte der vielleicht berühmteste Mensch der Welt in einem kleinen Tal in der Nähe des heutigen Mettmann. Dort jagte er durch die Wälder, trank aus dem Bach, der später den Namen Düssel bekam, und starb in einer Grotte, an der 40000 Jahre später die Landstraße 357 vorbeiführt.

Der Neandertaler, gelegentlich auch Neanderthaler geschrieben, hat sich ein schönes Fleckchen Erde zum Leben ausgesucht. Grüne Wälder, ein plätschernder Fluss und eine tiefe Schlucht waren der Lebensmittelpunkt des Urzeitmenschen. Die Wälder und der Fluss existieren heute noch und machen das **Neandertal** zu einem beliebten und erholsamen Ausflugsziel. Lediglich die Schlucht mit ihren Grotten und Wasserfällen ist verschwunden. Sie bestand aus Kalkstein, was ihr zum Verhängnis wurde: Im 19. Jahrhundert wurde die 50 Meter tiefe Klamm abgebaut und ist damit unwiderruflich zerstört worden. Allerdings wurden bei diesen Arbeiten die Knochen und der Schädel des Neandertalers gefunden, der dort vor 40000 Jahren verstarb.

Die Fundstelle, direkt neben der Landstraße, ist heute Teil des **Neanderthal Museums,** das rund 400 Meter weiter entfernt steht. Am Zugang der Fundstelle erhebt sich ein Felsen, das letzte Erinnerungsstück an die einstige Schlucht. Hier beginnt auch ein schnurgerader Weg, dessen Verlauf eine Zeitachse darstellen soll. Angefangen beim Auftreten des Homo Sapiens vor rund 200000 Jahren, endet die rund 100 Meter lange Achse in der heutigen Zeit, wobei die letzten beiden Jahrhunderte mit ihren zahlreichen Entdeckungen und der Industrialisierung lediglich wenige Zentimeter einnehmen. Höhepunkt an der Fundstelle ist seit Sommer 2022 der sogenannte Höhlenblick. Hierbei handelt es sich um einen barrierefreien und multimedial gestalteten Turm, bei dem auch mit Augmented-Reality-

via Tipp

Neanderthal Museum
Das Neanderthal Museum schreibt sich mit h, weil das Tal vor der Rechtschreibreform des Jahres 1901 so geschrieben wurde.
Talstr. 300
40822 Mettmann
Tel. (0 21 04) 9 79 70
www.neanderthal.de
Museum und Fundstelle
Di–So 10–18 Uhr
Erw. 11 €, Kinder 6,50 €

Wildgehege Neandertal
Das Wildgehege kann unabhängig vom Museum besichtigt werden.
Neanderstr. 85
40822 Mettmann
Tel. (0 21 04) 98 03 50
www.wildgehege-neandertal.de

Technologie ein Blick in die Steinzeit geworfen wird. Gekennzeichnet sind außerdem die Fundorte von drei verschiedenen Neandertalern sowie der Standort der damaligen Höhle. Informationen zu den einzelnen Ausstellungsstücken bekommt man über einen Kopfhörer, den man im Museum erhält. Dieses ist über einen Spazierweg neben dem kleinen Flüsschen Düssel erreichbar. Es dokumentiert auf mehreren Etagen das Leben der Urzeitmenschen und in fünf Themenbereichen die Evolution des Menschen.

Neben dieser Dauerausstellung werden auch Sonderausstellungen gezeigt, z.B. zur Himmelsscheibe von Nebra oder über die ältesten Operationen der Welt.

Wenn man vor dem Museumseingang die Straße überquert und am dortigen Parkplatz vorbeigeht, gelangt man auf den sogenannten Kunstweg. Dieser kann kostenlos begangen werden und zeigt unter dem Motto „MenschenSpuren" verschiedene Skulpturen mitten im Wald.

Über diesen Weg gelangt man auch zur Steinzeitwerkstatt, die nicht nur ein Programm für Kinder bereithält. In der Werkstatt lernt man das Feuermachen ohne Streichhölzer und Feuerzeug und wie man früher mit Pfeil und Bogen auf die Jagd ging.

Gleich neben der Steinzeitwerkstatt beginnt ein einstündiger Rundwanderweg um das **eiszeitliche Wildgehege.** Es wurde durch den Naturschutzverein Neandertal e.V. gegründet und präsentiert Tarpane, Wisente und Auerochsen, die gewissermaßen die Vorfahren unserer heutigen Rinder und Pferde sind.

Nach einem Rundgang um das Wildgehege gelangen wir wieder zur Steinzeitwerkstatt zurück und können den restlichen Kunstweg bis zum Museum an der Düssel entlangspazieren.

Planwagenfahrten durch das Neandertal
Fahrten bis in die Wälder des Bergischen.
Fuhrhalterei Stertenbrink
Goeddinghofer Weg 19
40699 Erkrath
Tel. (02 11) 9 00 78 12
www.fuhrhalterei-stertenbrink.de

Er machte schon vor 40000 Jahren Ausflüge: der Neandertaler

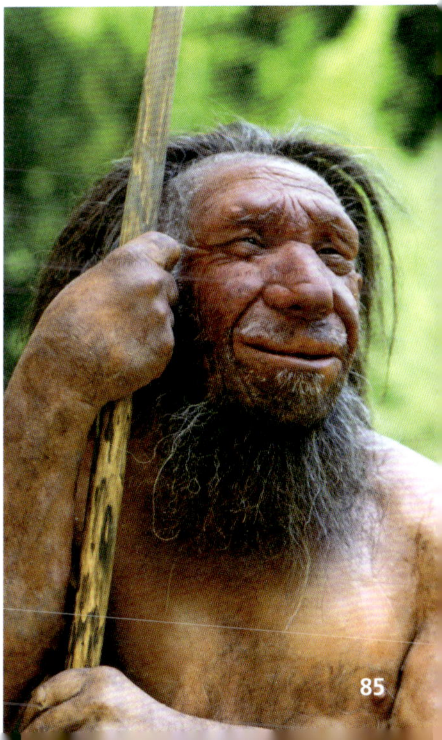

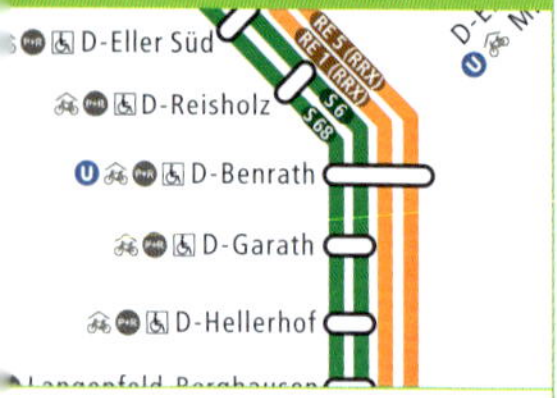

An- und Rückfahrt
Bhf. Düsseldorf-Benrath (S6, S68, RE1 und RE5 ab Düsseldorf Hbf.) oder Straßenbahn 701 ab Düsseldorf Hbf. bis Haltestelle Schloss Benrath

Spaziergang

Dauer
Spaziergang ohne Museumsbesuch ca. 1,5 Std.

Karte ▸ Seite 133

Düsseldorf Schloss Benrath

Von rosa Schlössern und grünen Wäldern

Im Süden der Landeshauptstadt Düsseldorf steht das rosafarbene Lustschloss Benrath. Hinter einem kleinen See gelegen, wirkt das Bauwerk auf den ersten Blick recht bescheiden – doch der Eindruck täuscht.

Auch wenn **Schloss Benrath** beim Näherkommen an manchen Stellen einen etwas vernachlässigten Eindruck macht, so ist das Bauwerk doch eines der wichtigsten der Stadt und steht seit Ende des letzten Jahrhunderts unter Denkmalschutz. Daher wird seit 2022 mit coronabedingter Verzögerung nun intensiv an einer Renovierung gearbeitet.

Erbaut in der zweiten Hälfte des 18. Jahrhunderts, wurde es wenig später zur offiziellen Residenz der Großherzöge von Kleve und Berg, die sich jedoch nur selten im Schloss aufhielten. Im Zweiten Weltkrieg wurde das Gebäude teilweise stark beschädigt. Nachdem die Zerstörungen durch den jahrelangen Wiederaufbau verschwanden, wurde das Schloss zu Repräsentationszwecken genutzt, unter anderem für Staatsempfänge von Königin Elisabeth II. und Michail Gorbatschow.

Im Haupthaus, dem **Corps de Logis**, finden heute wechselnde Ausstellungen statt. Während der geführten Besichtigungen kann man einiges über das Leben im Residenzschloss erfahren. In den beiden Nebengebäuden rund um den Schlossweiher sind zwei Museen eingerichtet: das **Museum für Naturkunde** und das **Museum für Gartenbaukunst.** Doch der Höhepunkt Schloss Benraths ist der waldreiche **Schlosspark** hinter dem Gebäudeensemble, der sich bis zum Rhein erstreckt. Gleich hinter dem Haupthaus führt die Schlossterrasse zu einem auffälligen Weiher, der zwar schmal ist, es aber auf eine Länge von fast 500 Metern bringt. Vom anderen Ende des kleinen Sees kann man sehr schön beobachten, wie sich das Haupthaus im Wasser spiegelt, was dem Teich den Namen Spiegelweiher gab. Geht man am Weiher entlang,

via Tipp

Schloss Benrath
Museum für Europäische Gartenkunst und Museum für Naturkunde.
Benrather Schlossallee 100–106
40597 Düsseldorf
Tel. (02 11) 8 99 38 32
www.schloss-benrath.de
Fr 14–17, Sa und So 11–18, Mo–Di 11–17 Uhr
Museen: jew. 6 €, erm. 4 €

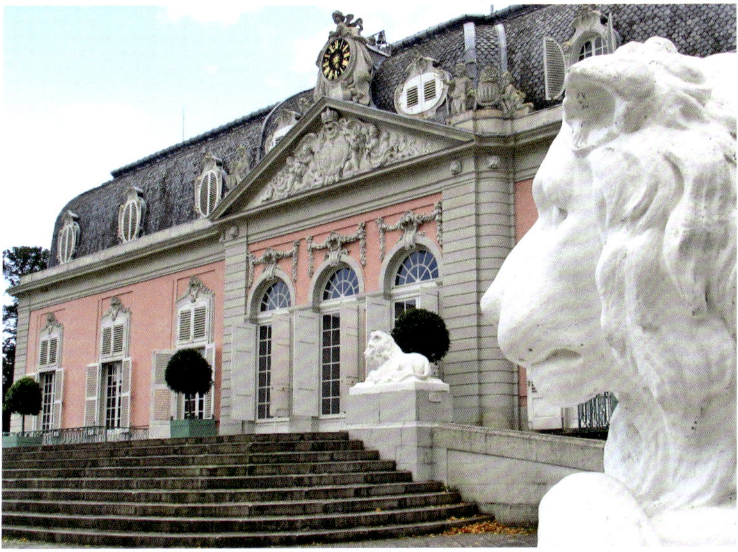

Unter Denkmalschutz: Schloss Benrath beherbergt heute mehrere Museen

so sieht man auf der linken Seite die Orangerie, ein Überbleibsel des einstigen Wasserschlosses aus dem 15. Jahrhundert, das vor dem Bau des Benrather Schlosses an dieser Stelle stand. Nur wenige Meter daneben kann man im Nutzgarten einen kleinen Rundgang machen. Im April 2014 legte man im Innenhof des Westflügels „Elisabeths Garten" an. Er ist Teil des Naturkundemuseums und nur während der Öffnungszeiten zugänglich. In 60 Hochbeeten wachsen regionale, aber auch historische Gemüsesorten. „Elisabeths Garten" ist einer von vier Orten in Düsseldorf, in dem das sogenannte Urban Gardening verwirklicht wurde.

Auf der anderen Seite des Spiegelweihers erhebt sich unübersehbar der einstige **Jagdwald.** Er ist quadratisch angelegt und mit vier Hauptwegen versehen, die sich in der Mitte des Waldes treffen. Dort im Rondell kann man auf einer der Holzbänke Platz nehmen und die Ruhe des Waldes genießen. Gehen wir die Diagonalachse entlang, die sich vom Haupthaus des Schlosses entfernt, so gelangen wir zum südwestlichsten Punkt des Schlossparks. Von hier kann man eine schöne Aussicht auf das Rheinufer und das gegenüberliegende Naturschutzgebiet Zonser Grind genießen.

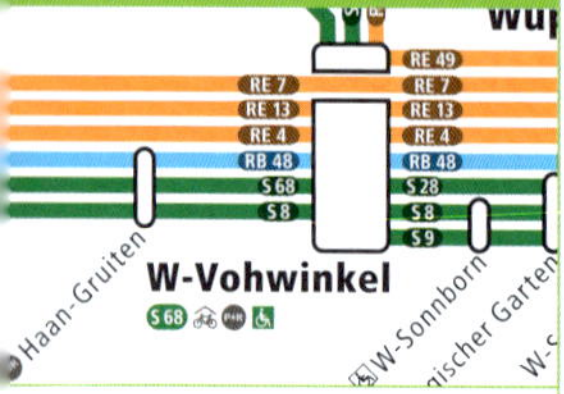

An- und Rückfahrt
Wuppertal-Vohwinkel Schwebebahn (RE4, RE13, S8, S68 ab Düsseldorf Hbf. und 10 Minuten Fußweg vom Bhf. Wuppertal-Vohwinkel)

Schwebebahntour
Stadtbesichtigung

Dauer
35 Minuten Fahrzeit

Karte ▸ Seite 139

Wuppertal Schwebebahntour

Über der Wupper, durch das Tal

Ein besonderes Erlebnis ist eine Fahrt mit der Wuppertaler Schwebebahn. 20 Stationen werden von diesem Wahrzeichen Wuppertals angesteuert, die meisten liegen direkt über dem schmalen Fluss Wupper. Rechts und links der Strecke liegen die Sehenswürdigkeiten der Stadt.

Die **Wuppertaler Schwebebahn** gab es schon, bevor die Stadt unter dem heutigen Namen existierte. Im Jahr 1929 schlossen sich die Städte Barmen und Elberfeld zusammen und nannten sich etwas einfallslos Barmen-Elberfeld. Die einstige Stadt Barmen ist übrigens bis heute als Sitz der Barmer Ersatzkasse bekannt. Ein Jahr nach der Zusammenlegung der beiden Gemeinden erhielt die neue Großstadt nach einer Bürgerbefragung den Namen Wuppertal. Damals fuhr die Schwebebahn schon fast drei Jahrzehnte über der **Wupper** entlang.

Durch diese geschichtliche Besonderheit werden wir auf der Fahrt zwischen den beiden Endhaltestellen Vohwinkel und Oberbarmen Bahnhof zwei Rathäuser und zwei Innenstädte sehen.

Die etwas über 13 Kilometer lange Strecke der Schwebebahn wurde im Jahr 1901 freigegeben. Heute befördert sie rund 75 000 Menschen pro Tag und ist damit die Hauptschlagader des öffentlichen Personennahverkehrs in Wuppertal. Der Name dieses Verkehrsmittels ist eigentlich irreführend, denn natürlich haben die Konstrukteure die Schwerkraft nicht überwunden. Die richtige Bezeichnung müsste Hängebahn lauten. Die Technik unterscheidet sich, streng genommen, nicht von einer herkömmlichen Eisen- oder Straßenbahn: Die Räder der Bahn rollen auf einer durchgehenden Schiene. Der Unterschied besteht nur darin, dass die Waggons der Schwebebahn unter der Schiene eingehängt sind, statt auf ihr zu fahren.

Wuppertaler Schwebebahn
Länge: 13,3 km
Fahrzeit von Endstation zu Endstation: knapp 35 Minuten
Höchstgeschwindigkeit: 60 km/h
20 Bahnhöfe, darunter der Jugendstil-Bahnhof Werther Brücke und der 1999 eröffnete Bahnhof Kluse mit seiner markanten Glas-Stahl-Konstruktion

Die Schwebebahn gilt als eines der sichersten Verkehrsmittel der Welt, dennoch hat es in der

Vergangenheit spektakuläre Unfälle gegeben. Der ungewöhnlichste war wohl, als der Zirkus Althoff einen Elefanten zu Werbezwecken in der Bahn transportieren ließ. Dem Dickhäuter gefiel das allerdings gar nicht und er beendete die Fahrt mit einem Sprung in die Wupper. Das berühmte Bild, das auch heute noch gerne als Andenken verkauft wird, hat es aber nie gegeben – es ist von je her eine Fotomontage gewesen. Im Herbst 2013 kam es zu einem wochenlangen Ausfall der Schwebebahn, als eine Stromschiene auf die darunter verlaufende Bundesstraße und in die Wupper fiel.

Wir starten unsere Schwebebahntour am Bahnhof **Vohwinkel,** der westlichen Endstation. Hier befindet sich auch die einzige Schwebebahnwerkstatt der Welt. Weniger als 100 Meter von dem Haltepunkt entfernt, lohnt ein Gang zum Rathaus des Stadtviertels Vohwinkel. Das prächtige Gebäude aus der Wende zum 19. Jahrhundert ist mit seinem auffälligen Turm und den vier Erkern an jeder Ecke des Turmes nicht zu übersehen.

Auf unseren ersten Metern mit der Schwebebahn gleiten wir über die **Kaiserstraße** hinweg. Auf dieser wird einmal im Jahr am letzten Septemberwochenende der größte Flohmarkt der Welt

Fährt seit 1901: die Wuppertaler Schwebebahn

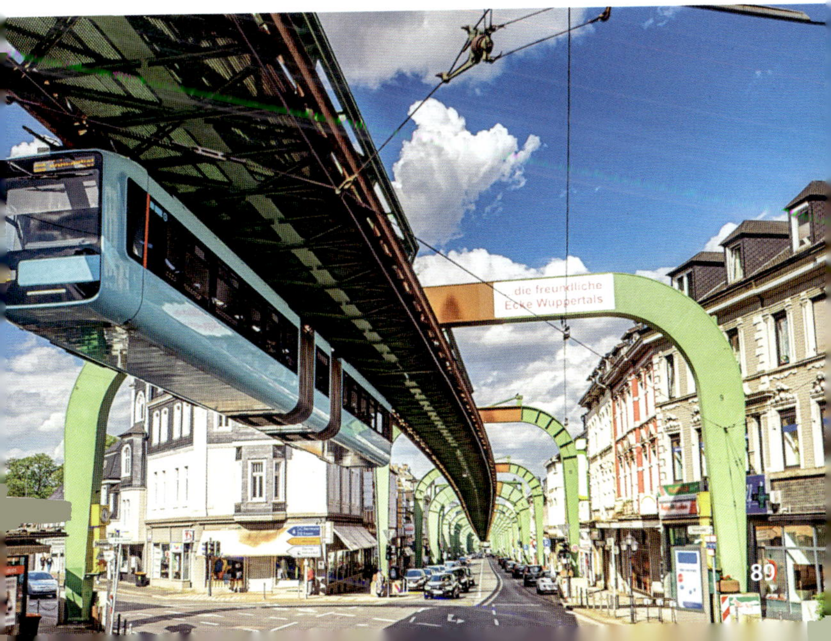

Zoologischer Garten
Das Wappentier des Wuppertaler Zoos ist der Königspinguin.
Hubertusallee 30
42117 Wuppertal
Tel. (02 02) 5 63 36 00
www.wuppertal.de/zoo-wuppertal
Sommer tgl. 9–18, Winter tgl. 9–17 Uhr
Erw. 18,50 €, Kinder 1,70 €
Schwebebahnstation: Zoo/Stadion

veranstaltet. Dieser hat es aufgrund seiner Besucherzahlen sogar bereits zu einem Eintrag in das Guinnessbuch der Rekorde gebracht. Ob als Besucher auf dem Flohmarkt oder als Schwebebahnfahrgast, so oder so passieren wir bald das **Gebhardgebäude** an der Kaiserstraße. Das historische Backsteingebäude aus der zweiten Hälfte des 19. Jahrhunderts diente einer Seidenweberei als Verwaltungssitz, wird heute jedoch überwiegend von kleineren Geschäftslokalen genutzt.

Es folgen die Haltestellen Bruch und Hammerstein und als nächstes überqueren wir das Sonnborner Kreuz, ein Verkehrsknotenpunkt der Autobahn 46 und der Bundesstraße 224. Nach der Haltestelle Sonnborner Straße erreichen wir eine der wichtigsten Sehenswürdigkeiten Wuppertals, den **Wuppertaler Zoo.** Kurz vor der Haltestelle passieren wir jedoch zunächst in einer Linkskurve das Fußballstadion, in dem der Wuppertaler SV zuhause ist, und schweben von diesem Punkt an nicht mehr über Asphalt, sondern über der Wupper. Über die Hubertusallee erreichen wir in rund 300 Metern Entfernung den Haupteingang des Tierparks. Gegründet wurde der Zoo, dessen Wappentier ein Pinguin ist, mit gerade einmal drei

Der Botanische Garten liegt auf einem Hügel über Elberfeld

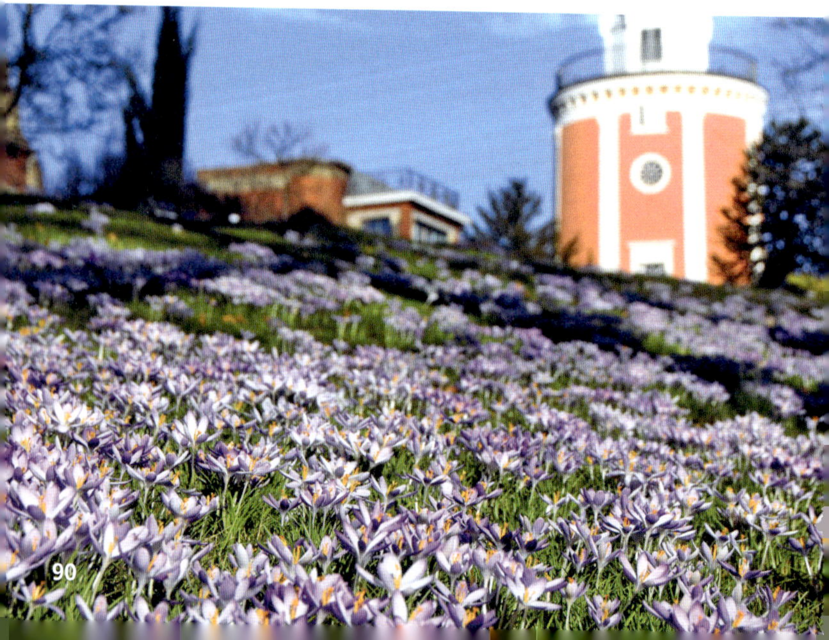

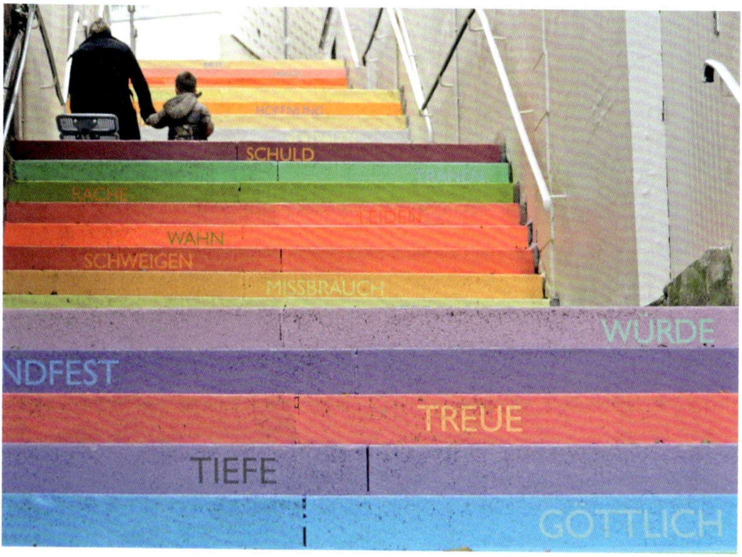

Eine von rund 500 in Wuppertal: die Holsteiner Treppe in Elberfeld

Dutzend Tieren im Jahr 1879. Heute nennen über 5 000 Tiere den Zoo ihr Zuhause.

Zwischen den Haltestellen Varresbecker Straße und Westende erhalten wir das Gefühl, eine Werksbahn der Bayer AG zu sein, denn an den Ufern der Wupper und somit auch neben der Bahnstrecke, erhebt sich das älteste Werksgelände des weltbekannten Chemieunternehmens. Heute ist Bayer zwar untrennbar mit dem Namen Leverkusen verbunden, doch gegründet wurde die Firma in Wuppertal.

Hinter Westende lohnt ein Spaziergang am Nordufer der Wupper, wo wir zu einem weiteren Wahrzeichen der Stadt gelangen. Denn typisch für die sehr hügelige Stadt sind die vielen öffentlichen Treppen, die im gesamten Stadtgebiet fast 9 000 Stufen aufweisen. Die **Vogelsauer Treppe** hat zwar nur 110 Stufen, ist aber ein architektonischer Höhepunkt bei den vielen Stiegen der Stadt. Sie verbindet die Vogelsaue mit der Friedrich-Ebert-Straße, ebenso wie die 200 Meter weiter östlich liegende **Jakobstreppe.** Sie gilt als die längste durchgehende Treppe Wuppertals. Kurz vor der Jakobstreppe können wir an der Haltestelle Pestalozzistraße wieder in die Schwebebahn

Botanischer Garten
Zahlreiche Veranstaltungen.
Elisenhöhe 1
42107 Wuppertal
Tel. (02 02) 5 63 42 06
www.botanischer-garten-wuppertal.de
Freilandbereich:
Apr.–Sep. 7.30–19 Uhr, sonst bis 18 Uhr, im Winter bis 16.30 Uhr
Glashäuser:
Apr.–Sep. 11–18 Uhr, sonst bis 16 Uhr geöffnet
Eintritt frei
Schwebebahnstation: Landgericht

Historisches Zentrum
Museum für Frühindustrialisierung
Hier geht es weniger um die Technik, als vielmehr um die Sozialgeschichte (bis Frühjahr 2024 wegen Umbaus geschlossen).
Engels-Haus
Ausstellung über den Sozialisten Friedrich Engels (1820–1895). Das Gebäude wurde 1775 von seinem Großvater im Stil des bergischen Barock errichtet.
Engelsstr. 10
42283 Wuppertal
Tel. (02 02) 5 63 43 75
www.mi-wuppertal.de
Di–So 10–18 Uhr
Erw. 4 €, Jugendliche bis 14 Jahre 2 €,
Kinder bis 5 Jahre frei
Schwebebahnstation: Adlerbrücke

einsteigen. Hinter dem Haltepunkt Robert-Daum-Platz sehen wir auf der rechten Seite die sogenannte **Schwimmoper** mit ihrer beeindruckenden Glasfassade, die ein öffentliches Schwimmbad beherbergt. Gleich daneben erhebt sich das historische Gebäude der Stadthalle.

Als nächstes erreichen wir das Stadtzentrum von **Wuppertal-Elberfeld.** Mit seinen Geschäften und Fußgängerzonen unterscheidet es sich aber kaum von anderen Stadtzentren. Gesehen haben sollte man jedoch das Rathaus von Elberfeld. Es wurde zusammen mit der Schwebebahn von Kaiser Wilhelm II. eingeweiht und ist bis heute ein imposanter Anblick am Nordrand des Neumarktes. Durch die Zusammenlegung mit Barmen hat es seine Funktion als Rathaus verloren und dient fortan nur noch als Verwaltungsgebäude. Sehenswert ist auch die **Luisenstraße**, die in der Nähe des Neumarktes beginnt. In den klassizistischen Gebäuden haben sich Cafés und Kunsthandwerksläden angesiedelt.

In der Poststraße steht das **Wuppertaler Uhrenmuseum.** Es enthält circa 2000 Exponate. An der Fassade des Gebäudes ertönt viermal täglich ein Glockenspiel. An der Ecke Post- und Schwanenstraße zeigt die ungewöhnliche Drei-Räder-Uhr die Zeit an. Zeit wird es auch, wieder in die Schwebebahn einzusteigen und die Haltestellen Kluse und Landgericht anzusteuern. Letztere bringt uns zum **Botanischen Garten,** der sich auf einem Hügel rund 90 Meter oberhalb der Wupper befindet. Direkt neben den zahlreichen exotischen Pflanzen steht der Elisenturm. Von dem Aussichtsturm hat man einen weiten Blick aufs Tal, zum Beispiel zur Bergischen Universität, die sich am südlichen Wupperufer befindet. Ebenfalls südlich der Wupper, aber drei Haltestellen später (Völklinger Straße, Loher Brücke, Adlerbrücke), erreichen wir das Historische Zentrum mit dem **Engels-Haus** und dem **Museum für Frühindustrialisierung.** Das Museum thematisiert die sozialen und technischen Veränderungen der Zeit von 1780 bis 1850 im Wuppertaler Raum.

Im Engels-Haus wird das Leben von Friedrich Engels dokumentiert, einem Mitbegründer des wissenschaftlichen Sozialismus.

Mit der Haltestelle Alter Markt befinden wir uns schließlich im **Zentrum** von Wuppertal-Barmen. Auch dieses ist von Geschäften und Einkaufszentren geprägt. Weniger spektakulär als das Elberfelder Rathaus präsentiert sich das klassizistische **Rathaus von Barmen,** erbaut 1923. Auf dem Rathausplatz steht ein Bronze-Brunnen (1981) von Bert Gerresheim, der die wechselvolle Geschichte der Stadt reliefartig darstellt. Von hier ist es nicht weit zum Barmener Brauhaus, das ursprünglich als Badeanstalt gegründet wurde, heute jedoch die größte Theke der Stadt anstelle eines Schwimmbeckens beherbergt. Hier kann man vor Vollendung der Schwebebahnfahrt zwischen einem hellen und einem dunklen Wupperbier, selbstverständlich selbst gebraut, wählen.

Als Abschluss steuern wir nun noch die letzten drei Haltestellen mit den Bezeichnungen Werther Brücke, Wupperfeld und Oberbarmen an, wobei besonders die Haltestelle Werther Brücke mit ihrem Jugendstilbahnhof noch einen Blick wert ist.

Wuppertaler Brauhaus
Mit Biergarten, in einem ehemaligen Schwimmbad.
Kleine Flurstr. 5
42275 Wuppertal
Tel. (02 02) 25 50 50
www.wuppertaler-brauhaus.de
Di–Fr 17–24 Uhr,
Sa und So 12–24 Uhr
Schwebebahnstation: Alter Markt

Die „Wuppertaler Altstadt“: die gemütliche Luisenstraße in Elberfeld

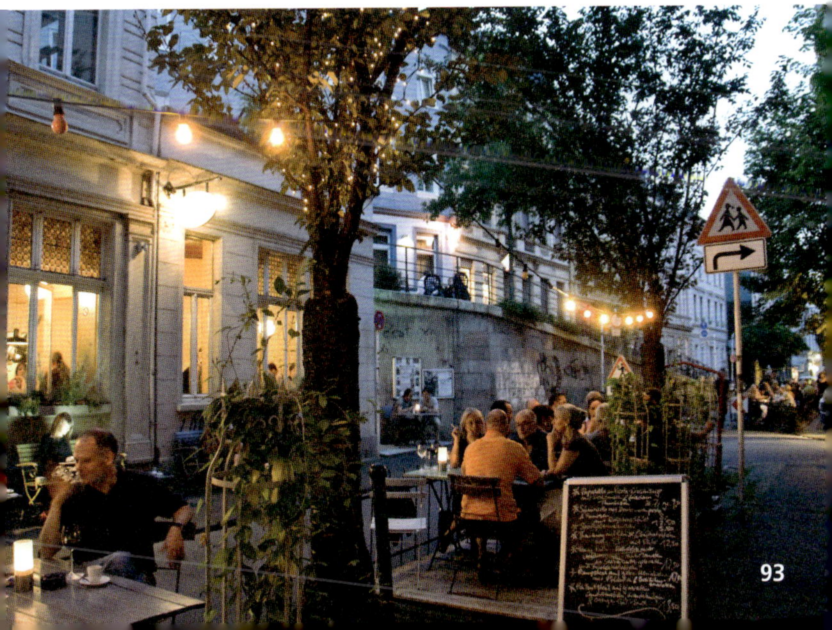

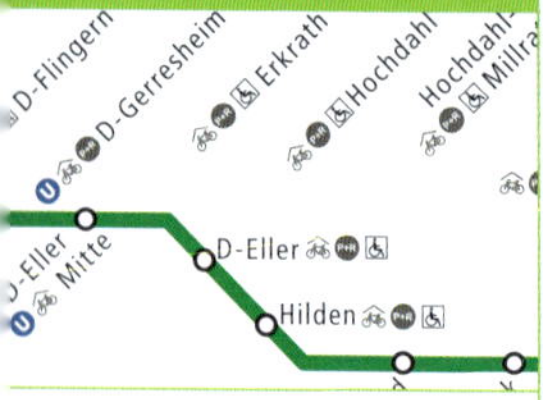

An- und Rückfahrt
Bhf. Düsseldorf-Eller (S1 ab/bis Düsseldorf Hbf.)

Spaziergang

Länge
ca. 10 km

Karte ▸ Seite 133

Rund um den Unterbacher See

Grünes Idyll am Wasser

Bei einem Spaziergang in Düsseldorfs Südosten geht es einmal um die grüne Oase des Unterbacher Sees mit der Möglichkeit, die Wanderung mit einem Rundweg um das Naturschutzgebiet Elbsee auszuweiten.

Schon beim Verlassen der S-Bahn treffen wir mit dem **Kultur Bahnhof Eller**, einer „Kunst-Station", auf die erste Sehenswürdigkeit: Ein charmantes, altes Bahnhofsgebäude wurde hier zu einer Veranstaltungs- und Ausstellungshalle umgebaut.

Wir unterqueren anschließend die Gleise, um gleich halbrechts die Stufen hinaufzugehen. Am Supermarkt biegen wir rechts auf die Straße Am Kleinforst ab und gehen am Sportplatz entlang. Wenige Meter hinter dem Sportgelände tauchen wir in einen Wald ein und genießen fortan unseren Spaziergang durchs Grüne.

Der Wald gehört zum **Naturschutzgebiet Forst Eller**, das bereits 1954 eingerichtet wurde. Am ersten Rastplatz wenden wir uns nach links und folgen dem Weg tiefer in den Forst hinein. Am nächsten überdachten Picknickplatz besteht für die kleinen Begleiter die Möglichkeit eines Spielplatzbesuchs. Wir biegen nach rechts ab, passieren ein Waldklassenzimmer, das von Schulen als „Grünes Klassenzimmer" genutzt wird und treffen auf den Kikweg, der parallel zum Unterbacher Graben verläuft. Am Unterbacher Graben gehen wir nach rechts und überqueren ihn an der ersten Möglichkeit, um auf dem kurvigen Waldweg schließlich das Ufer des Unterbacher Sees zu erreichen.

Der **Unterbacher See** ist kein natürliches Gewässer, sondern entstand im letzten Jahrhundert durch Auskiesung als Baggersee. Die Baggerarbeiten wurden in den 1970er Jahren eingestellt, doch schon zuvor entstanden am Ufer Freizeiteinrichtungen wie die Strandbäder, Minigolfplätze und ein Ruderbootverleih.

Auf dem Weg Kleiner Torfbruch werfen wir zunächst noch einen Blick auf die Obstwiese des

Kultur Bahnhof Eller
Zahlreiche Veranstaltungen.
Vennhauser Allee 89
40229 Düsseldorf
Tel. (02 11) 2 10 84 88
www.kultur-bahnhof-eller.de
Di–So 15–19 Uhr

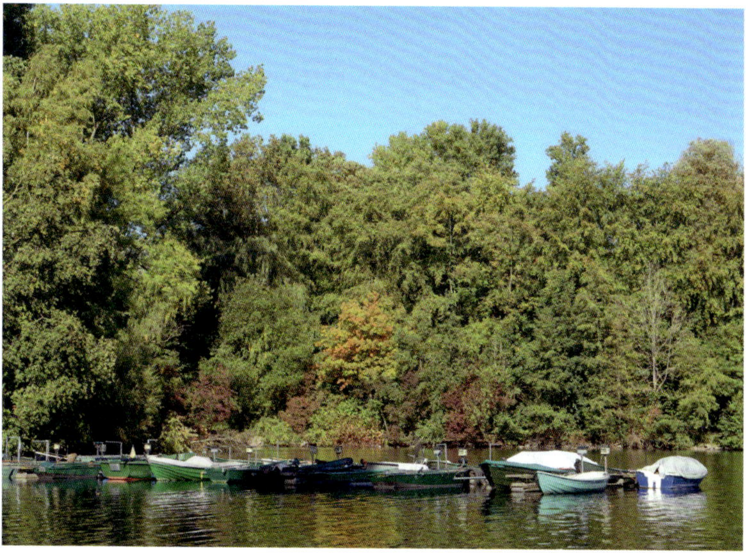

Am Unterbacher See kann man spazieren, Boot fahren oder baden gehen

NABU, bevor wir den Düsseldorfer Segelclub passieren und am Se[h]restaurant die Gelegenheit zu einer Einkehr haben. Auf dem weiteren Weg der Seeumrundung folgen der Campingplatz, das Strandbad Nord und der dazugehörige Großparkplatz.

Gleich dahinter sind wir wieder im Grünen und orientieren uns auf dem Weg immer am Seeufer. An der Südseite des Sees werden wir wenig später vom Eselsbach begleitet, der später in die Düssel münden wird. Ganz automatisch erreichen wir das Strandbad Süd. Hier können wir nicht nur bequem am Ufer weiterwandern, sondern auch unsere Kletterfähigkeiten in einem Hochseilgarten austesten. Außerdem besteht die Möglichkeit, am dortigen Parkplatz die Autobahn 46 zu unterqueren. So erreicht man das **Naturschutzgebiet Dreiecksweiher** und kann nun den **Elbsee** umrunden, der ebenfalls als Naturschutzgebiet ausgewiesen wurde. Auch der Elbsee entstand durch Baggerarbeiten, wurde jedoch erst vor wenigen Jahren fertig- und unter Naturschutz gestellt.

Hinter dem Hochseilgarten erreichen wir wieder den Eller Forst, durchqueren diesen und gelangen zu unserem Ausgangspunkt zurück.

Se[h]restaurant am Bootshafen
Deftige Küche direkt am Wasser.
Kleiner Torfbruch 31
40627 Düsseldorf
Tel. (02 11) 2 01 39
www.sehrestaurant.de
tgl. ab 10 Uhr geöffnet

Hochseilgarten Düsseldorf
Ein Abenteuerspielplatz in luftiger Höhe mit Riesenschaukel und Seilrutsche.
Am Kleinforst 260
40627 Düsseldorf
Tel. (02 11) 47 47 67 80
www.hochseilgarten-duesseldorf.de
Programme ab 32 € bzw. 22 € für Kinder ab 12 Jahren

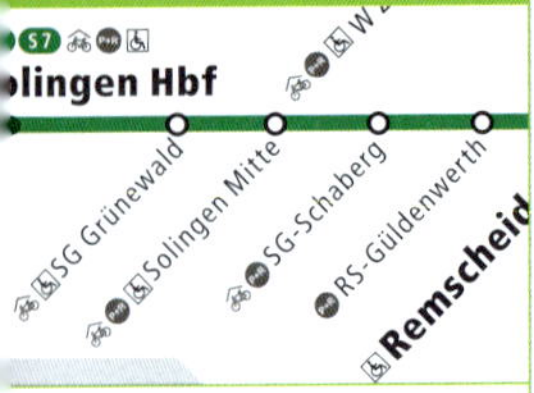

Anfahrt
Bhf. Solingen-Schaberg (S1 ab Düsseldorf Hbf. bis Solingen Hbf., dann S7)

Wanderung
Solingen-Schaberg – Müngstener Brücke – Schloss Burg

Länge
Müngstener Brücke – Burg: 4 km
Burg – Bhf. Solingen-Schaberg: 7 km

Rückfahrt
Im Sommerhalbjahr Buslinie 687 zwischen Schloss Burg und Solingen Müngsten Brückenpark, Sa/So stündlich
sonst: Bus 266 bis Solingen Burger Bahnhof, dann Bus 683 bis Bhf. Solingen-Mitte, S7 bis Solingen Hbf. und S1 bis Düsseldorf Hbf.

Karte ▸ Seite 142

Solingen Müngstener Brücke

Über Berg und Tal

Diese Tour führt uns zur berühmten Müngstener Bücke, die in luftiger Höhe die Wupper überspannt. Von hier aus bietet sich eine Wanderung durch das wild-romantische Bachtal der Wupper nach Schloss Burg an.

Vom Bahnhof in Solingen-Schaberg geht es erst einmal abwärts – ins Tal der Wupper. Dort angekommen, darf man staunen: In 107 Metern Höhe spannt sich die **Müngstener Brücke** über den Fluss. Die höchste Eisenbahnbrücke Deutschlands besteht aus 5000 Tonnen Eisen und Stahl und wirkt doch ganz filigran. Erbaut wurde sie im Jahr 1897, um die beiden bergischen Städte Remscheid und Solingen miteinander zu verbinden. Dadurch konnte die Bahnstrecke von 44 Kilometern auf acht Kilometer verkürzt werden. Der Bau der 465 Meter langen Konstruktion dauerte fünf Jahre und war eine technische Meisterleistung.

Ein imposanter Anblick, erst recht, wenn man genau unter der Brücke steht oder in einer der Liegebänke Platz nimmt, die im gesamten Tal zur Wanderpause einladen. Selbst Kaiser Wilhelm II. gab sich die Ehre und besuchte die Brücke Ende des 19. Jahrhunderts, wie eine Tafel am Wegesrand verrät. Damals trug sie noch den Namen „Kaiser-Wilhelm-Brücke“, allerdings nicht zu Ehren von Wilhelm II., sondern seines Großvaters Wilhelm I. Wer das Tal von oben sehen und mit der Bahn über die Brücke fahren möchte, benutzt die Regionalbahn 47 zwischen Remscheid und Solingen, auch „der Müngstener“ genannt.

Zum 100-jährigen Bestehen der Brücke 1997 wurde der Verhüllungskünstler Christo darum gebeten, doch auch die Müngstener Brücke unter einem riesenhaften Tuch verschwinden zu lassen. Dieser erklärte sich allerdings nicht dazu bereit. Er begründete seine Ablehnung damit, nichts zweimal zu tun, schließlich habe er schon einmal eine Brücke verhüllt (Pont Neuf in Paris). Hätte er zugesagt, wäre sowieso zu befürchten gewesen, dass eine Verhüllung der mächtigen Müng-

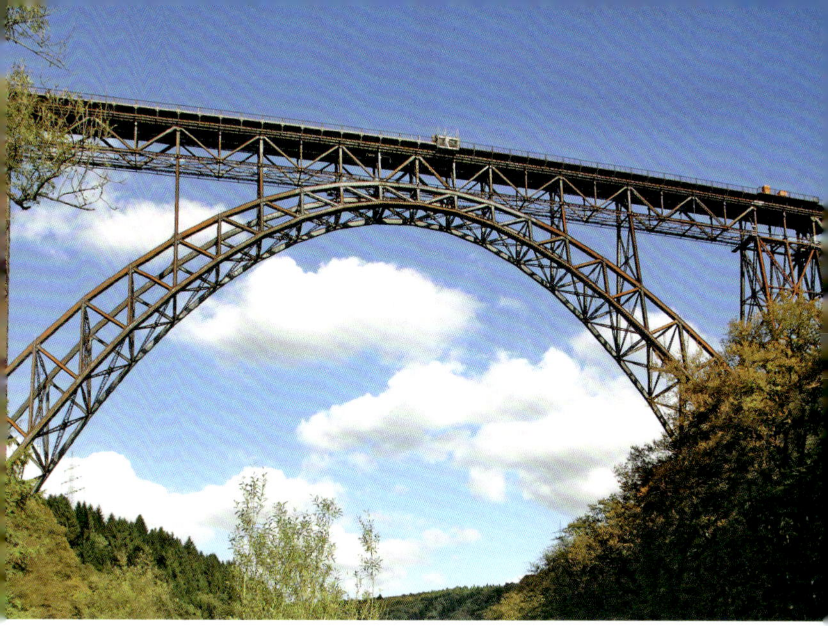

Die Müngstener Brücke ist 107 Meter hoch

stener Brücke dem Wind nicht lange standgehalten hätte. Bis zum Jahr 2016 soll sie außerdem komplett saniert werden, bis dahin muss immer wieder mit Sperrungen für die Deutsche Bahn gerechnet werden.

Vom **Müngstener Brückenpark**, der im Jahr 2006 angelegt wurde, führt der Weg weiter an der Wupper entlang. Vorbei an der Minigolfanlage, gelangt man zu einer Schwebefähre, die langsam über die Wupper gleitet. Die Fähre ist eine Plattform, die an zwei Stahlseilen hängend wie eine Draisine von den Fahrgästen bedient werden muss. Sie ist an dieser Stelle die einzige Möglichkeit, die Wupper zu überqueren. Eigentlich müsste man sie aufgrund ihrer Konstruktion ja „Hängefähre“ nennen. Aber weil man in der Fähre das Gefühl hat, schwerelos über das Wasser zu schweben, wurde sie wohl Schwebefähre getauft.

Am anderen Flussufer teilt sich der Wanderweg nach wenigen Metern. Gehen wir links bergauf, so kommen wir erneut unter der Müngstener Brücke entlang (schöne Perspektive) und erreichen eine kleine Kapelle. Von hier aus hat man ebenfalls einen herrlichen Blick über das Tal. Entscheidet man sich am Abzweig für den rechten Weg, dann gelangt man nach drei Kilometern

Müngstener Brücke
Wer in der S7 bei der Anreise sitzen bleibt, genießt die Überquerung der Brücke bis Remscheid-Güldenwerth.
Müngstener Brückenweg 71
42659 Solingen-Müngsten
www.brueckenpark-muengsten.de

Schwebefähre über die Wupper
Die Schwebefähre braucht etwa drei Minuten.
Tel. (02 12) 2 44 36 85
ganzjähriger Fährbetrieb,
Sommer 11–18,
Winter Sa/So 11–17 Uhr
Erw. 1 €, Kinder 0,50 €
keine Überfahrt möglich bei starkem Regen, Frost und Temperaturen über 28 °C.

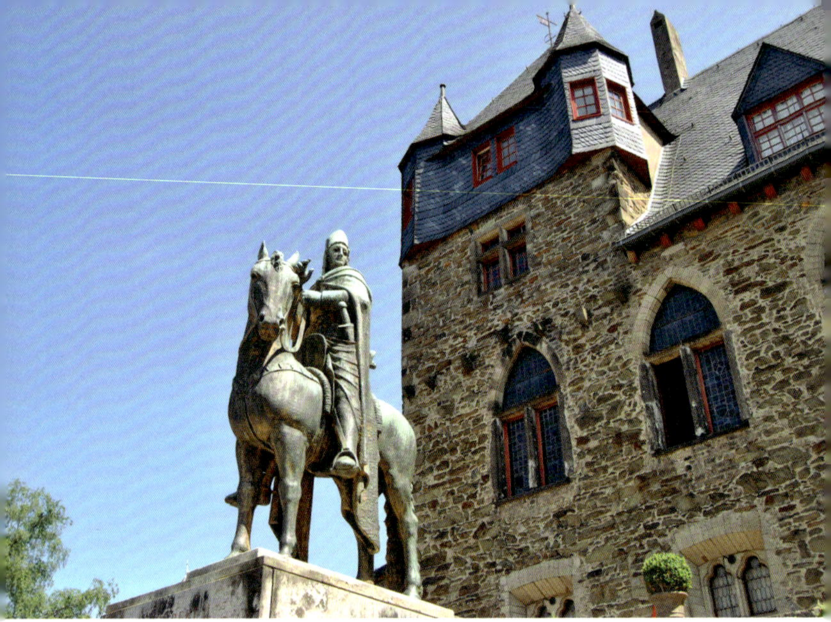

Bewacht Schloss Burg: das Reiterstandbild des Grafen Engelbert II.

Schloss Burg
Das Original erhob sich bereits im 12. Jahrhundert.
Schlossplatz 2
42659 Solingen-Burg
Tel. (02 12) 2 42 26 26
www.schlossburg.de
Apr.–Okt. Di–So 10–18 Uhr, Nov.–März 10–17 Uhr, in den NRW-Ferien auch Mo
Erw. 5,50 €, Kinder 3 €
Hunde nicht erlaubt

Seilbahn Schloss Burg
Die erste Personenseilbahn in Nordrhein-Westfalen!
Hasencleverstr. 2
42659 Solingen
Tel. (02 12) 4 22 64
www.seilbahn-burg.de
Di–Fr 11–16.45 Uhr, Sa und So 10–17.45 Uhr
einfache Fahrt 3 €,
Hin- und Rückfahrt 5 €

zum Schloss Burg. Der merkwürdige Name steht für ein Schloss im Solinger Stadtteil **Burg**, bei dem es sich auch tatsächlich um eine Burganlage handelt. Auf einem Hügel thront das mächtige Schloss der Grafen von Berg, dessen Anfänge im 12. Jahrhundert liegen und das zu Beginn des letzten Jahrhunderts wiederaufgebaut wurde. Heute ist Schloss Burg die größte rekonstruierte Burganlage Westdeutschlands.

Burg selbst teilt sich wiederum in zwei kleinere Ortsteile auf. Unterburg liegt direkt an der Wupper und ist für die meisten Anreisenden der erste Anlaufpunkt. Abgesehen von mehreren gastronomischen Betrieben hält man sich hier allerdings nicht lange auf, sondern macht sich auf den Weg in das 100 Meter höher gelegene Oberburg, wo sich die Schlossanlage befindet

Um **Schloss Burg** zu erreichen, kann man vom Ufer der Wupper steil bergauf wandern oder einen Sessellift nutzen. Die Seilbahn Burg wurde 1952 als erste Seilbahn Nordrhein-Westfalens in Betrieb genommen. Seither hat sie schon 14 Millionen Fahrgäste den Schlosshügel hinauf- und hinuntergebracht. Oben angekommen, findet man neben der Bergstation den ehemaligen Pfarrgarten, in dem eine 250 Jahre alte Kaiserlinde steht.

Regelmäßig werden auf dem Schlossgelände Ritterspiele und Mittelaltermärkte veranstaltet. So oder so weht ein Hauch von Mittelalter über den Schlossplatz und die dazugehörigen Bauwerke.

Im Inneren von Schloss Burg befinden sich das **Bergische Museum** sowie eine Gedenkstätte des ehemaligen deutschen Ostens und der Vertreibung. Im Bergischen Museum kann man einige historische Räume von Schloss Burg besichtigen, darunter den Ritter- und den Ahnensaal, die Kapelle, die Rüstkammer und die Kemenate. Wandgemälde zeigen das Leben auf der Burg wie es früher war. Außerdem gibt es eine Ausstellung zur Bergischen Wohnkultur, verschiedene Sammlungen (die neueste ist die historische Sammlung von Märklin-Eisenbahnen) und vieles zu sehen.

Eine Spezialität von Solingen-Burg ist die Burger Brezel, die man vor dem Schloss erwerben kann. Die Brezel ist ein Süßgebäck und wird traditionell schon seit zwei Jahrhunderten in Burg hergestellt. Man kann sie sich wie ein Lebkuchenherz an einem Band um den Hals hängen. Im Stadtteil Unterburg wurde zu Ehren der Brezelbäcker sogar ein Denkmal errichtet.

Café Kalkum
Vor dem Schloss,
mit Brezelverkauf.
Wermelskirchener Str. 4
42659 Solingen-Burg
Tel. (02 12) 4 43 27
www.kalkum-schlossburg.de
Mo 12–18 Uhr, Di–Mi und Sa–So 10–18 Uhr, Do und Fr geschl.

Wie aus dem Bilderbuch: Schloss Burg beheimatet heute ein Museum

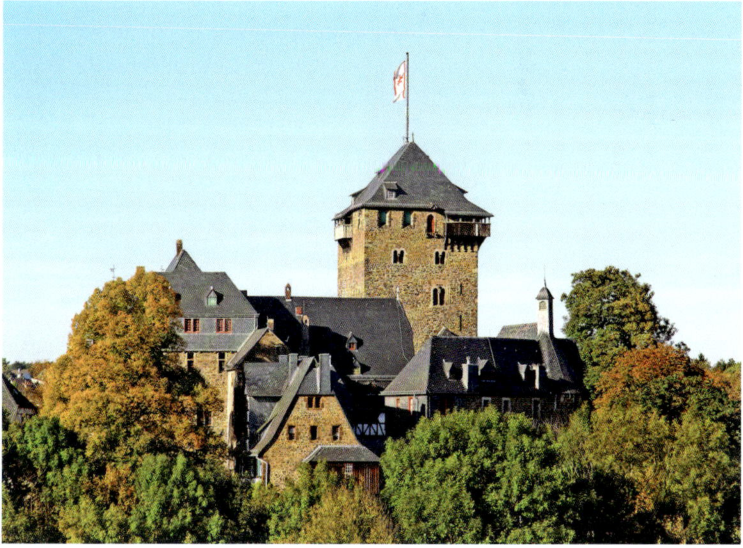

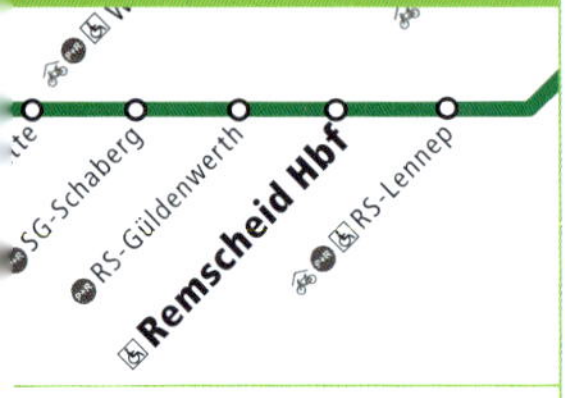

An- und Rückfahrt
Bhf. Remscheid-Lennep (RE13 oder RE 4 ab Düsseldorf Hbf. bis Wuppertal Oberbarmen, dann S7)

Rad- oder Wandertour
Remscheid-Lennep – Wuppertalsperre – Hückeswagen

Länge
ca. 30 km hin & zurück

Rückfahrt alternativ
Ab Hückeswagen Bus 336 stündlich nach Bhf. Remscheid-Lennep

Karte ▸ Seite 142

Remscheid-Lennep Hückeswagen

Radeln mit Durchblick

Diese Radtour bringt uns nicht nur von einer sehenswerten Altstadt in die nächste, sie führt uns auch in die grüne Natur des Bergischen Landes und zur Wuppertalsperre. Wer will, beginnt den Ausflug mit einem Besuch in einem Museum, das über einen gebürtigen Remscheider informiert, der weltberühmt wurde.

Am Bahnhof von **Remscheid-Lennep** geht es halbrechts in die Bahnhofstraße, an deren Ende wir links abbiegen um nach Überquerung der Poststraße halblinks über die Wetterauer Straße in die hübsche **Altstadt** von Lennep zu gelangen.

Damit befinden wir uns mitten in einer Kulisse des so genannten Bergischen Barocks. Dieser Begriff bezeichnet die Verschmelzung der für die Region typischen Lehmfachwerkbauweise mit barocken Formen. Über einhundert Gebäude der Lenneper Altstadt stehen unter Denkmalschutz. Die meisten davon sind in der zweiten Hälfte des 18. Jahrhunderts entstanden, da fast die gesamte Stadt im Jahr 1746 durch ein Feuer vernichtet wurde.

Am **Alten Markt** befindet sich auch der zentrale Kirchplatz mit dem dazugehörigen Gotteshaus. Der Kirchturm ist noch ein Überbleibsel der alten mittelalterlichen Bebauung, seine markante, das Lenneper Stadtbild prägende barocke Turmhaube erhielt er erst später.

Über die Berliner und Schwelmer Straße erreichen wir das **Conrad-Röntgen-Museum.** Es ist dem Mann gewidmet, der 1845 in Lennep geboren wurde und die nach ihm benannte Röntgenstrahlung entdeckte. Obwohl seine Familie bereits drei Jahre später die Stadt verließ, ehrt man ihn durch dieses Museum. Auf über 2000 Quadratmetern befasst sich das Museum nicht nur mit dem Leben Conrad Röntgens, sondern zeigt auch diverse Apparaturen, mit denen sich heute sicherlich niemand mehr durchleuchten lassen möchte.

Um die Altstadt zu verlassen, radeln wir südostwärts und biegen links in die Mühlenstraße

Conrad-Röntgen-Museum
Jeden Sonntag findet um 15 Uhr eine Führung statt.
Schwelmer Str. 41
42897 Remscheid
Tel. (0 21 91) 16 33 84
www.roentgenmuseum.de
Di–So 10–17 Uhr
Erw. 5 €, Kinder und Jugendliche frei

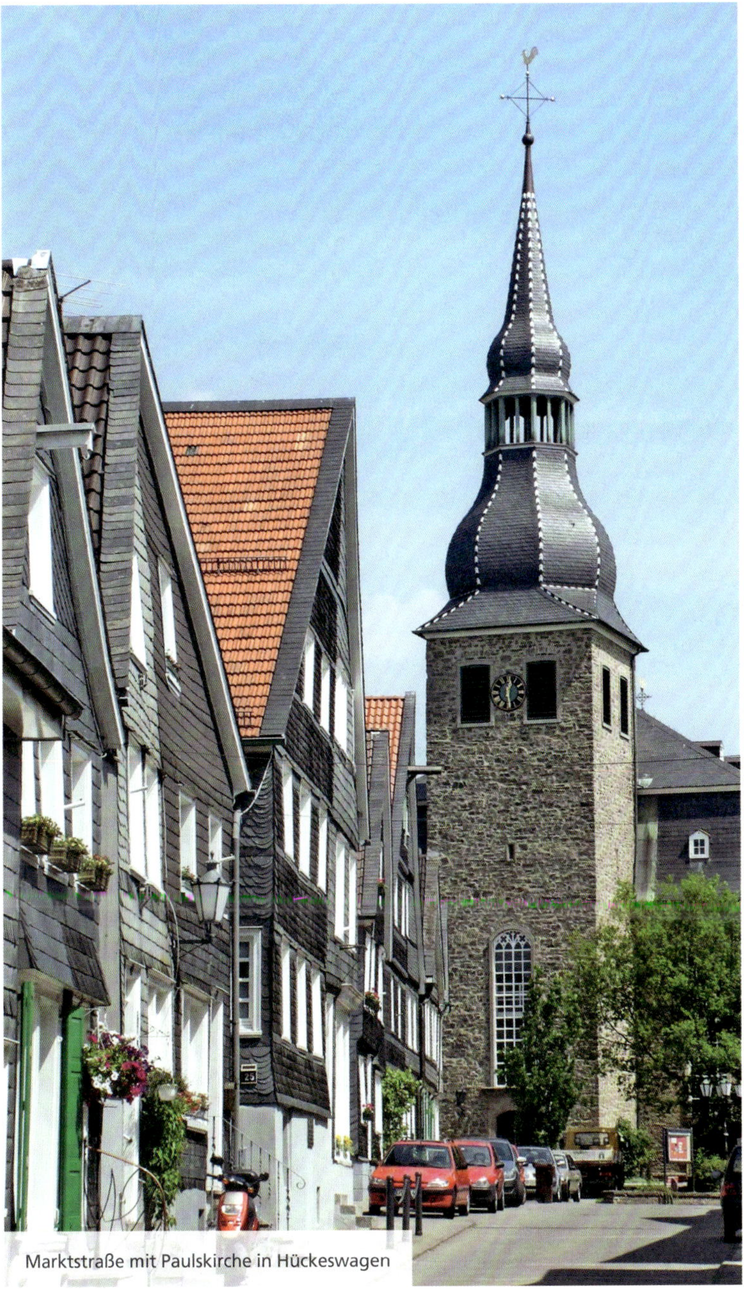
Marktstraße mit Paulskirche in Hückeswagen

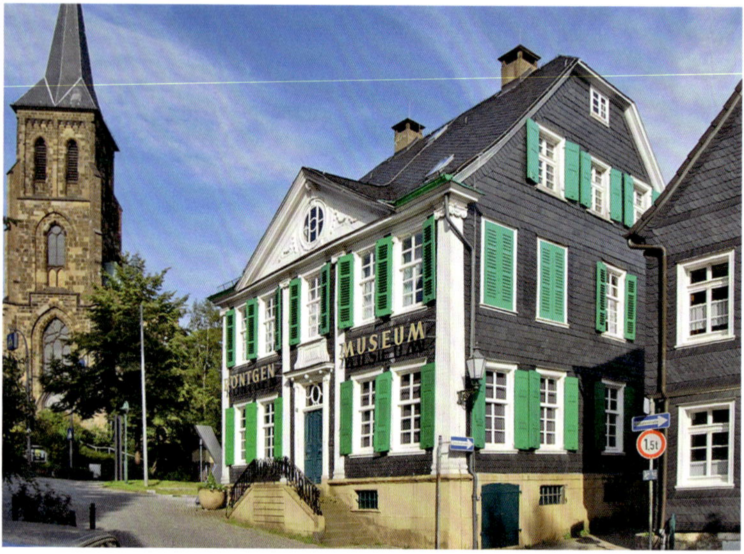

Museum mit Durchblick in Remscheid-Lennep

ein. Hinter dem Gartenfachmarkt nutzen wir die erste Möglichkeit, um die Hauptstraße rechts (Neuenteich) zu verlassen. Sodann biegen wir links ab (Färberweg) und radeln weiter bis auf der linken Seite ein Abzweig erscheint. Diesem Weg (Talsperrenweg) folgen wir bis zur **Panzertalsperre** mit ihrer unter Denkmalschutz stehenden Staumauer. Wir umrunden den Stausee im Uhrzeigersinn noch nicht einmal bis zur Hälfte und biegen erneut links ab. Dabei überqueren wir den Bauernhof Repsloh und radeln anschließend abermals nach links. Wir befinden uns hier im Feldbachtal und lauschen dem kleinen Wasserlauf namens Feldbach rechts neben uns. Nach einer Rechtskurve wird das Gewässer größer und plötzlich befinden wir uns an der **Wuppertalsperre.** Diese wurde in den 1980er Jahren errichtet. Bei der Stauung der Wupper wurden damals mehrere kleine Ortschaften überflutet – Tauchsportler haben heute ihre Freude daran.

Wir folgen dem Verlauf des Radwegs am südlichen Ufer entlang und müssen nach Überquerung eines kleinen Staudamms etwas kräftiger in die Pedale treten, da es steil bergauf geht. Durch dichten Wald radelnd erreichen wir den Ortsteil

Heimatmuseum Hückeswagen
Der Eintritt in das Heimatmuseum Hückeswagen ist frei!
Auf'm Schloss 1
42499 Hückeswagen
Tel. (0 21 92) 93 52 04
So 11–13 Uhr,
jeden 1. Sa im Monat
14.30–16.30 Uhr

Dürhagen, der bereits zu Hückeswagen gehört, und halten uns am Ende wieder rechts. Auf einem schönen Uferradweg passieren wir den Aussichtspunkt Am Bilstein, von dem man einen schönen Blick auf die Wuppertalsperre hat. Hier stehen auch die Überreste einer Ringwallanlage aus dem frühen Mittelalter.

Weiter auf dem Uferradweg erreichen wir später die Wuppervorsperre, auf der wir die Flussseite wechseln. Nach einer weiteren Brückenüberquerung haben wir das kleine Städtchen **Hückeswagen** erreicht und folgen dort der Beschilderung in den historischen Stadtkern. Dieser wird von **Schloss Hückeswagen** geprägt, das sich auf einem kleinen Hügel erhebt und einen markanten Turm sein eigen nennt. Die ehemalige Burganlage wurde im 12. Jahrhundert das erste Mal erwähnt, der Turm stammt aus dem 13. Jahrhundert. Heute ist im Schloss das Heimatmuseum der Stadt untergebracht. Nebenan steht die evangelische Pauluskirche, die im Jahre 1783 als Neubau für die bei einem Feuer stark beschädigte Nikolauskirche errichtet wurde.

Restaurant Kö3
Altstadtlokal mit rustikaler Küche.
Kölner Str. 3
42499 Hückeswagen
Tel. (0 21 92) 15 80
www.koe3.de
Mo–Sa ab 17 Uhr

Im Schloss Hückeswagen befindet sich heute das Heimatmuseum

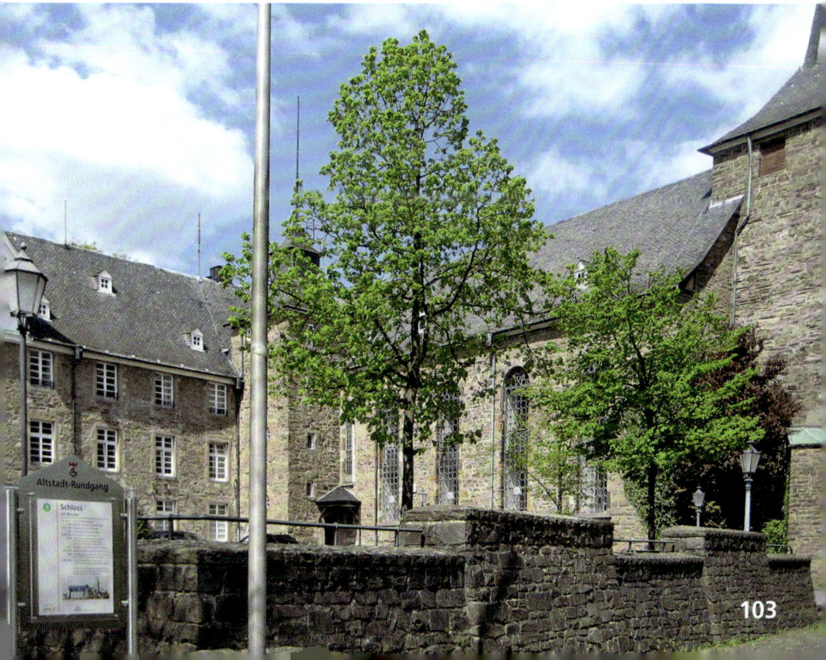

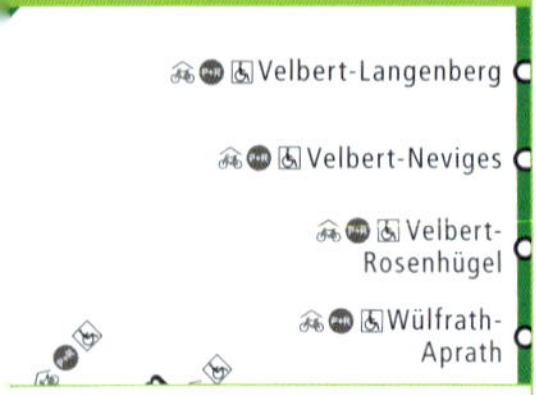

An- und Rückfahrt
Bhf. Velbert-Neviges Markt/Bahnhof (S8, S28, RE4 ab Düsseldorf Hbf. bis Bhf. Wuppertal-Vohwinkel, dann S9)

Rad- oder Wandertour
Velbert-Neviges – Velbert Mitte

Länge
9 km

Rückfahrt alternativ
Haltestelle Velbert Parkstraße (Bus 169 bis Essen Werden, dann S6)

Karte ▸ Seite 128

Velbert Schloss Hardenberg

Klein, aber fein

Dass Ausflüge ins Grüne nicht immer kostspielig oder mit großen Attraktionen verbunden sein müssen, beweist ein Ausflug nach Velbert.

Ausstieg in **Velbert-Neviges**: Der schön gelegene Ort hat einen historischen Stadtkern aus bergischen Fachwerkhäusern rund um die alte evangelische Stadtkirche. Auch ein Schloss und eine Burg gibt es: **Schloss Hardenberg** ist ein barockes ehemaliges Wasserschloss. Es geht auf eine Gründung der Herren von Hardenberg zurück und wurde Ende des 17. Jahrhunderts zu seiner heutigen Form umgebaut.

Die Anlage besteht aus dem Hauptschloss und einer südlich davon gelegenen Vorburg, die von einer Parkanlage umgeben sind. Die Ursprünge des Schlosses liegen in der zweiten Hälfte des 13. Jahrhunderts. Heute ist Schloss Hardenberg ein Museum und Aufführungsort für Theater und Konzerte. Die Vorburg wird zur Zeit allerdings restauriert. Ein bereits renovierter Teil beherbergt eine Galerie. Die Restaurierungsarbeiten schränken den Besuch jedoch stark ein. Sie sollen voraussichtlich im Jahr 2014 abgeschlossen sein.

Etwa 500 Meter südwestlich stehen die Überreste von **Burg Hardenberg** auf einem Hügel. Die Burg wurde vor circa 700 Jahren durch einen Brand zerstört. Wahrscheinlich handelt es sich bei der Ruine um die alte Stammburg derer von Hardenberg.

Eine ganz andere Attraktion findet man im neun Kilometer entfernten **Velbert-Mitte**, das wir über Radwege und Nebenstraßen ereichen: der **Herminghauspark**. Der über 90 Jahre alte Park wurde in den letzten Jahren aufwendig umgestaltet. Seitdem gibt es einen großen Abenteuerspielplatz mit Wasserspielen, auf dem die Kleinsten ihre Freude haben. Neu ist auch der Kükelhausrundweg, der über einen Kilometer lang ist und uns an elf verschiedenen Spiel- und Erlebnisstationen vorbeikommen lässt. So gibt es den großen

Schloss Hardenberg
Stein'sche Gemäldesammlung, Malerei der Düsseldorfer und Münchener Schule.
Zum Hardenberger Schloss 4
42553 Velbert
Tel. (0 20 53) 91 22 12
www.schloss-hardenberg.de
Di–So 10–12 und 14–18 Uhr
Eintritt frei

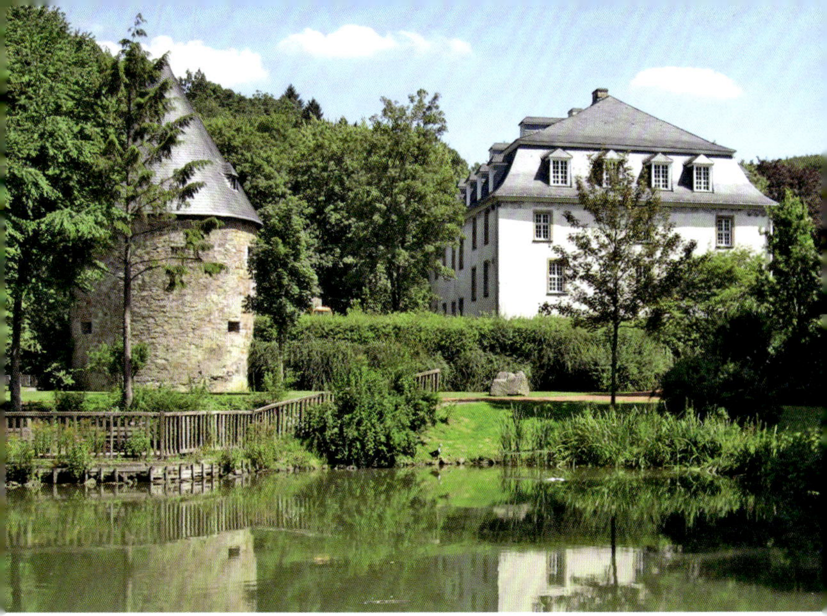

Das idyllisch gelegene Schloss Hardenberg in Velbert-Neviges

Summstein zu erleben, in dem man sich mit dem Kopf hineinlegen und selbst verursachte Schwingungen spüren kann, oder das Oktoskop, das ähnlich wie ein Kaleidoskop funktioniert. Beliebt ist auch der Wasserstrudel, hervorgebracht durch die schnellen Drehungen an einer Kurbel.

Beim weiteren Spaziergang durch den Park gelangen wir zum Tiergehege, das im Zuge des Umbaus ebenfalls modernisiert wurde. Es beherbergt heimische Tierarten wie Esel, Ponys oder Ziegen, die gestreichelt werden dürfen.

Wer mag, kann im benachbarten **Erlebnisbad** ins kühle Nass abtauchen. Wie im Park gibt es auch im Freibadbereich Rasenflächen zur Erholung, nur mit dem Unterschied, dass sich diese rund um zwei Außenschwimmbecken befinden. Zudem gibt es noch ein überdachtes Becken mit Massagestationen. An manchen Tagen wird über dem Wasser noch eine Leinwand herabgelassen, auf der man sich einen Film anschauen kann.

Gegenüber, auf der anderen Straßenseite, führt ein kleiner Wanderweg namens Zur Mühlen in eine weitere, ruhige Grünanlage. In dieser befindet sich übrigens der begrünte „Deckel“ der Autobahn 44, die hier unterirdisch verläuft. Gleich nebenan liegt der Waldfriedhof.

Herminghauspark
Mit Wasserspielplatz.
Cranachstr./Günter-Weißenborn-Str.
42549 Velbert
www.herminghauspark-velbert.de
tgl. 5–22 Uhr,
Eintritt frei

Parkbad am Herminghauspark
Mit Wasserfall, Massagestationen und Strömungskanal.
Parkstr. 21
42551 Velbert
Tel. (0 20 51) 45 58
Mo 10–17.15 Uhr,
Di 6.30–19.30 Uhr,
Mi und Fr 6.30–21.30,
Do 6.30–16.30 Uhr,
Sa und So 8–18 Uhr

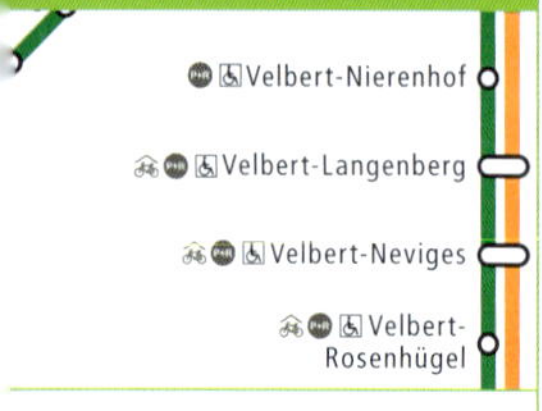

An- und Rückfahrt
Bhf. Velbert Langenberg
(S8 ab Düsseldorf Hbf. bis Bhf. Wuppertal-Vohwinkel, dann S9 oder RE49)

Wanderung

Länge
Je nach Rundgang in der Altstadt von Langenberg 4–6 Kilometer

Karte ▸ Seite 139

Medienstadt Langenberg

Alte Bücher und neue Medien

Wer Langenberg in Velbert kennt, weiß, dass die Bezeichnung Medienstadt einerseits ein wenig hoch gegriffen ist – andererseits aber auch genau passt. Denn auf dieser Route wandern wir vom Bücherdorf zum Langenberger Sender.

Am Bahnhof von **Velbert-Langenberg** wenden wir uns nach rechts, folgen der Hauptstraße und erreichen nach wenigen Augenblicken die Kamper Straße, in die wir rechts einbiegen, um gleich darauf den **Deilbach** zu überqueren. Der in Wuppertal entspringende Fluss fließt durch ein wunderschönes Tal, prägt das Ortsbild von Velbert-Langenberg und mündet nach fast 21 Kilometern in den Essener Baldeneysee, also in die Ruhr. Nach ihm ist auch der Essener Eisenhammer benannt, der heute als Außenstelle des Ruhr Museums betrieben wird. Auf der linken Seite sehen wir, wie der Hardenberger Bach in den Deilbach mündet.

Gleichzeitig erreichen wir damit die denkmalgeschützte Altstadt von Langenberg, die mit nicht weniger als 160 Fachwerk- und Schieferhäusern glänzt. Doch die Gebäude sind nicht nur hübsch anzuschauen, sondern bieten teilweise interessante und liebevoll gepflegte Antiquariate und Buchhandlungen. In der Mühlenstraße befindet sich zum Beispiel ein Kunstantiquariat, das überwiegend Bildbände im Angebot hat. In der Hellerstraße 12 existiert das **Antiquariat Im Honnes,** das neuerdings auch einen Weinkeller beherbergt. Noch relativ jung ist **Peter's Bookshop**, der im Jahr 2012 eröffnet wurde und seitdem kleine, wechselnde Rätsel zum Thema Buch in seinem Schaufenster bereithält.

Gleich gegenüber erhebt sich das **Bürgerhaus** mit seinen Erkern und Türmen und ein wenig die Straße hinab gelangt man zur Alten Kirche. So gibt es in den malerischen Gassen von Langenberg viel zu entdecken. Am linken Ufer des Deilbachs

Antiquariat Im Honnes
Mit Weinkeller.
Hellerstr. 12
42555 Velbert
Tel. (0 20 52) 92 57 14
Di–So 11–17 Uhr, Mi nur bis 13 Uhr

entlang gelangen wir zur Pannerstraße, folgen dieser ein kurzes Stück und halten uns halblinks in den Weg Am Brill. Nach einer stets aufwärts führenden Wanderung haben wir das Deilbachtal verlassen und befinden uns auf dem 245 Meter hohen **Hordtberg**, wo wir sowohl zu unserer Linken als auch zu unserer Rechten jeweils einen hohen Sendemast sehen. Diese beiden Masten gehören zum **Langenberger Sender**, der im Jahr 1927 in Betrieb genommen wurde und seither einer der wichtigsten Sendeanlagen des Westdeutschen Rundfunks ist. Schon wenige Jahre nach Inbetriebnahme stürzte der 160 Meter hohe Turm jedoch wieder ein. Und auch einer seiner Nachfolger erlitt dieses Schicksal im Jahr 1996, als bei Arbeiten an dem Turm ein Hilfsseil riss und der Sendeturm daraufhin zusammenbrach und bundesweite Aufmerksamkeit erlangte.

Am Sendeturm gehen wir nach links wieder in den Wald hinein und passieren einen Bismarckturm, neben dem ein Klettergarten dazu einlädt, den Hordtberg aus luftiger Höhe zu besichtigen. Wir wandern wieder hinab in das Deilbachtal, wo wir unseren Ausgangspunkt, den Langenberger Bahnhof, wiedererkennen.

Fachwerk und Schiefer: Die Langenberger Altstadt

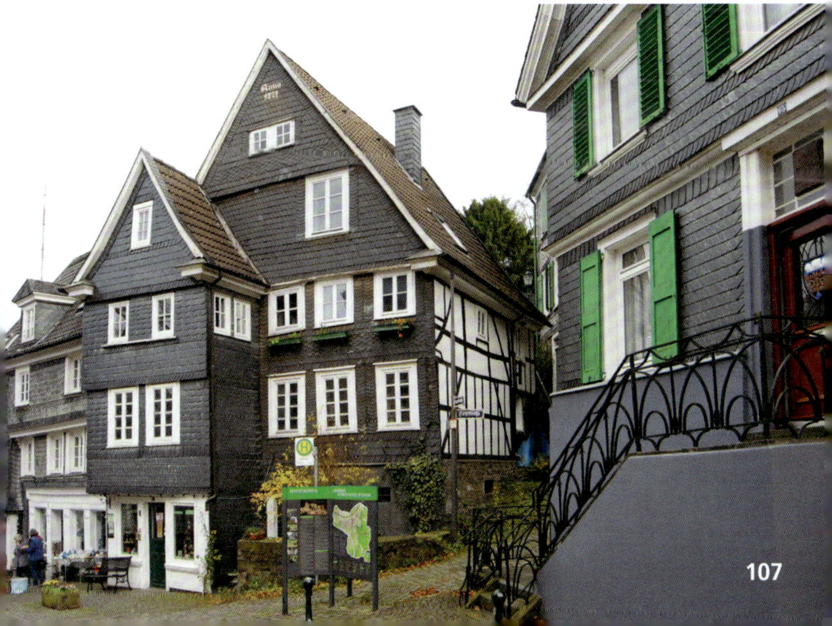

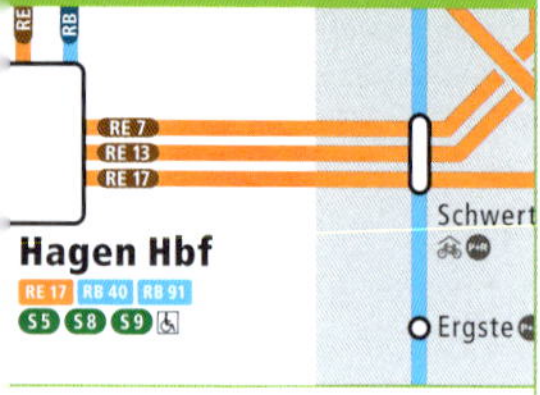

Hagen Freilichtmuseum

Das Dorf im Tal

Südlich von Hagen, wo das Ruhrgebiet ins Bergische Land übergeht, liegt zwischen baumbestandenen grünen Hängen das Westfälische Landesmuseum für Handwerk und Technik. Es ist das einzige seiner Art in Europa.

Nicht nur, dass das Freilichtmuseum interessant ist, es umfasst zudem ein ganzes Tal. Der Mäckingerbach fließt durch diesen schönen Landstrich und ist Teil des Museums. Um den Bach herum erheben sich zahlreiche Fachwerkhäuser, von denen jedes einen Handwerksbetrieb beherbergt. Dieses **Freilichtmuseum** ist einzigartig in Europa. Auf insgesamt 40 Hektar befindet sich ein ganzes Dorf, in dem Ausstellungen oder Vorführungen in historischen Werkstätten zu sehen sind. Hier kann man in frühere Zeiten abtauchen und einen plastischen Eindruck der damaligen Produktion und Handwerkskunst gewinnen. Abgerundet wird dieses Bild von der sehenswerten Landschaft.

Beginnend bei der Getreidemühle führt der Rundwanderweg durch das Tal, vorbei an Betrieben wie der Lohmühle und der Gelbgießerei. Nach einer kurzen Pause an einem See, den der Bach bildet, erreichen wir das Schmiedeviertel, wo es beinahe für jedes einzelne Produkt (Nägel, Feilen, Ketten etc.) eine eigene Schmiede gibt. Zudem befindet sich hier das **Deutsche Schmiedemuseum** auf drei Etagen eines barocken Fachwerkhauses, das einst das Rathaus von Neunkirchen war und im Museumsdorf wieder aufgebaut wurde. Eine Dauerausstellung dokumentiert die Schmiedekunst und präsentiert zahlreiche Waffen.

Der Rundgang führt uns vorbei am Sensenhammer und der Drahtzieherei, bis zur Papierproduktion und -verarbeitung in einer Druckerei. Auch hier gibt es eine Dauerausstellung, die über Papier als Gebrauchsgegenstand informiert. Wer Lust hat, kann sich gegen Einwurf von 10 Cent eine Postkarte mit dem Tagesdatum einer originalen, alten Druckmaschine selbst drucken.

An- und Rückfahrt
Haltestelle Hagen Freilichtmuseum (RE4, RE13, S8 ab Düsseldorf Hbf. bis Hagen Hbf., dann Bus 512 oder 84)

Oder mit dem Rad ab Hagen Hbf. ca. 9 km durch den Hagener Stadtwald (mit Steigungen)

Museumsbesuch

Dauer
ca. 3–4 Stunden

Karte ▸ Seite 140

LWL Freilichtmuseum Hagen
Am ersten Adventswochenende nostalgischer Weihnachtsmarkt.
Mäckingerbach
58091 Hagen
Tel. (0 23 31) 7 80 70
www.lwl-freilichtmuseum-hagen.de
Apr.–Okt. tgl. (außer Mo)
9–17 Uhr (letzter Einlass)
Erw. 8 €, Kinder bis 17 Jahre frei

Weit hinten im Tal, wir haben mittlerweile schon einige hundert Meter zurückgelegt, erreichen wir den „Dorfplatz" des Museums. Hier stehen die hübschen Fachwerkhäuser wie um einen echten Marktplatz herum. Zwischen dem Gasthof „Zur Post" und der Seilerei gibt es eine Sattlerei, eine Polsterei, eine Blaufärberei und zahlreiche weitere Handwerksbetriebe zu bestaunen. Von der Kaffeerösterei und der Bäckerei weht der Duft von frischem Kaffee und Brot aus dem Steinofen herüber.

Insgesamt beherbergt das Freilichtmuseum 60 historische Betriebe und Werkstätten, in denen noch so „wie früher" gearbeitet wird. Der Schwerpunkt liegt auf der Metallverarbeitung. Am Eingang des Museums erfährt man die Öffnungszeiten der einzelnen Werkstätten. So kann man den Handwerkern bei Ihrer Arbeit zusehen oder mit ihnen über ihre Tätigkeit fachsimpeln. Die Produkte kann man auch direkt vor Ort kaufen: Im alten Kolonialwarenladen gibt es zum Beispiel leckeren Saft, frisch gepresst aus dem Obst der Streuobstwiesen, und das Brot aus der Bäckerei ist noch warm.

Haus Letmathe
Westfälische Küche mit Blick auf das Mäckingerbachtal im Freilichtmuseum.
58091 Hagen
Tel. (0 23 31) 7 01 00
www.hausletmathe.de
Küche Di–So von 11.30–15.30 Uhr

Fachwerkhäuser prägen das Freilichtmuseum Hagen

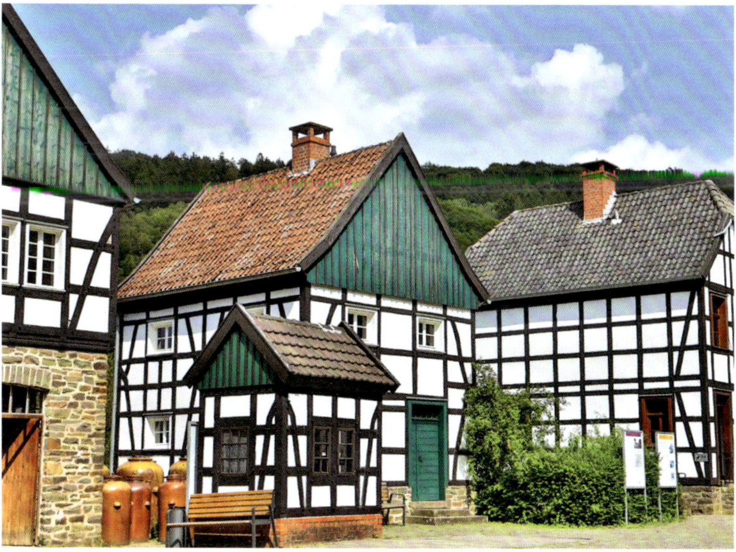

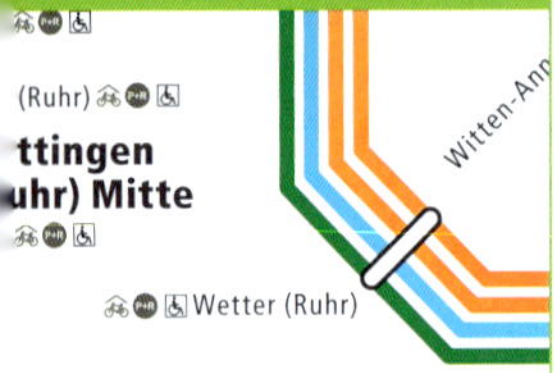

Anfahrt
Bhf. Wetter/Ruhr (RE4 ab Düsseldorf Hbf)

Rad- oder Wandertour
Wetter – Harkortsee – Hengsteysee – Hohensyburg – Herdecke

Länge
18 km

Rückfahrt
Bhf. Herdecke (RB52 stündlich bis Hagen Hbf, dann RE1 oder RE4 bis Düsseldorf Hbf.)

Karte ▸ Seite 140

Wetter Harkortsee

Ruhr mit drei H

Harkortsee, Hengsteysee und die Hohensyburg: drei Ausflugsziele an der Ruhr südlich von Dortmund, deren Besuch sich lohnt.

Idealerweise reisen wir mit dem Fahrrad an, entweder auf dem Ruhrtalradweg oder mit der Bahn bis Wetter. Ab Wetter Bahnhof folgen wir der Kaiserstraße und der Friedrichstraße bis zu der Stelle, wo die Ruhr seit 1931 zum Harkortsee gestaut wird.

Der historische Kern der kleinen Stadt **Wetter** liegt in einer Ruhrschleife auf einem Hügel und blickt auf den Harkortstausee. Benannt wurde der See nach Friedrich Harkort, einem Industriellen und Politiker, der im südlichen Hagen geboren wurde. Da er eine sehr enge Verbindung zu Wetter besaß, wird die Stadt sogar manchmal als „Harkortstadt“ bezeichnet.

Am westlichen Ufer des Sees liegt am Hang die Altstadt von Wetter mit der „Freiheit“, einem historischen Fachwerkviertel aus dem Mittelalter. Hier steht auch das Wohnhaus von Friedrich Harkort, das heute das Stadtarchiv beherbergt. Besonders sehenswert ist das Fünf-Giebel-Eck, ein Ensemble aus mehreren Häusern. Ganz in der Nähe an der Kaiserstraße steht das Rathaus Wetter. Das denkmalgeschützte Gebäude aus Ruhrsandstein wurde 1909 von Kaiser Wilhelm II. eingeweiht. Es besitzt einen 43 Meter hohen Turm und ist im Stil der deutschen Renaissance gehalten. Sein steiles Dach ist mit Dachpfannen aus Schiefer bedeckt. Architekt und Bauherr war der damalige Regierungsbaumeister Gustav Werner aus Berlin. An der Freiheit steht auch die Ruine der **Burg Wetter.** Das Bauwerk aus dem 13. Jahrhundert gehörte einst zu den bedeutendsten Burgen im Ruhrgebiet. Von hier aus verwalteten die märkischen Grafen ihre Besitzungen. Einige Teile der heutigen Ruine, darunter ein kleiner Turm, sind frei zugänglich. Allerdings lohnt eine Auffahrt zur Burgruine vor allem für die Aussicht auf den See.

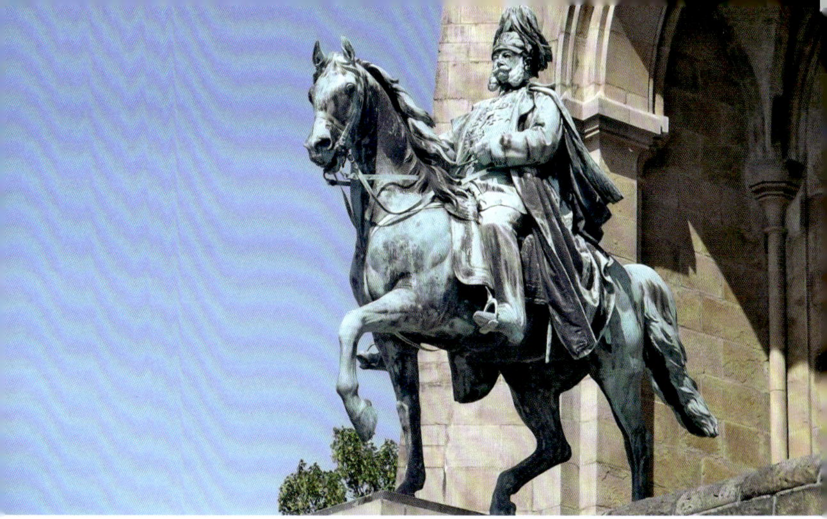

Kaiser Wilhelm I. bewacht als Reiterstandbild die Hohensyburg

Einen schönen Blick ins Ruhrtal hat man auch vom **Harkortturm**, einem Aussichtsturm auf dem Harkortberg. Der Eintritt mit Aufstieg zur Turmspitze kostet einen Euro.

Doch nun hinunter ins Ruhrtal. Wir radeln auf der Nordseite des Gewässers entlang gen Osten, unterhalb der Hänge des **Ardeygebirges.** Schon kurz vor Ende des Sees fällt ein eher unschönes Bauwerk ins Auge. Über 200 Meter hoch reckt sich der Schornstein des Cuno-Kraftwerks in die Höhe und überragt dabei die Gipfel und Wälder auf dem Gebirgszug. Das Cuno-Kraftwerk entstand 1908 als eines der ersten reinen Dampfturbinen-Kraftwerke. Es wurde mit Kohle betrieben und erst 2004 stillgelegt. Im Jahr 2007 wurde ein neues Gaskraftwerk an gleicher Stelle eingeweiht, der alte Schornstein blieb aber stehen. Und das ist auch gut so, denn in 80 Metern Höhe befindet sich ein Nistkasten für Wanderfalken. Während der Brutzeit kann man sie mit dem Fernglas beobachten.

Gleich dahinter erblicken wir ein schönes Bauwerk, das die Einmündung der Ruhr in den **Harkortsee** markiert und über den Fluss nach Hagen führt. Die Rede ist vom 30 Meter hohen und 313 Meter langen **Ruhrviadukt.** Zwölf Rundbögen spannen sich über den Fluss, die jeweils eine Weite von 20 Metern besitzen. Die Eisenbahnbrücke aus Bruchstein wurde schon 1879 eingeweiht.

Personenschifffahrt Hengsteysee
Gemütlich über den Hengsteysee schippern.
Am Zickenkamp 11
58313 Herdecke
Tel. (0 23 30) 7 29 81
www.personenschifffahrt-hengsteysee.de
Ostern–Ende Okt.
Einfache Fahrt: Erw. 4 €, Kinder 3 €

Restaurant Schiffswinkel
Pizzeria am Stauwehr des Hengsteysees.
Im Schiffswinkel 35
58313 Herdecke
Tel. (0 23 30) 21 55
www.schiffswinkel.de
Mo–Sa 12–22 Uhr,
So 11.30–22 Uhr

Im Jahr 1943 wurde ein Pfeiler vom Hochwasser weggerissen, hervorgerufen durch die Zerstörung der Möhnesee-Sperrmauer. Das Bauwerk wurde schließlich 1945 von der Wehrmacht gesprengt, 1952 erfolgte der Wiederaufbau. Über den Viadukt führt heute die Eisenbahnstrecke Herdecke-Hagen (RB 52).

Nur wenig später erreichen wir auch schon das nächste Gewässer. Auch der **Hengsteysee** wurde mit einem Wehr gestaut. Er ist nach dem angrenzenden Hagener Stadtteil Hengstey benannt. Am Nordrand des vier Kilometer langen Sees verläuft der Radweg durch dicht bewaldetes Gebiet unterhalb des Klusenbergs. Hinweisschilder markieren einen Wanderweg zu diesem Gipfel des Ardeygebirges, der ein schönes Panorama auf den sichelförmigen See freigibt.

Kurz vor der Mündung des Flusses Lenne in die Ruhr, die das Ostende des Hengsteysees markiert, können wir im Ardeygebirge die Hohensyburg besuchen. Die **Hohensyburg** ist eine Burgruine oberhalb des Ruhrtals, die vermutlich aus der Mitte des 12. Jahrhunderts stammt. Aber schon seit circa 700 n. Chr. soll an dieser Stelle eine Burg gestanden haben. Rund um die Ruine erstreckt sich ein kleiner Wald mit Lichtung.

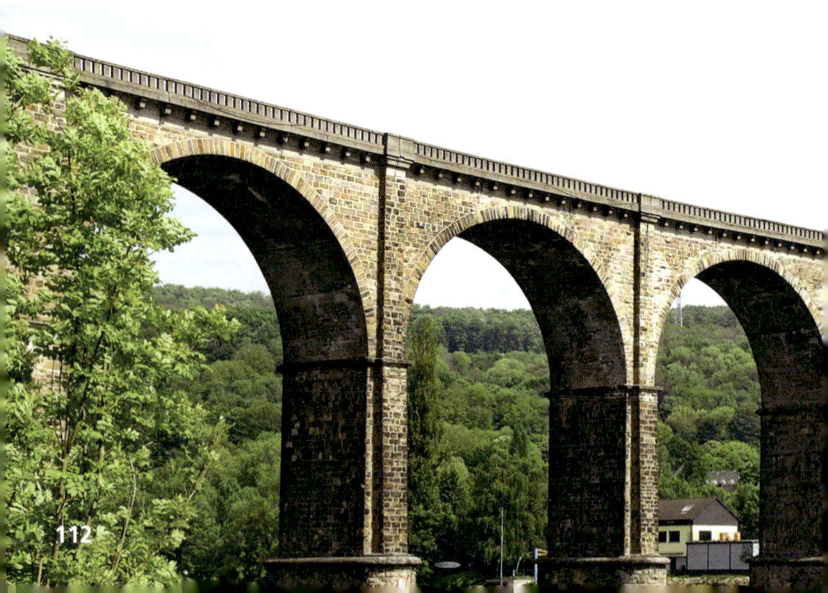

Direkt neben den Burgmauern wurde im 19. Jahrhundert ein Aussichtsturm errichtet, der leider nicht betreten werden kann. Aber nur 200 Meter westlich von hier gibt es einen weiteren schönen Aussichtspunkt. Dort erhebt sich das mächtige Reiterstandbild von Kaiser Wilhelm I., von dessen Plateau aus man gut über den Hengsteysee blicken und sogar die Lennemündung sehen kann.

Wer von hier aus nicht den gesamten Weg wieder zurückradeln möchte (der Weg auf der Südseite der Ruhr empfiehlt sich nicht), der sollte den Bahnhof Herdecke zwischen Harkort- und Hengsteysee ansteuern. Nahe der Brücke der B 54 über die Ruhr führt ein Radweg Richtung Bahnhof.

In **Herdecke** lohnt sich noch ein Abstecher in die Altstadt, die westlich der B 54 (Hagener Straße) zu finden ist. Im historischen Bachviertel rund um den Herdecker Bach sind viele gut erhaltene Fachwerkhäuser zu bewundern. Die meisten stammen aus dem 17. oder 18. Jahrhundert. In der Altstadt steht auch das bedeutendste Baudenkmal der Stadt, die Stiftskirche. Die dreischiffige romanische Basilika entstand im 13. Jahrhundert, geht aber in ihren Usprüngen auf eine Klosterkirche aus dem 9. Jahrhundert zurück.

Der Ruhrviadukt an der Stelle, an der sich die Ruhr zum Harkortsee weitet

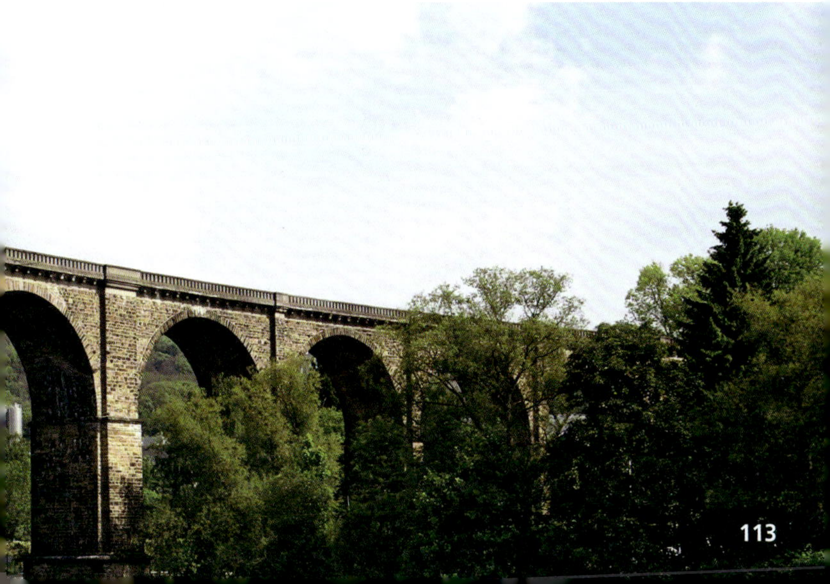

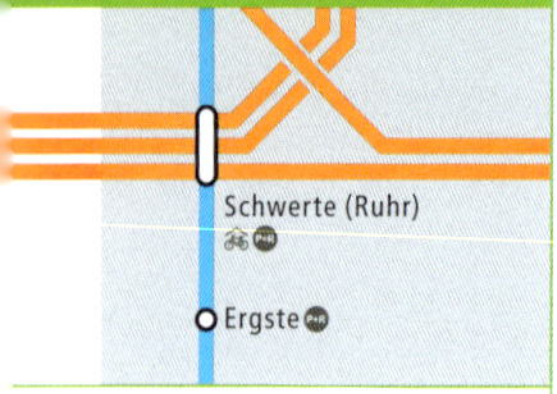

Anfahrt
Bhf. Schwerte (Ruhr) (RE13 ab Düsseldorf Hbf.)

Radtour
Hengsteysee – Harkortsee

Dauer
ca. 3 Stunden

Rückfahrt
Bhf. Wetter (Ruhr) (S5 bis Hagen Hbf., dann RE4 oder RE13 bis Düsseldorf Hbf.)

Karte ▸ Seite 141

Ruhrtalradweg

Von See zu See

Auf keinem anderen Abschnitt des Ruhrtalradweges kann man mit wenigen Tritten in die Pedale zwei dicht beieinander liegende Ruhrseen genießen, während sich am Ufer die Hänge des Ardeygebirges erheben.

Auf unserer Radtour entlang des Ruhrtalradwegs lassen wir den Bahnhof Schwerte hinter uns, radeln die Beckestraße hinab zur Hagener Straße, wo unsere Reifen am Fahrradfachmarkt Schwerte noch einmal tief Luft holen können. Gleich dahinter biegen wir links in die Kleine Liethstraße ab und erreichen wenig später halblinks den Ruhrtalradweg. Der Ruhrtalradweg wurde im Jahr 2006 feierlich eröffnet und lockt seither mit 230 Kilometern Länge zu einer spannenden Radtour zwischen der Quelle im Sauerland und der Mündung in Duisburg.

Wir achten auf die gute Ausschilderung des Ruhrtalradwegs und passieren nach der Durchquerung der Ruhrauen Westhofen. Parallel zu einer Bahnstrecke nähern wir uns wieder der Ruhr und erkennen auf der linken Seite den Zusammenfluss von Ruhr und Lenne, die am Kahlen Asten bei Winterberg entspringt.

Unsere Radtour verläuft ganz gemütlich unterhalb der Ruhrsteilhänge von **Hohensyburg**, einer Burgruine mit wunderbarer Aussicht. Hier wird die Ruhr zum **Hengsteysee** aufgestaut. Dieser wurde 1929 fertiggestellt und ist mit vier Kilometern Länge einer von sechs Ruhrstauseen. Nun werfen wir einen Blick auf den sogenannten **Mäuseturm**, der ein Überbleibsel des Schlosses Niedernhofen ist, das einst am Ufer des Sees stand. Er stellte den südlichen Brückenturm einer eisernen Fußgängerbrücke dar. Weiter passieren wir das **Koepchenwerk,** das nach seinem Planer Arthur Koepchen benannt wurde. Bei diesem handelt es sich um ein Pumpspeicherkraftwerk, das im Jahr 1930 fertiggestellt wurde.

Schließlich erwartet uns am Ende des Sees nicht nur das Laufwasserkraftwerk Hengstey, son-

Fahrradfachmarkt Schwerte
Fahrradservice für Groß und Klein.
Hagener Str. 59
58239 Schwerte
Tel. (0 23 04) 1 57 48
www.fahrradfachmarkt.com
Mo–Fr 10–18.30,
Sa 9–14 Uhr

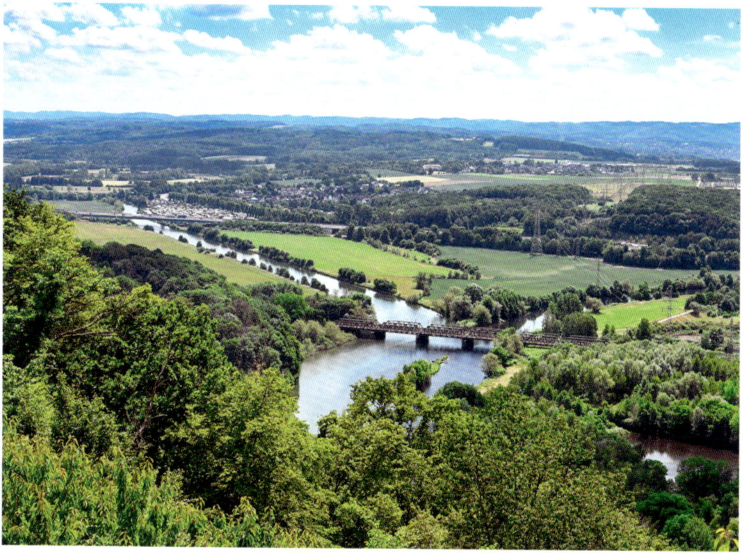

Von der Hohensyburg blickt man auf die Mündung der Lenne

dern auch wieder die deutlich schmalere Ruhr, an deren Uferpromenade wir an der Stadt Herdecke vorbeiradeln. Dabei genießen wir den Blick auf das herrliche **Ruhrviadukt,** unterqueren es und haben damit schon den nächsten See erreicht – den Harkortsee. In 30 Metern Höhe überquert die Regionalbahn 53 die Ruhr und fährt dabei über zwölf Steinbögen, die bereits im ausgehenden 19. Jahrhundert errichtet wurden. Der **Harkortsee** ist zwei Jahre jünger als der Hengsteysee und ist nach dem Industriellen Friedrich Harkort benannt. Auch am Harkortsee bleiben wir unmittelbar am Ufer und radeln in einem weiten Bogen bis zum gleichnamigen Kraftwerk, um uns auf der Schöntaler Straße von der Ruhr zu verabschieden und in die Ortschaft Wetter abzubiegen.

Wer die Strecke weiter in Richtung Westen und damit zum Rhein radeln möchte, erreicht nach zwölf Kilometern den Kemnader See bei Bochum, kann nach 23 Kilometern zwischen den Fachwerkhäusern der Hattinger Altstadt flanieren, trifft nach 42 Kilometern auf den Baldeneysee in Essen, lernt nach 68 Kilometern die Innenstadt von Mülheim kennen und wird nach 85 Kilometern die Mündung der Ruhr in den Rhein erreicht haben.

Biergarten Bootshaus
Zwischen Herdecke und Witten, mit wunderschönem Ausblick.
Am Obergraben 6
58300 Wetter
Tel. (0 23 35) 42 05
www.bootshaus-wetter.ruhr
Di–Fr und So 12–20 Uhr, Sa 12–21 Uhr

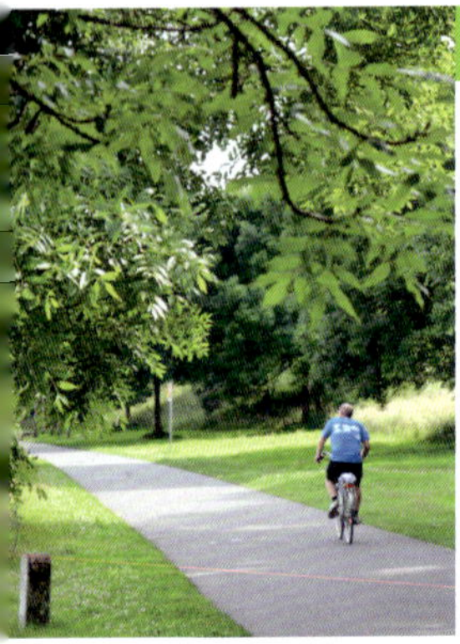

RAD- UND WANDERTOUREN

Tour 2	Kevelaer
Tour 3	Moers Kamp-Lintfort & Rheinberg
Tour 4	Kaldenkirchen Grenzwald
Tour 5	Rund um die Krickenbecker Seen
Tour 7	Mönchengladbach Schloss Rheydt
Tour 8	Neuss Nordkanal
Tour 11	Grevenbroich Vollrather Höhe
Tour 12	Dormagen Kloster Knechtsteden
Tour 13	Dormagen Zollfeste Zons
Tour 15	Duisburg Rheinhafen
Tour 18	Duisburg Seenplatte
Tour 23	Mülheim Haus Ruhrnatur
Tour 24	Essen Kettwiger Stausee
Tour 25	Essen Baldeneysee & Villa Hügel
Tour 26	Düsseldorf Kaiserswerth
Tour 29	Mettmann Neandertal
Tour 33	Solingen Müngstener Brücke
Tour 34	Remscheid-Lennep Hückeswagen
Tour 35	Velbert Schloss Hardenberg
Tour 36	Medienstadt Langenberg
Tour 38	Wetter Harkortsee
Tour 39	Ruhrtalradweg

REGISTER

TOUREN MIT KINDERN

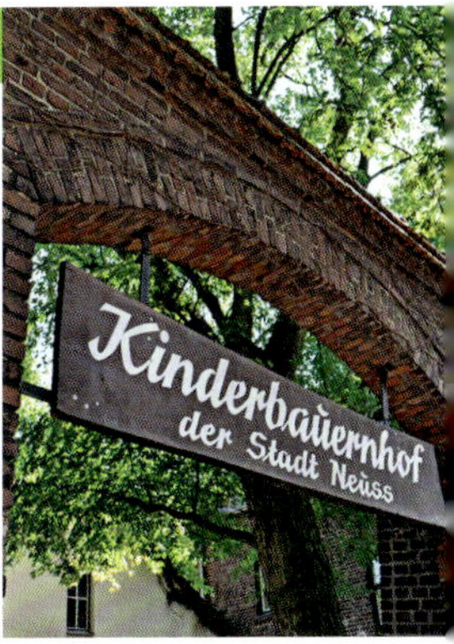

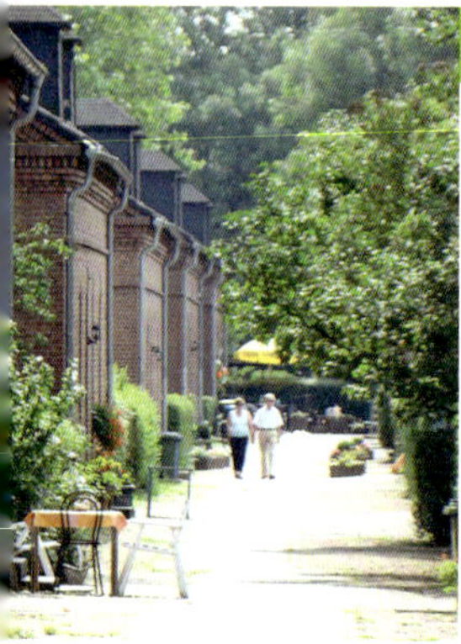

SPAZIERGÄNGE

Tour 6	Krefeld-Linn
Tour 9	Neuss Kinderbauernhof & Erftmündung
Tour 14	Duisburg Innenhafen
Tour 15	Duisburg Rheinhafen
Tour 16	Landschaftspark Duisburg-Nord
Tour 18	Duisburg Seenplatte
Tour 20	Oberhausen Gasometer
Tour 21	Oberhausen Siedlung Eisenheim
Tour 22	Bottrop Revierpark Vonderort
Tour 27	Ratingen Blauer See
Tour 28	Wildpark im Grafenberger Wald
Tour 30	Düsseldorf Schloss Benrath
Tour 32	Rund um den Unterbacher See

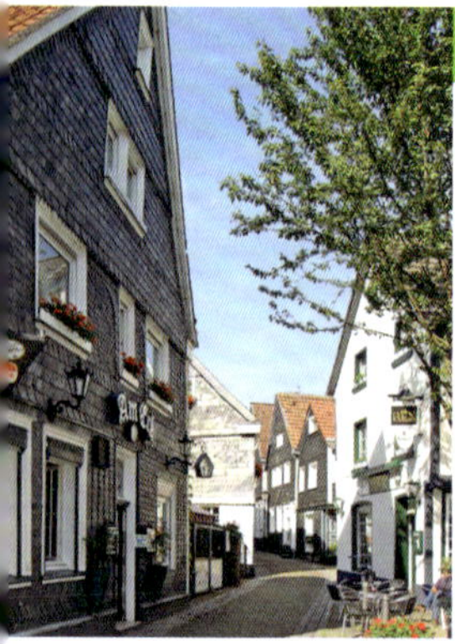

ALTE STÄDTE UND DÖRFER

Tour 2	Kevelaer
Tour 3	Moers Kamp-Lintfort & Rheinberg
Tour 6	Krefeld-Linn
Tour 13	Dormagen Zollfeste Zons
Tour 24	Essen Kettwiger Stausee
Tour 26	Düsseldorf Kaiserswerth
Tour 31	Wuppertal Schwebebahntour
Tour 34	Remscheid-Lennep Hückeswagen
Tour 35	Velbert Schloss Hardenberg
Tour 36	Medienstadt Langenberg
Tour 38	Wetter Harkortsee

INDUSTRIEKULTUR

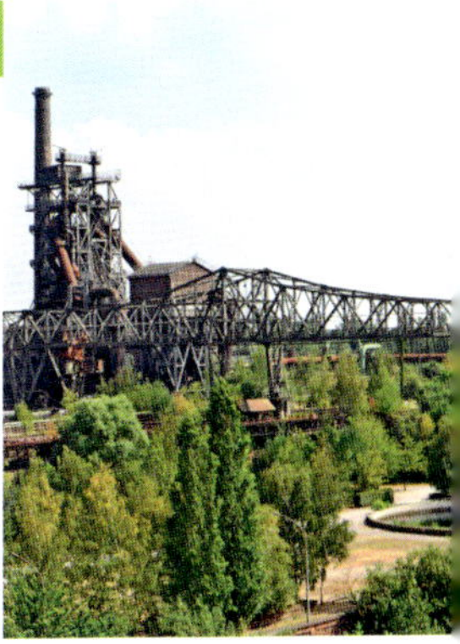

Tour 3	Moers Kamp-Lintfort & Rheinberg
Tour 11	Grevenbroich Vollrather Höhe
Tour 14	Duisburg Innenhafen
Tour 15	Duisburg Rheinhafen
Tour 16	Landschaftspark Duisburg-Nord
Tour 20	Oberhausen Gasometer
Tour 21	Oberhausen Siedlung Eisenheim

BESONDERE MUSEEN

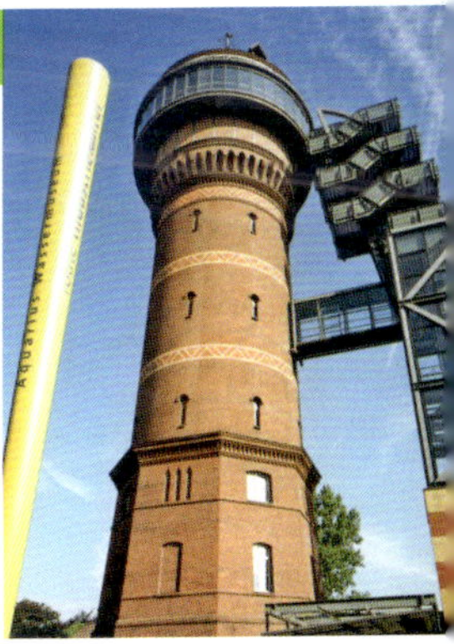

Tour 1	Xanten Archäologischer Park
Tour 10	Neuss Museumsinsel Hombroich
Tour 14	Duisburg Innenhafen
Tour 15	Duisburg Rheinhafen
Tour 23	Mülheim Haus Ruhrnatur
Tour 29	Mettmann Neandertal
Tour 30	Düsseldorf Schloss Benrath
Tour 33	Solingen Müngstener Brücke
Tour 37	Hagen Freilichtmuseum

REGISTER

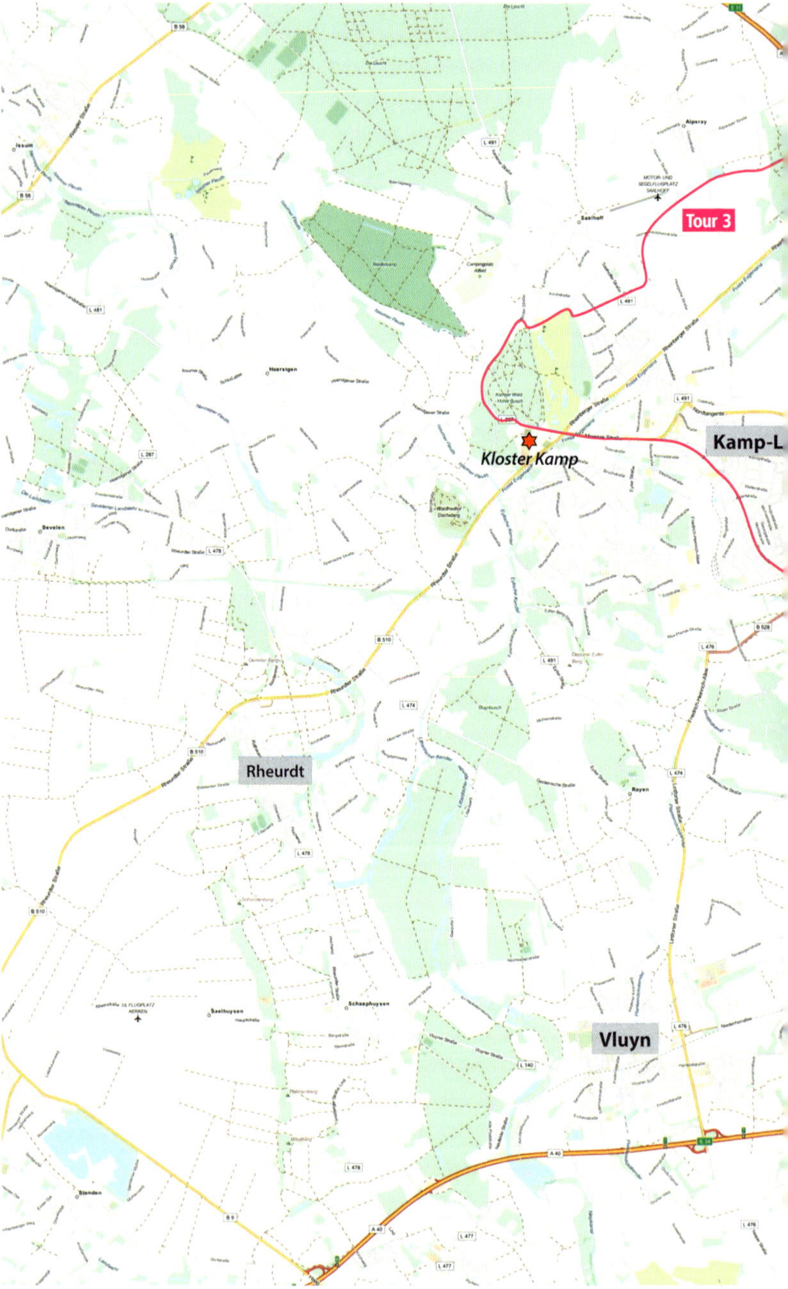
Tour 3
Kamp-L
Kloster Kamp
Rheurdt
Vluyn

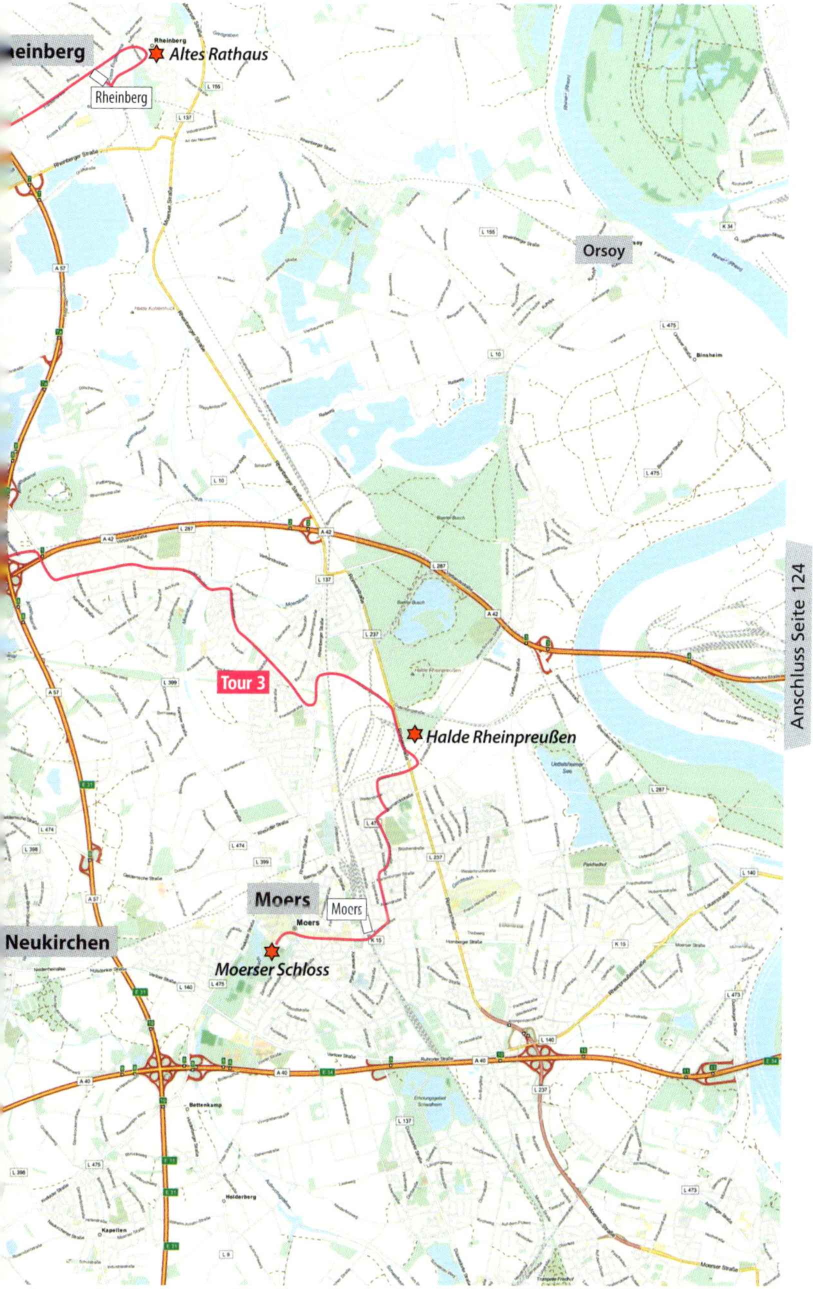

Rheinberg
Altes Rathaus
Rheinberg
Orsoy
Tour 3
Halde Rheinpreußen
Moers
Moers
Neukirchen
Moerser Schloss
Anschluss Seite 124

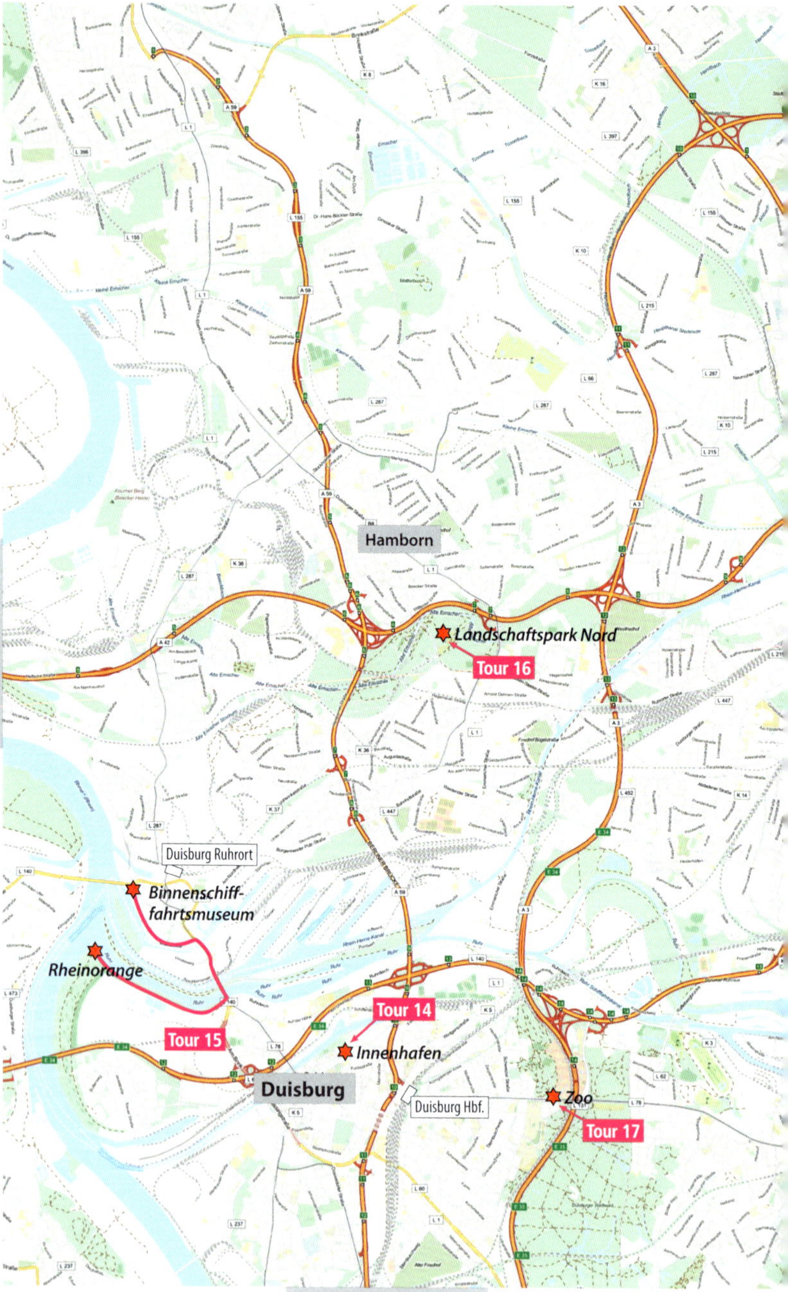

Anschluss Seite 123

Anschluss Seite 126

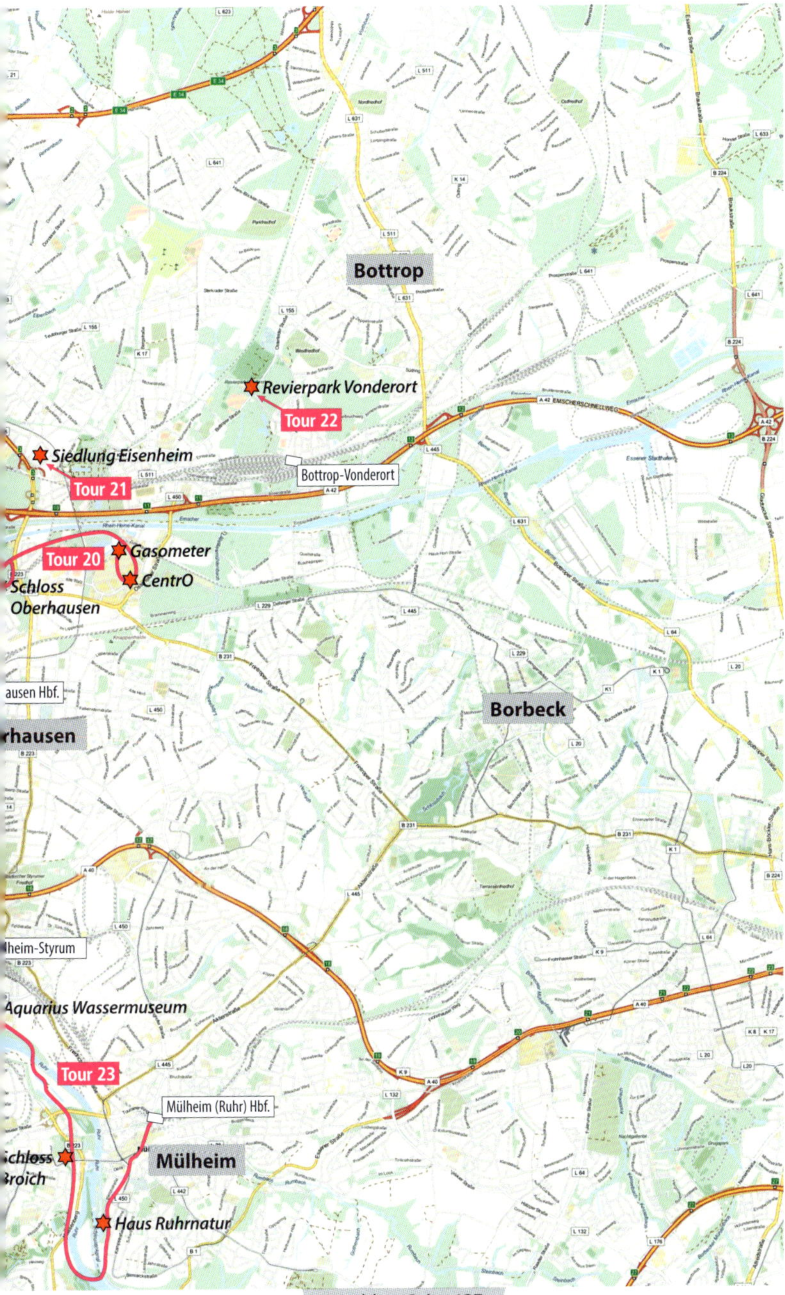

Anschluss Seite 127

Anschluss Seite 124

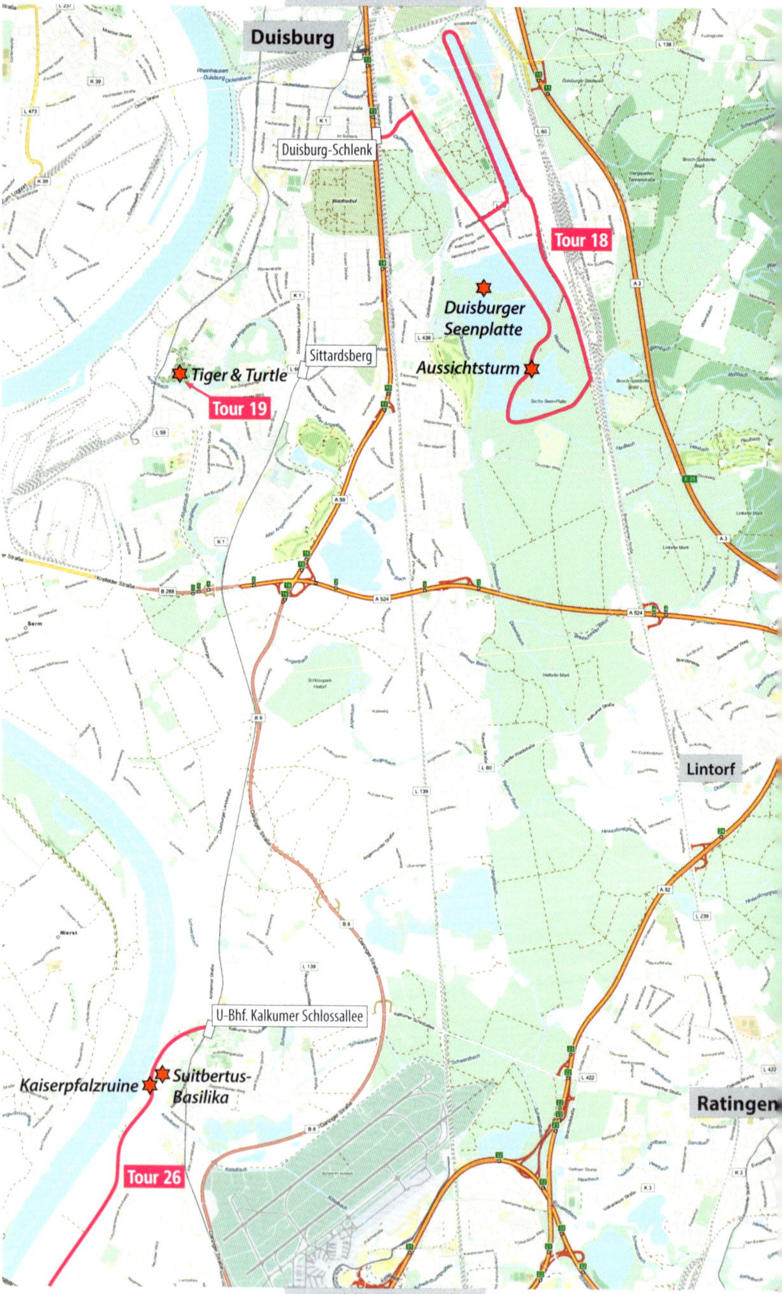

Anschluss Seite 132

Anschluss Seite 125

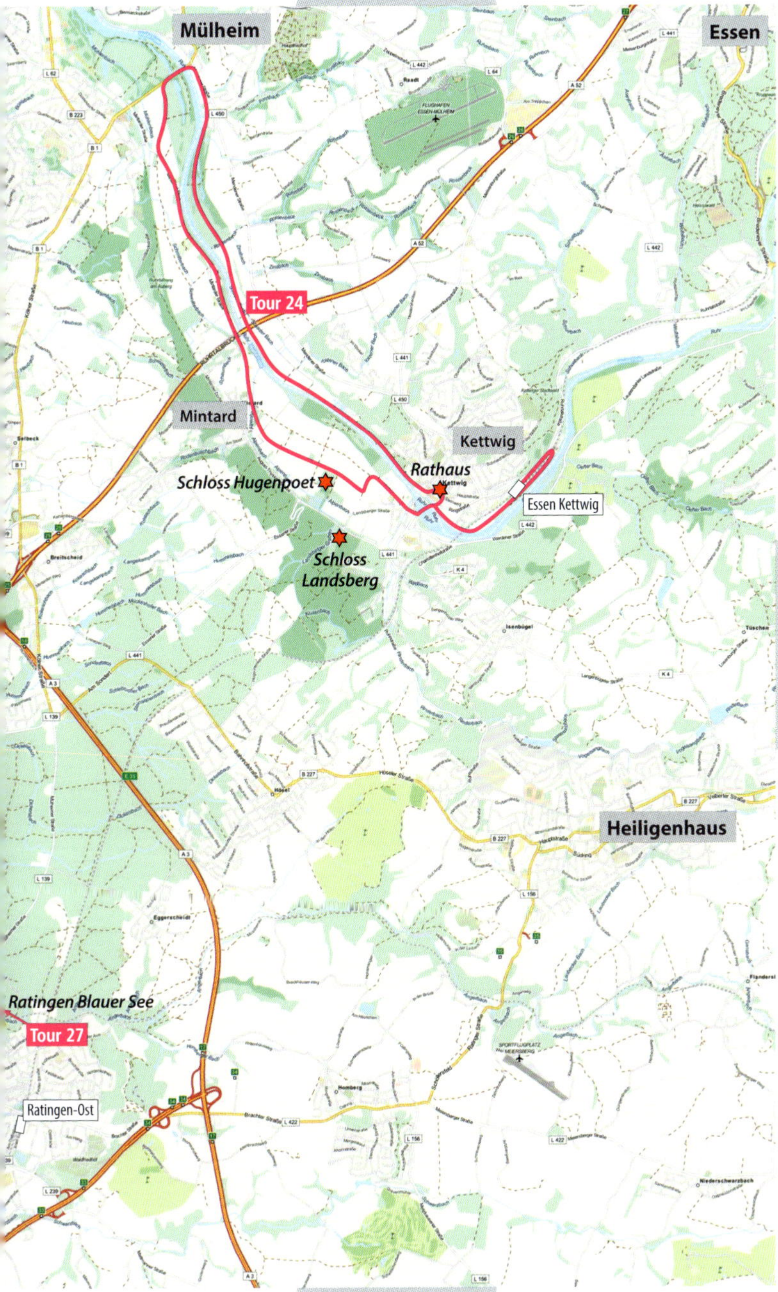

Anschluss Seite 128

Anschluss Seite 133

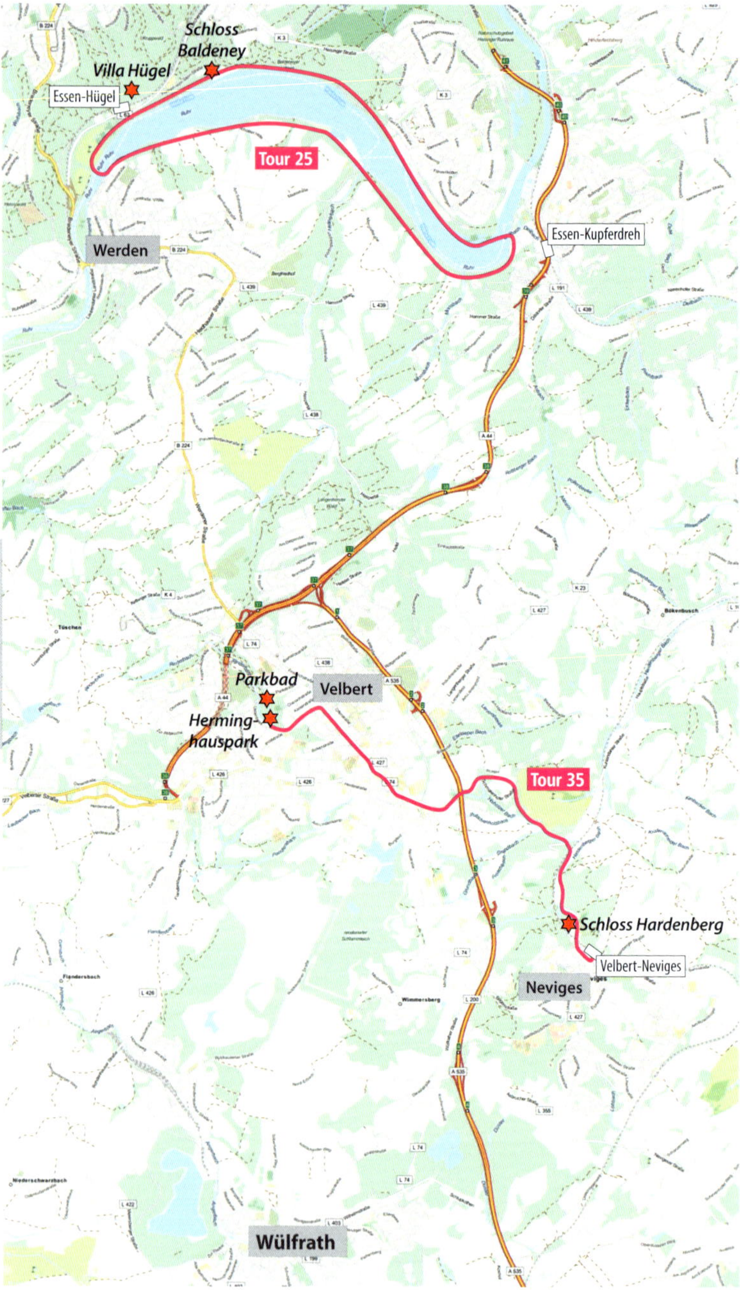

Anschluss Seite 127

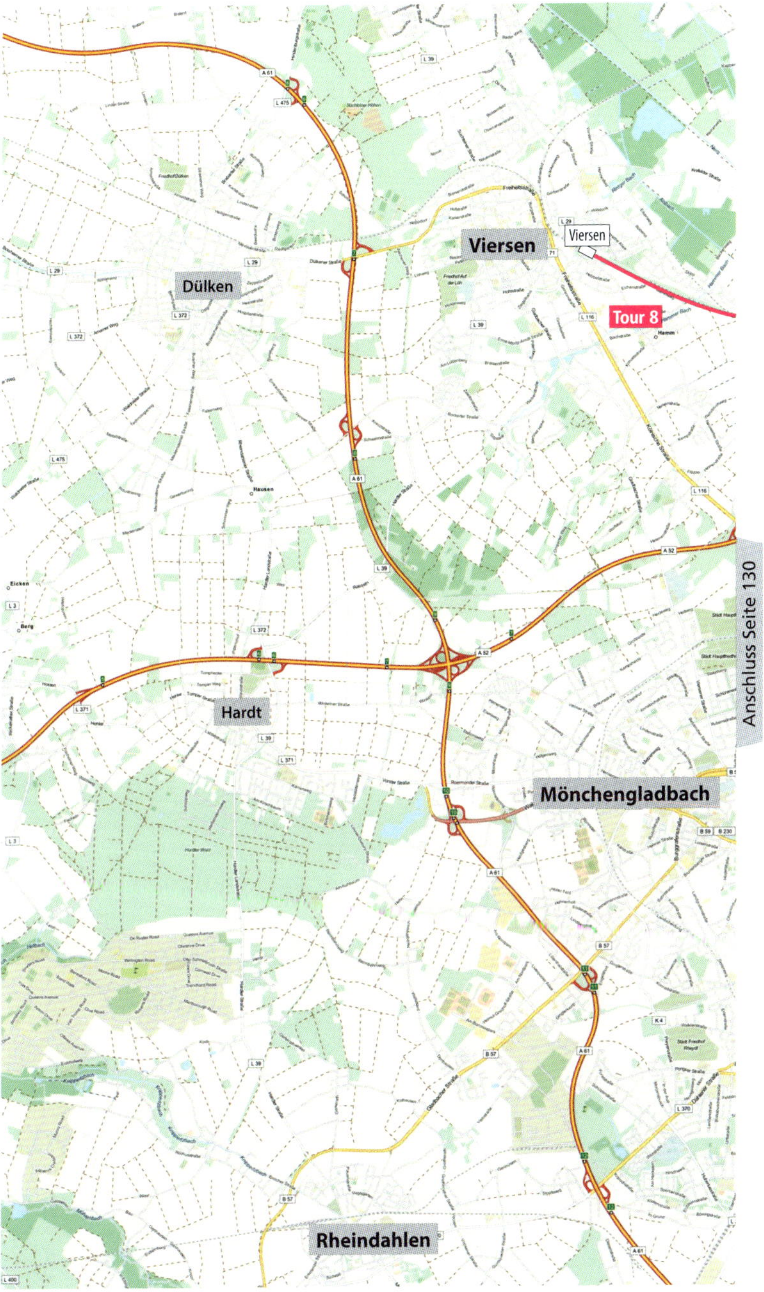
Viersen
Viersen
Tour 8
Dülken
Hardt
Mönchengladbach
Rheindahlen
A 61
A 52
Anschluss Seite 130

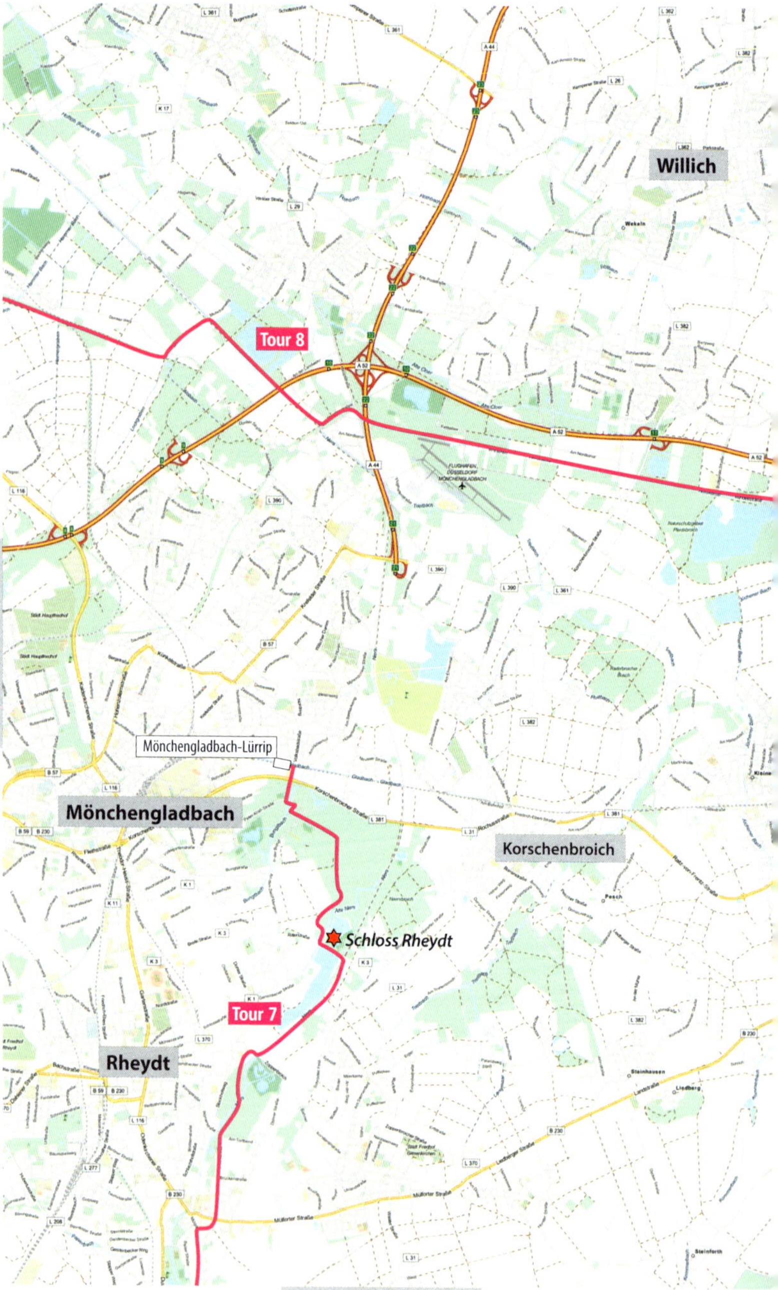

Anschluss Seite 129

Anschluss Seite 138

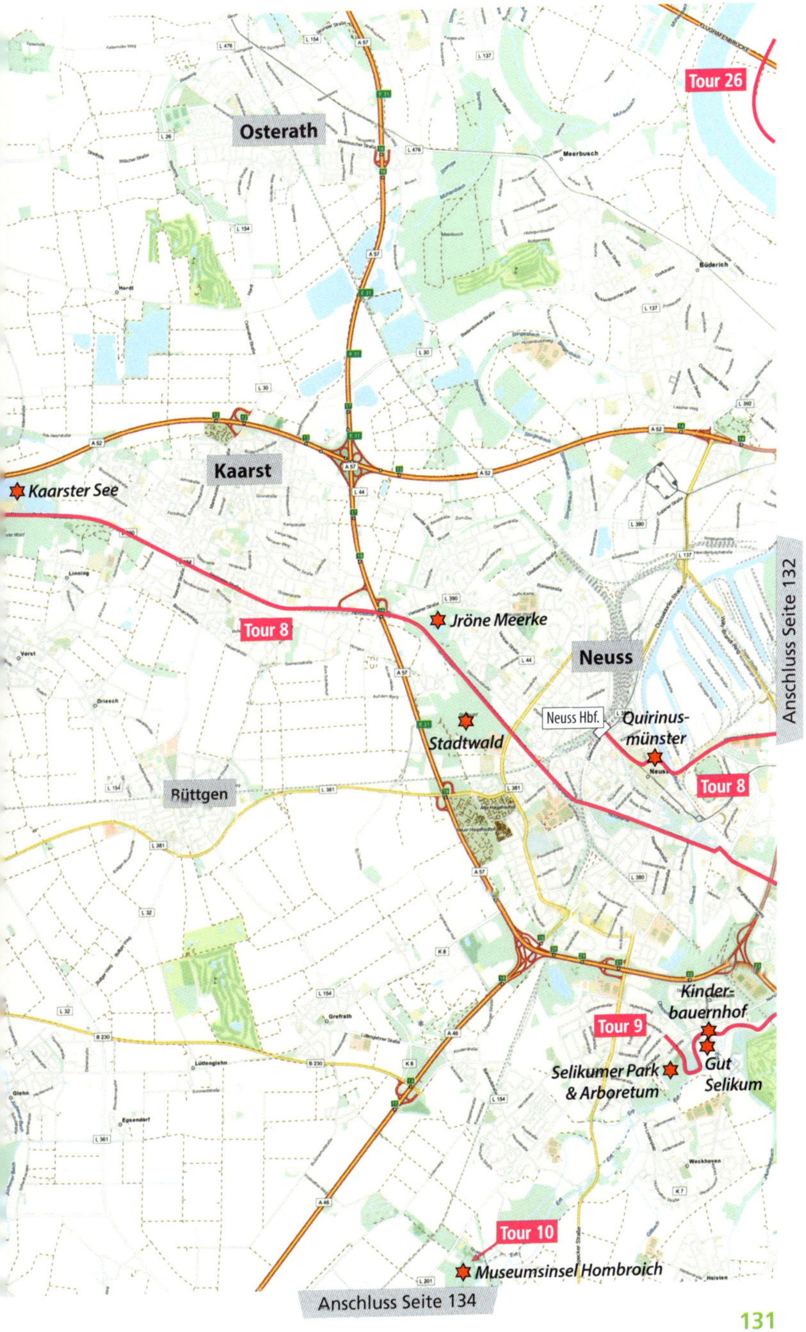

Osterath
Meerbusch
Büderich
Tour 26
Kaarst
Kaarster See
Tour 8
Jröne Meerke
Neuss
Neuss Hbf.
Quirinus-münster
Tour 8
Stadtwald
Büttgen
Anschluss Seite 132
Kinder-bauernhof
Tour 9
Gut Selikum
Selikumer Park & Arboretum
Tour 10
Museumsinsel Hombroich
Anschluss Seite 134

Anschluss Seite 126

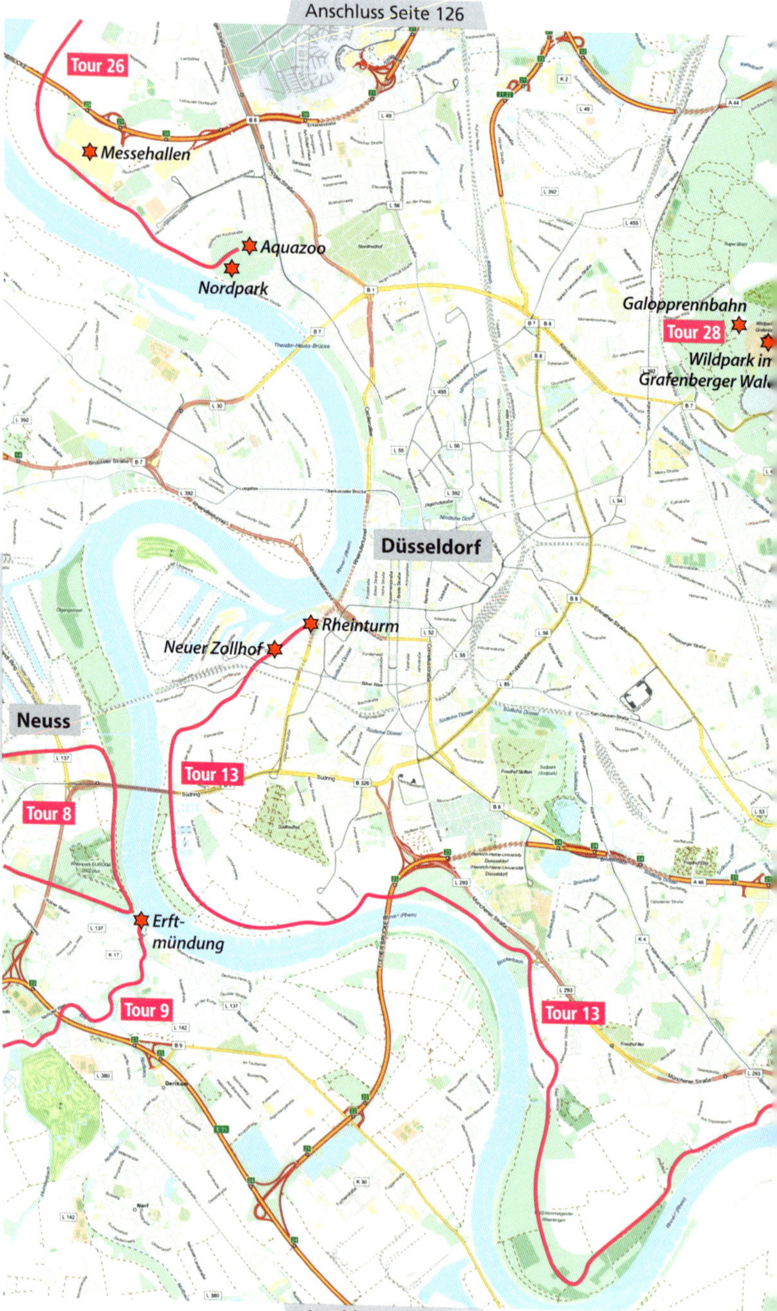

Anschluss Seite 131

Anschluss Seite 135

Anschluss Seite 127

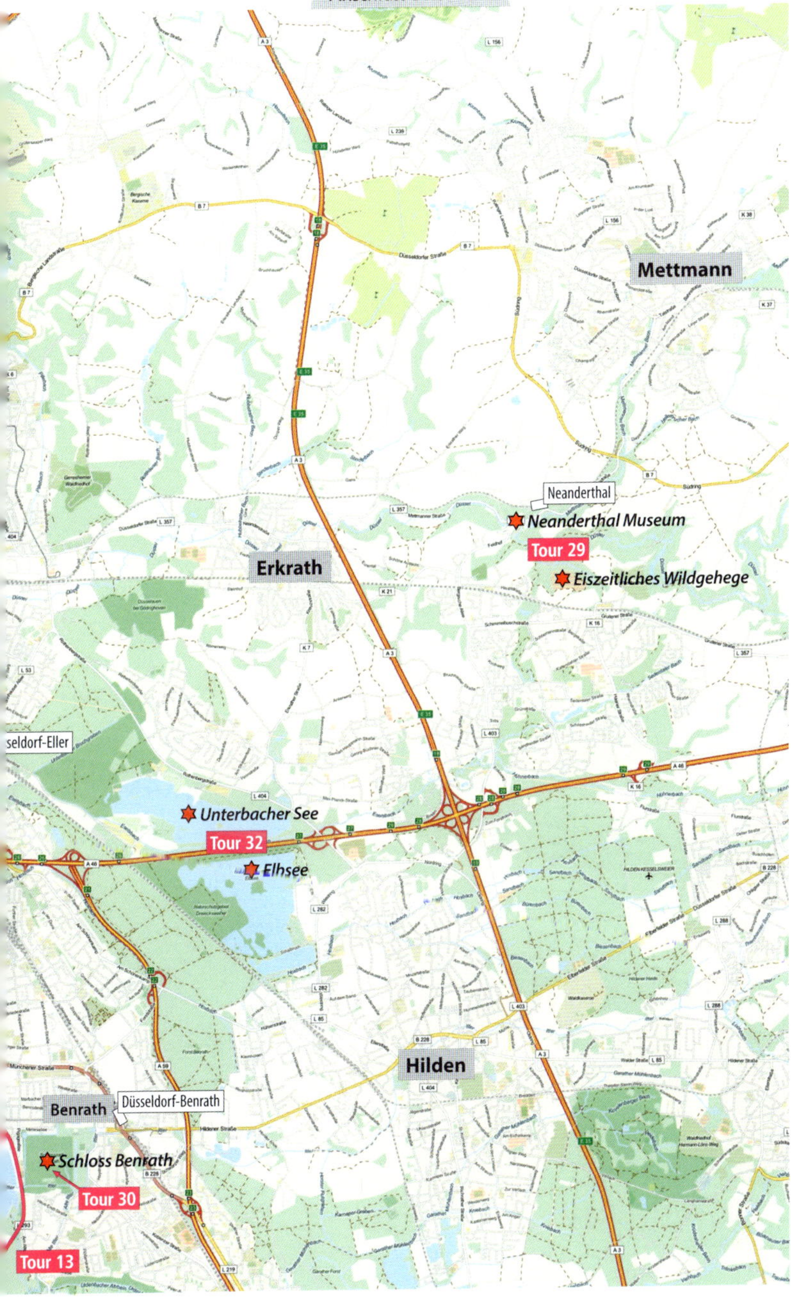

Anschluss Seite 131

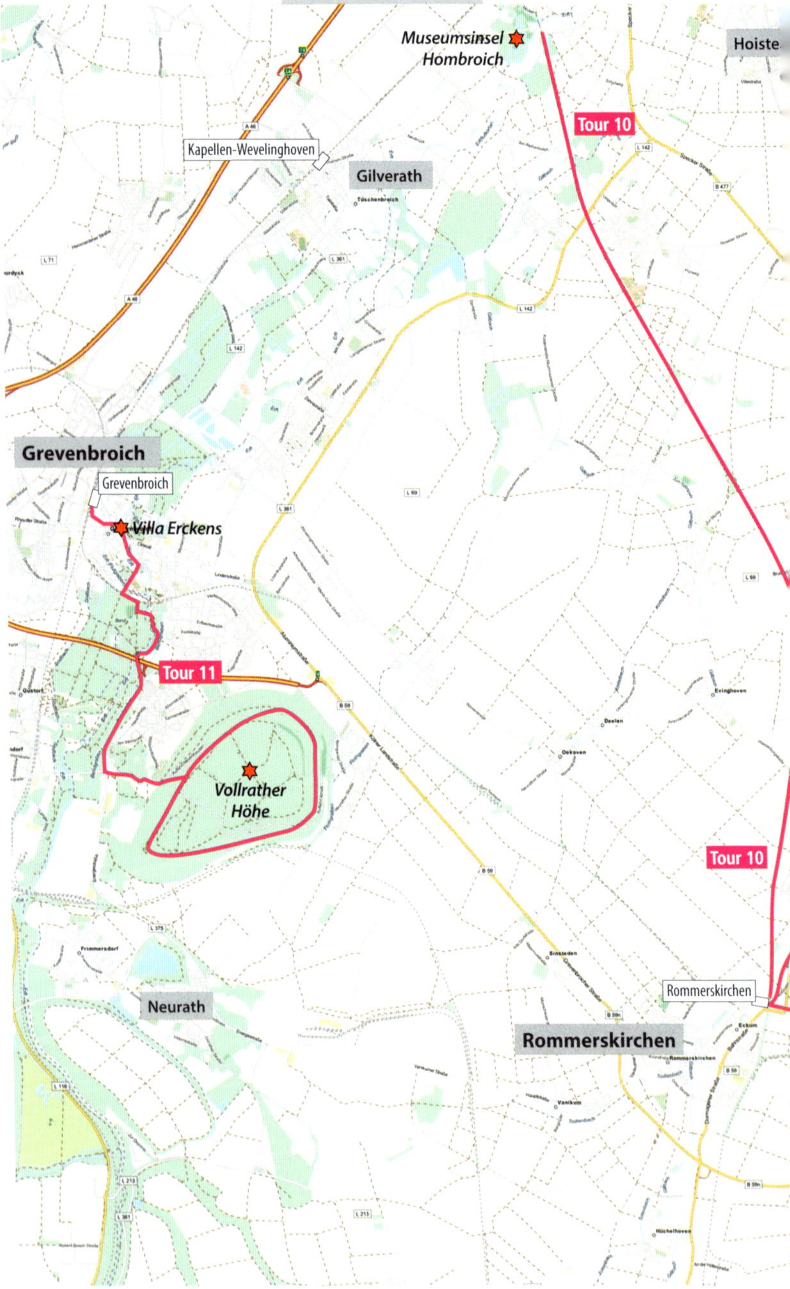

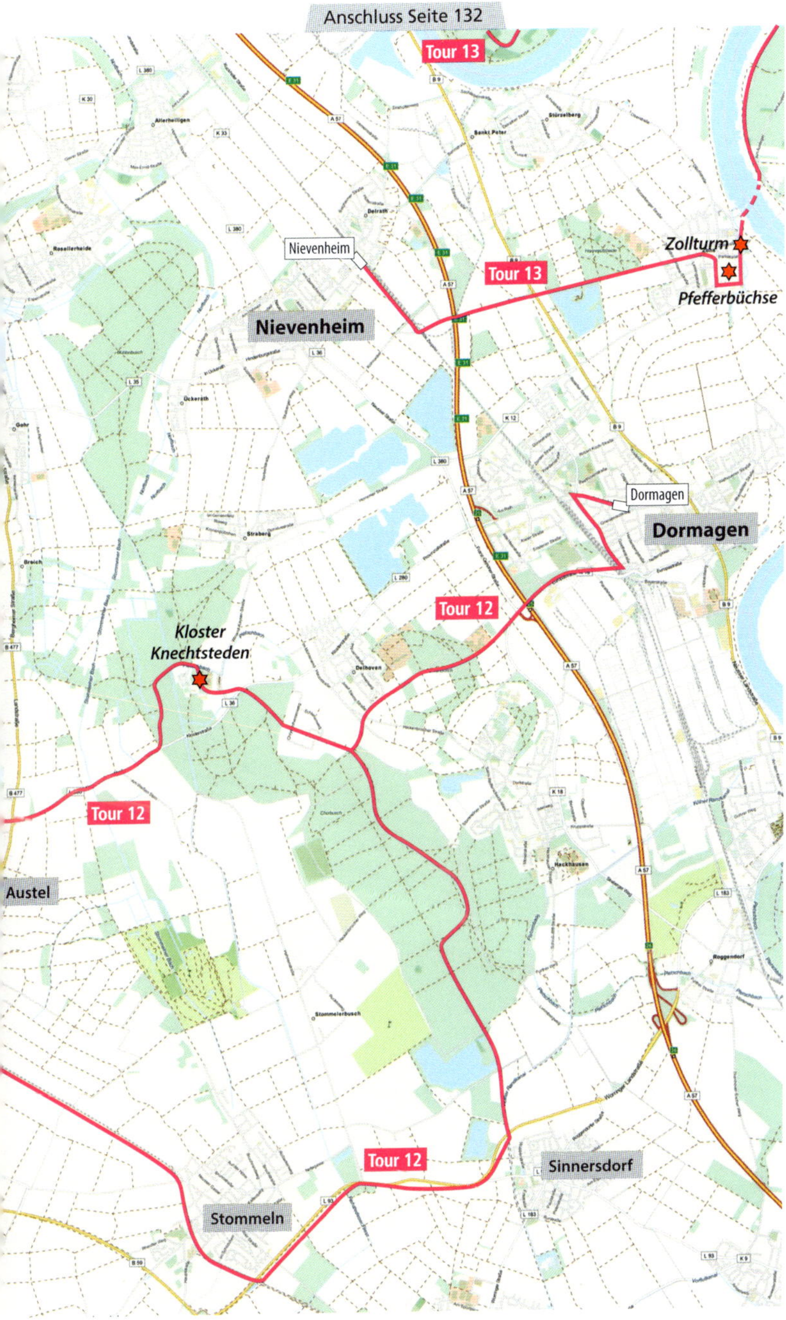
Anschluss Seite 132
Tour 13
Nievenheim
Nievenheim
Tour 13
Zollturm
Pfefferbüchse
Dormagen
Dormagen
Tour 12
Kloster Knechtsteden
Tour 12
Austel
Tour 12
Sinnersdorf
Stommeln

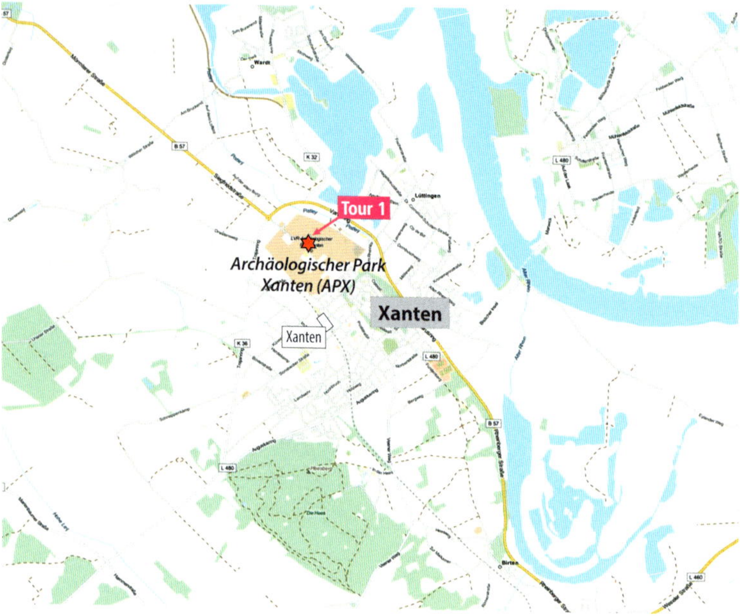
Tour 1
Archäologischer Park Xanten (APX)
Xanten
Xanten

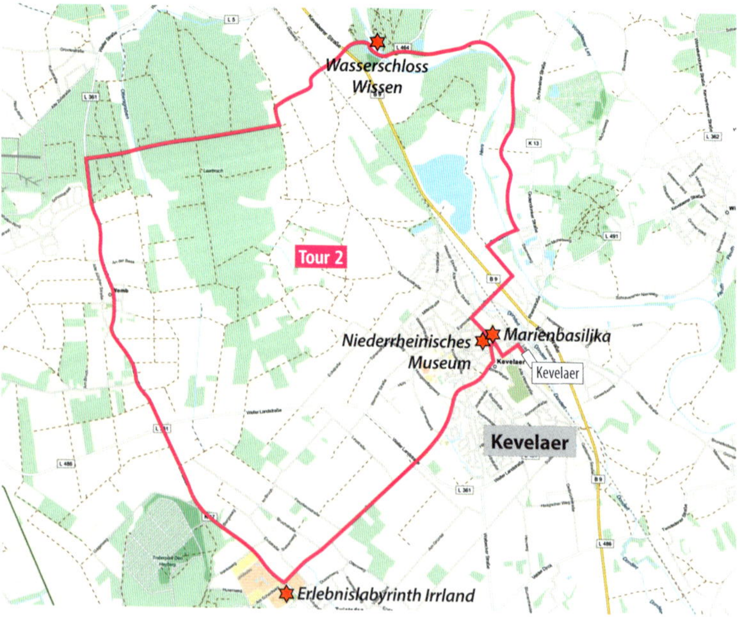
Wasserschloss Wissen
Tour 2
Niederrheinisches Museum
Marienbasilika
Kevelaer
Kevelaer
Erlebnislabyrinth Irrland

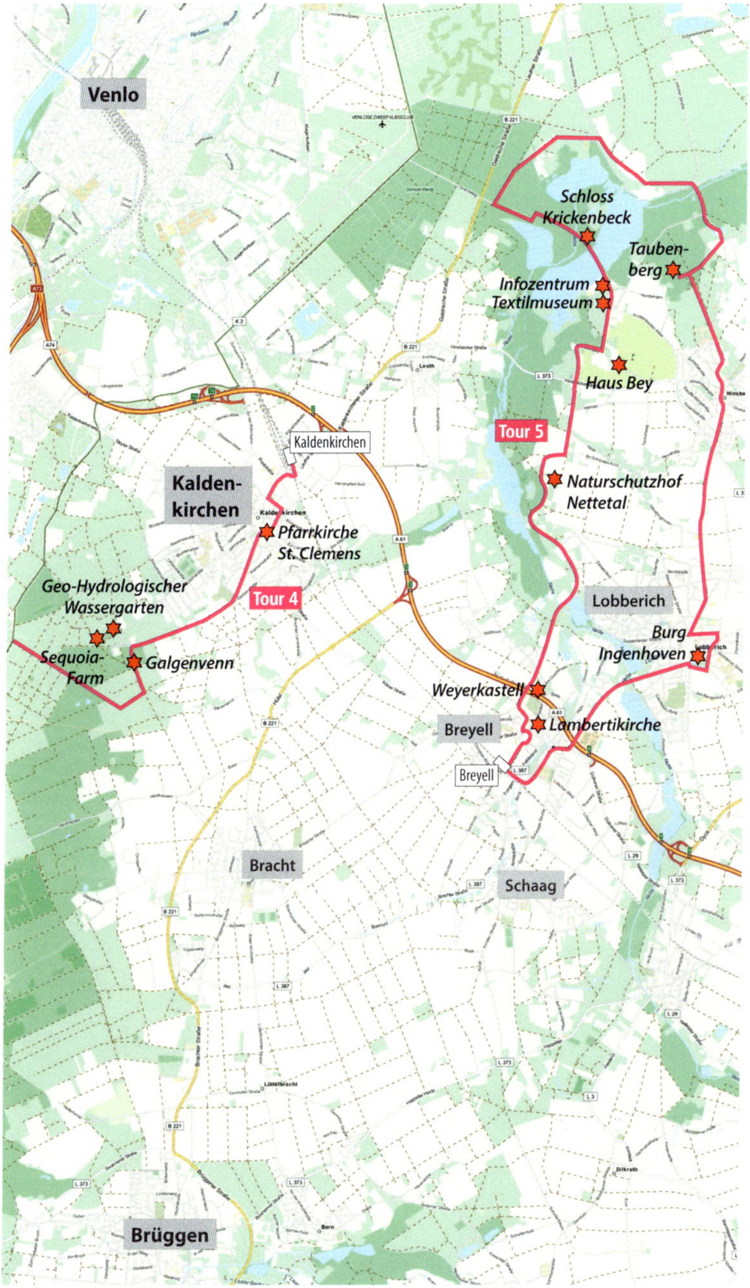
Venlo
Schloss Krickenbeck
Taubenberg
Infozentrum
Textilmuseum
Haus Bey
Tour 5
Kaldenkirchen
Kaldenkirchen
Naturschutzhof Nettetal
Pfarrkirche St. Clemens
Geo-Hydrologischer Wassergarten
Tour 4
Lobberich
Burg Ingenhoven
Sequoia-Farm
Galgenvenn
Weyerkastell
Breyell
Lambertikirche
Breyell
Bracht
Schaag
Brüggen

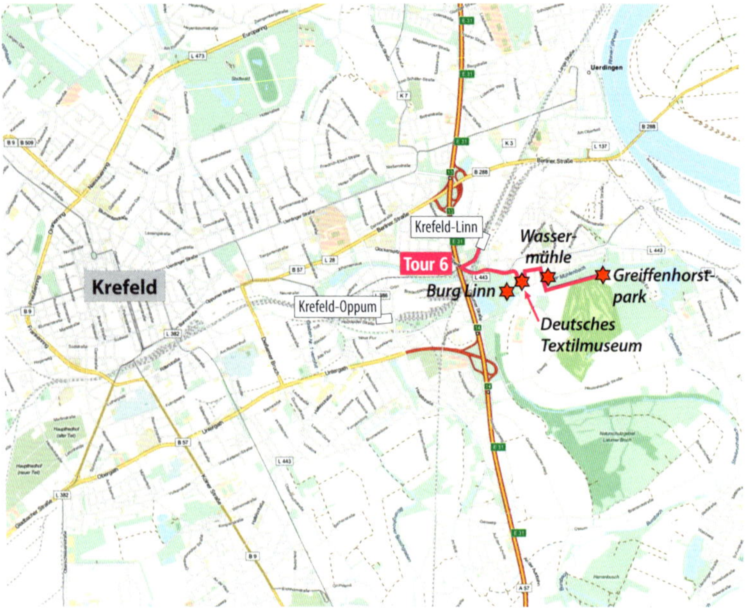

Anschluss Seite 130

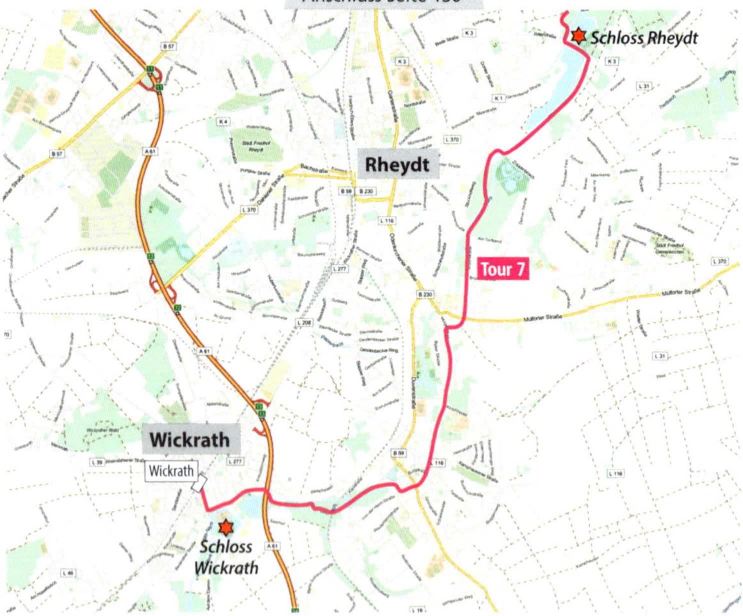

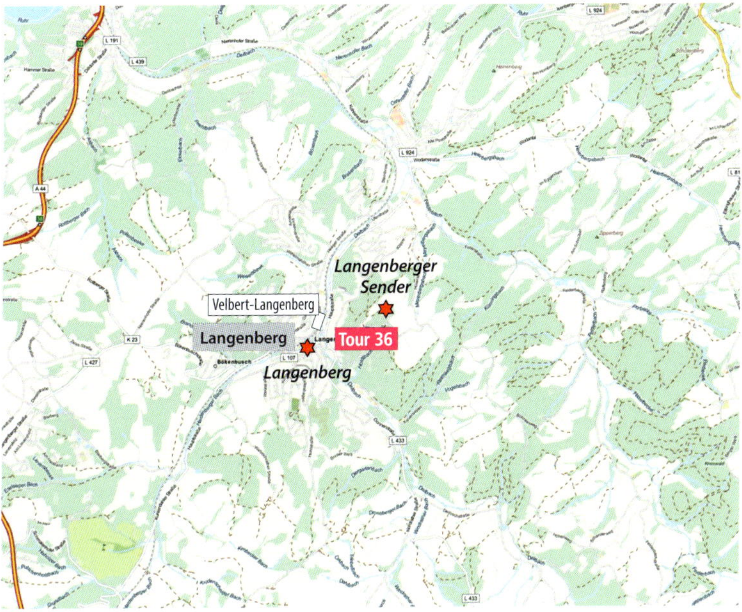
Langenberger
Sender
Velbert-Langenberg
Langenberg
Tour 36
Langenberg

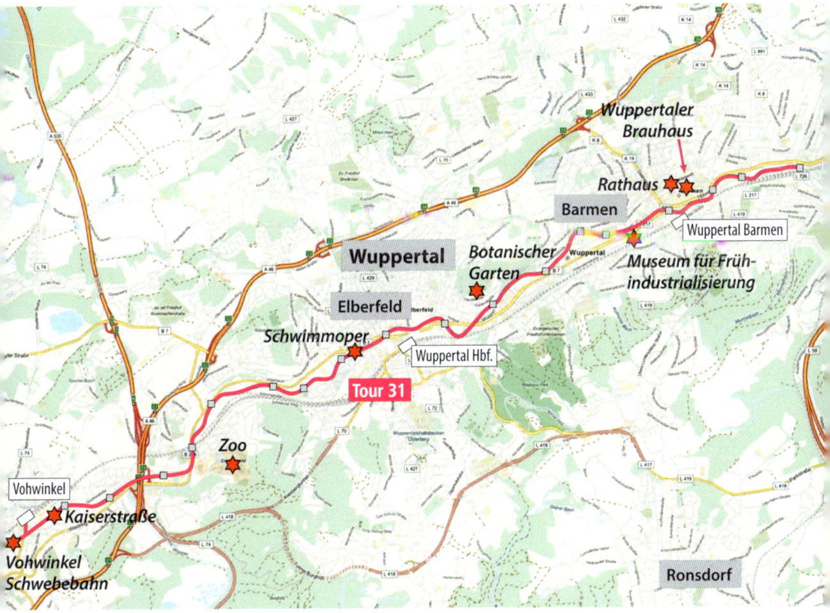
Wuppertaler
Brauhaus
Rathaus
Barmen
Wuppertal Barmen
Wuppertal
Botanischer
Garten
Museum für Früh-
industrialisierung
Elberfeld
Schwimmoper
Wuppertal Hbf.
Tour 31
Zoo
Vohwinkel
Kaiserstraße
Vohwinkel
Schwebebahn
Ronsdorf

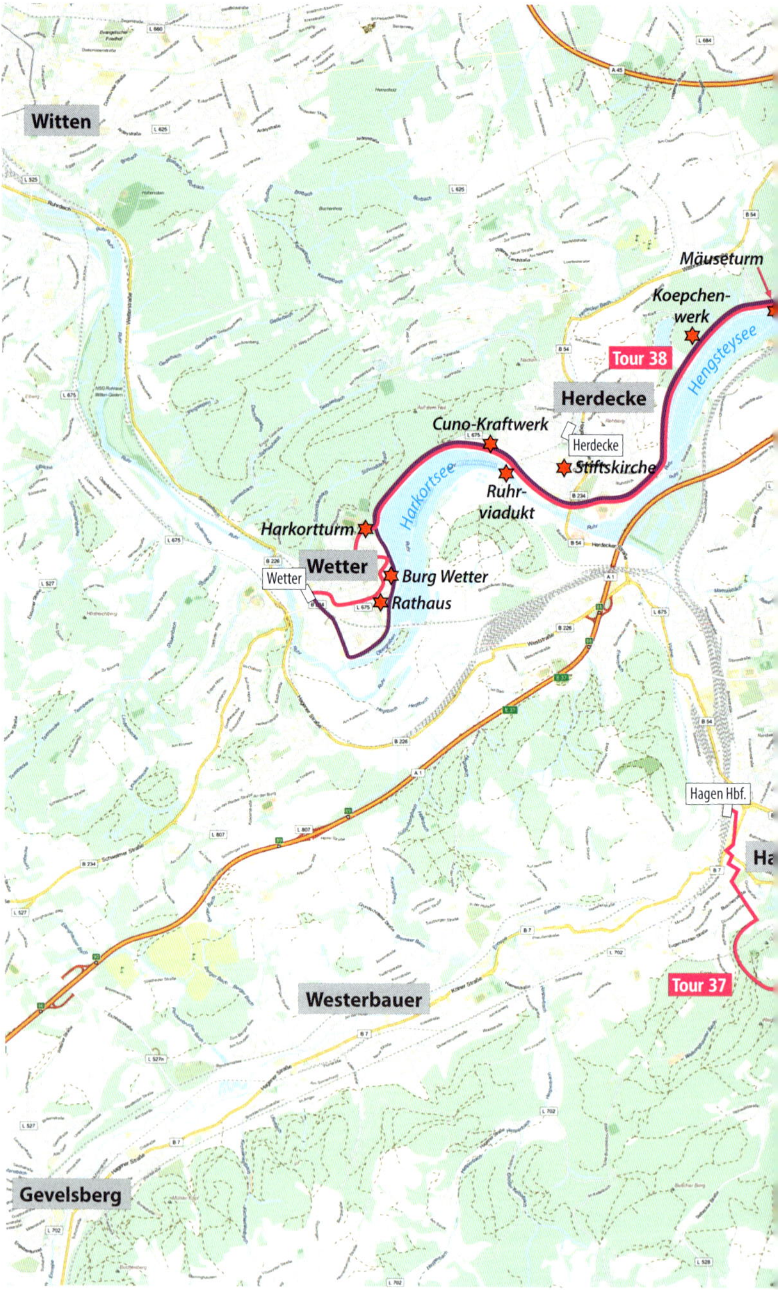

Witten
Mäuseturm
Koepchen-
werk
Hengsteysee
Tour 38
Herdecke
Cuno-Kraftwerk
Herdecke
Stiftskirche
Harkortsee
Ruhr-
viadukt
Harkortturm
Wetter
Wetter
Burg Wetter
Rathaus
Hagen Hbf.
Tour 37
Westerbauer
Gevelsberg

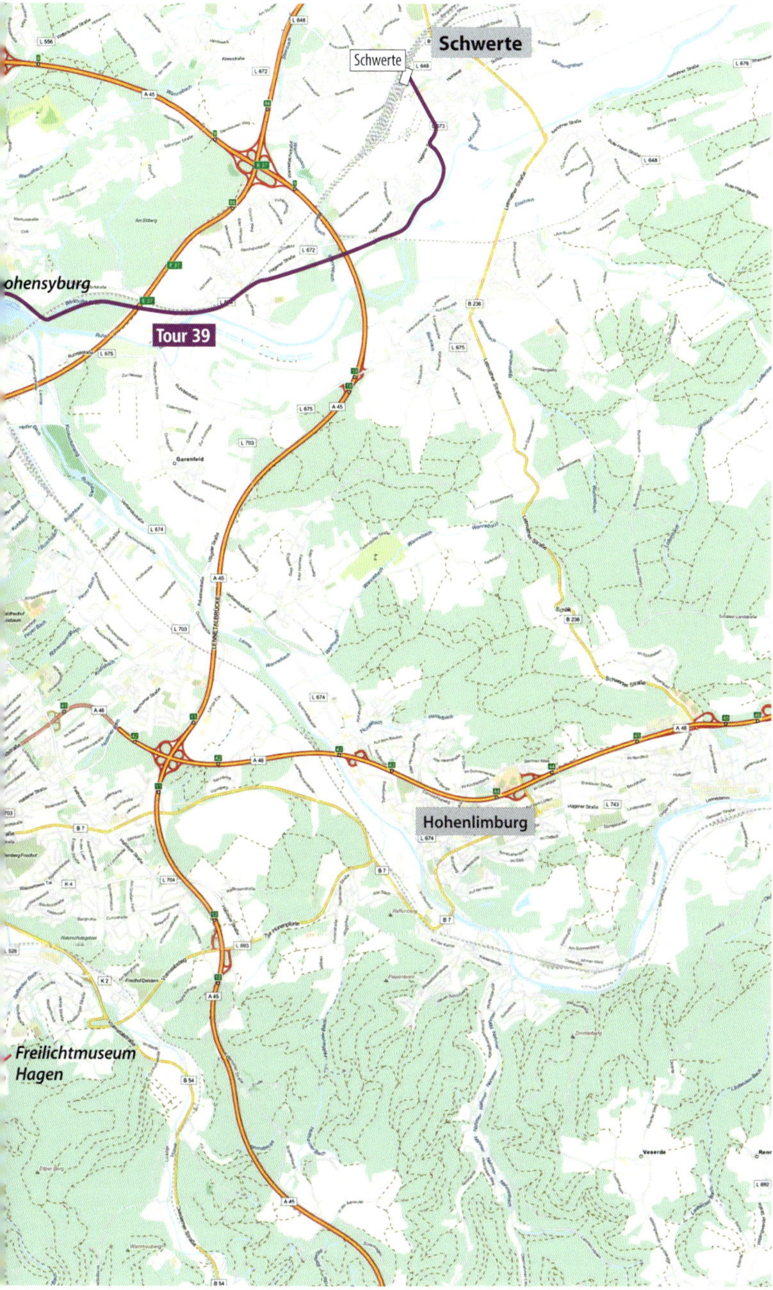
Schwerte
Schwerte
ohensyburg
Tour 39
Hohenlimburg
Freilichtmuseum
Hagen

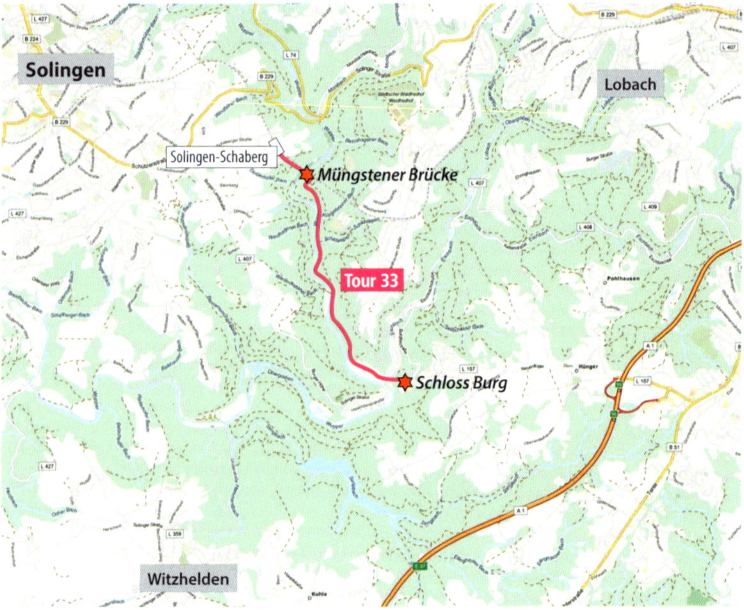
Solingen
Lobach
Solingen-Schaberg
Müngstener Brücke
Tour 33
Schloss Burg
Witzhelden

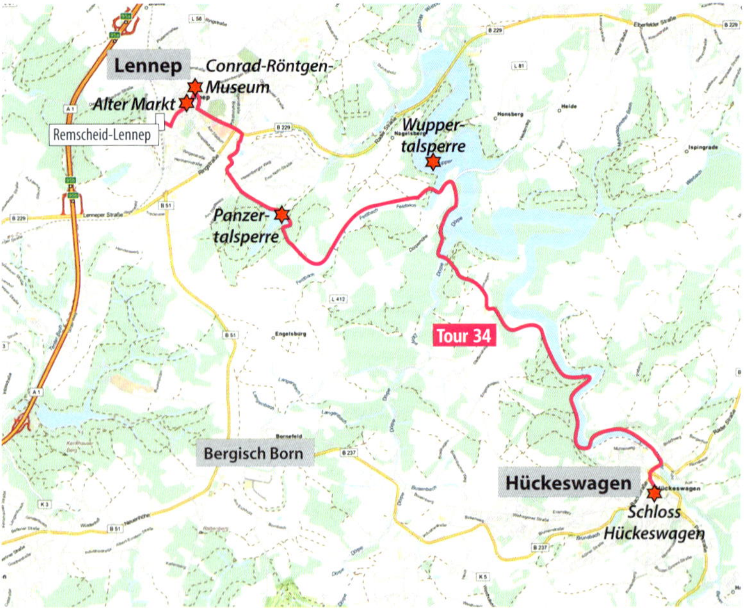
Lennep
Conrad-Röntgen-
Museum
Alter Markt
Remscheid-Lennep
Wupper-
talsperre
Panzer-
talsperre
Tour 34
Bergisch Born
Hückeswagen
Schloss
Hückeswagen

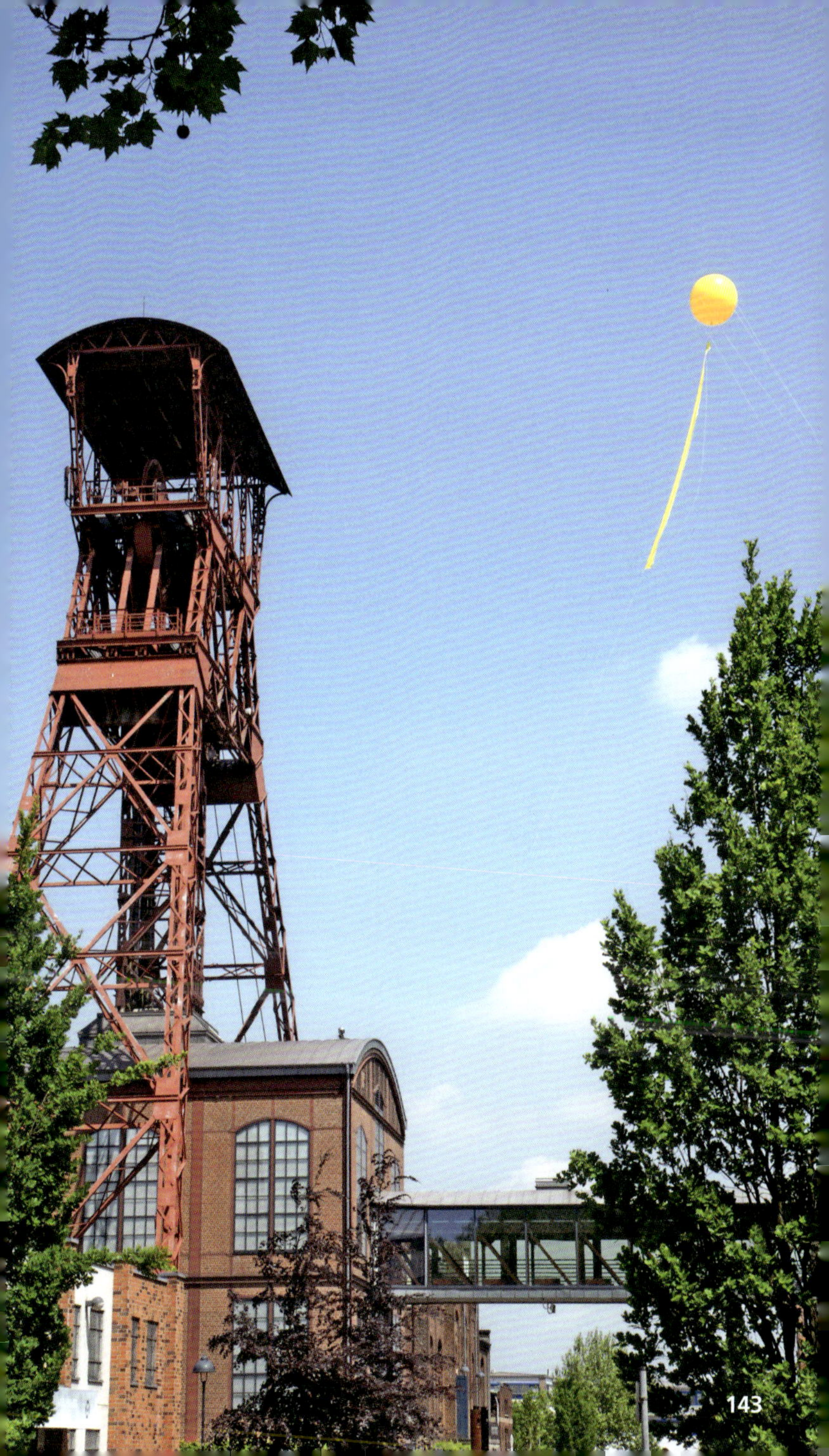

Liebe Leserinnen und Leser,

alle Angaben in diesem Ausflugsführer sind gewissenhaft geprüft. Trotz gründlicher Recherche unserer Autorinnen und Autoren können sich manchmal Fehler einschleichen. Wir bitten um Verständnis, dass der Verlag dafür keine Haftung übernehmen kann. Über Hinweise, Berichtigungen und Ergänzungsvorschläge freuen wir uns jederzeit.

via reise verlag
Lehderstraße 16–19
13086 Berlin
post@viareise.de
www.viareise.de

2. komplett überarbeitete und aktualisierte Neuauflage, Berlin 2022

ISBN 978-3-949138-24-9

Text und Recherche
Michael Moll

Redaktion
Janna Menke

Gestaltung
Annelie Krupicka

Herstellung
Jeanette Frieberg,
Buchgestaltung | Mediendesign, Leipzig

Kartografie
OpenStreetMap-Mitwirkende (ODbL)

Druck
Druckhaus Sportflieger, Berlin

FSC www.fsc.org MIX Papier aus verantwortungsvollen Quellen FSC® C104586

Umschlagfoto vorn
Schloss Benrath in Düsseldorf (sehbaer_nrw/stock.adobe.com)
Foto Umschlagklappe vorn
Landschaftspark Duisburg-Nord (saiko3p/stock.adobe.com)
Umschlagfoto hinten
Kettwig (Thomas Max Müller/Pixelio)

Foto Seite 6
Fußgängerbrücke am Gasometer (Michael Moll)
Foto Seite 143
Halde Rheinpreußen in Moers (Norbert Wilke/Pixelio)

Fotos Innenteil
Michael Moll, außer:
Anja Klein 33; Axel Thünker DGPh 4, 11; Benjamin Vetter/Pixelio 99; Christine Peter 107; Dieter Schütz/Pixelio 53; Duisburg Marketing GmbH 5, 55; Düsseldorf Marketing & Tourismus GmbH 76; Fleming-Design/Pixelio 98; Frank-Vincentz 48/49; G. Sawatzky/Oscar Huber/CC-BY-3.0/bearb. 47; Gartenamt Düsseldorf 3, 83; holgermischke/stock.adobe.com 21; Jürgen Hüsmert/Pixelio 57; Manuel Bendig/Pixelio39; Markus Czarnetzki/Pixelio 5, 59; mojolo/stock.adobe.com 5, 89; Neanderthal Museum/Foto: H. Neumann 85; Rheinisch-Westfälische Wasserwerksgesellschaft mbH 68; saiko3p/stock.adobe.com 51 sehbaer_nrw/stock.adobe.com 112/113; siepmannH/Pixelio 111; Stadt Hückeswagen 101, 103; Städtisches Museum Schloss Rheydt 4, 25; Thomas Max Müller/Pixelio 2, 3, 4, 8/9, 13, 16, 23, 40, 41, 42/43, 71, 73, 102; Tobias Arhelger/stock.adobe.com 109; travelpeter/stock.adobe.com 3, 79, 95, 97; Uli X/Pixelio 75 Ulrich Berlet/Pixelio 78; Volker Raettig/gemeinfrei 63; Wuppertal, Medienzentrum 90, 91, 93